GRUNDLAGEN DER ROMANISTIK

Herausgegeben von Ulrich Detges, Thomas Klinkert,
Elmar Schafroth und Ulrich Winter

Band 24

Einführung in die Phonetik und Phonologie des Französischen

von

Elissa Pustka

ERICH SCHMIDT VERLAG

Bibliografische Information der Deutschen Nationalbibliothek
Die Deutsche Nationalbibliothek verzeichnet diese Publikation in der Deutschen Nationalbibliografie; detaillierte bibliografische Daten sind im Internet über http://dnb.d-nb.de abrufbar.

Weitere Informationen zu diesem Titel finden Sie im Internet unter
ESV.info/978 3 503 12267 7

ISBN 978 3 503 12267 7

www.ESV.info

Dieses Papier erfüllt die Frankfurter Forderungen der Deutschen Nationalbibliothek und der Gesellschaft für das Buch bezüglich der Alterungsbeständigkeit und entspricht sowohl den strengen Bestimmungen der US Norm Ansi/Niso Z 39.48-1992 als auch der ISO Norm 9706.

Druck und Bindung: Hubert & Co., Göttingen

Inhaltsverzeichnis

Vorwort

Dieses Buch ist Ergebnis einer mittlerweile über zehn Jahre andauernden Faszination für die französische Phonologie: geweckt im Sommer 2000 am Institut für Romanische Philologie in München bei einer praktischen Übung von Monique Krötsch, vertieft durch ein Nebenfachstudium der Phonetik, u.a. bei Hans Tillmann und Phil Hoole, sowie zahlreiche theoretische Seminare im Winter 2001/02 in Paris bei Bernard Laks, Marc Klein, Patrick Sauzet, Annie Rialland, Nick Clements und François Dell. In dieser Zeit habe ich – u.a. mit Jacques Durand – auch erste empirische Erfahrungen bei Aufnahmen für das Projekt *Phonologie du Français Contemporain* (PFC) gesammelt. Die PFC-Tagungen wurden für mich zu einem Ort spannender Diskussionen, insbesondere mit Géraldine Mallet und Julien Eychenne. Die französische Phonologie begleitete mich weiter während meiner Promotion bei Thomas Krefeld und Bernard Laks. Anschließend durfte ich in München genau die praktischen Übungen übernehmen, die mich selbst zur Phonologie gebracht hatten. Dieses Buch basiert im Wesentlichen auf dem Skript dieser Übungen, genau genommen jedoch auf sämtlichen Kursen, Tagungen, Gesprächen und Lektüren der vergangenen zehn Jahre. Allen meinen Lehrern möchte ich daher an dieser Stelle danken, genauso wie den über 300 Studenten, die mir Semester für Semester durch ihre Nachfragen – vor allem aber durch ihre Fehler – geholfen haben, mein Skript weiterzuentwickeln und auf dieser Grundlage das vorliegende Buch zu schreiben.

Mein Dank gilt außerdem denjenigen, die dieses Buch ganz oder in Teilen gelesen und kritisch kommentiert haben: Marie-Hélène Côté, Patricia de Crignis, Andreas Dufter, Julien Eychenne, Christoph Gabriel, Evelyn Glose, Klaus Grübl, Philippe Hambye, Phil Hoole, Monika Kolbinger, Thomas Krefeld, Géraldine Mallet, Patrizia Noel und Theo Vennemann. Ich möchte auch den zahlreichen weiteren Kollegen danken, die mir bei Detailfragen mit ihrer Kompetenz zur Seite gestanden haben. Insbesondere danke ich Géraldine Mallet[1], die ihre Stimme für die Sonagramme und Grundfrequenzkurven in diesem Buch zur Verfügung gestellt hat, sowie Phil Hoole, der die Aufnahmen im Tonstudio des Instituts für Phonetik der LMU durchgeführt hat. Elmar Schafroth und Ulrich Detges danke ich für die Aufnahme des Buches in die Reihe „Grundlagen der Romanistik" des Erich Schmidt Verlags, Verena Haun und Daniela Langer für die zuverlässige redaktionelle Begleitung. *Last but not least*: Daniel, Linus, Danke für die Inspiration!

München, im April 2011 Elissa Pustka

1 Als Pariserin, die über Jahre im Ausland gelebt hat, ist sie Repräsentantin einer relativ neutralen Aussprache (vgl. Kapitel 1.3).

1. Einleitung

Die französische Aussprache gilt als besonders schwierig. Zahllose Schüler und Studenten in aller Welt haben Hemmungen, 'durch die Nase zu sprechen' (z.B. in *bon vin blanc* [bɔ̃vɛ̃blɑ̃]) und Probleme, an den richtigen Stellen Laute zwischen Wörtern einzufügen (z.B. in *grand* [t] *ami*). Die Angst vor diesen und anderen 'Aussprachefallen' blockiert selbst fortgeschrittene Französischstudenten und behindert das Lernen in anderen Bereichen (Grammatik, Wortschatz etc.).Wie soll man auch eine Sprache lernen, wenn man sich nicht traut, sie zu sprechen? Gleichzeitig lässt die französische Aussprache viele bereits beim Zuhören verzweifeln, denn schon das Isolieren einzelner Wörter bereitet Schwierigkeiten. In der Tat kann etwa [mɔ̃.dɑ̃.tje] genauso *monde entier* 'ganze Welt' oder *mon dentier* 'mein Gebiss' heißen. Außerdem erschwert der große Unterschied zwischen Schrift und Lautung die Wiedererkennung der gesprochenen Wörter (z.B. <je suis venu> vs. [ʃɥivny]). Ziel dieses Buches ist es, diese und andere Geheimnisse der französischen Aussprache zu lüften. Es will zeigen, dass sie – wenn man über einen Grundstock von Kenntnissen verfügt und die nötige Zeit zum Üben investiert – durchaus lernbar und zudem in ihrer unbestreitbaren Komplexität außerordentlich faszinierend ist.

1.1 Konzeption des Buches

Das vorliegende Buch richtet sich in erster Linie an **Studenten des Französischen** und setzt daher eine relativ gute Beherrschung der französischen Sprache sowie sprachwissenschaftliche Grundkenntnisse voraus. Die französischen Beispiele werden insofern nicht durchgängig übersetzt und einfache Fachbegriffe nicht eigens erklärt. Mit seinen Transkriptionskonventionen, Aussprachehinweisen und praktischen Übungen (mit Musterlösungen im Anhang) kann es als Grundlage für einen praktischen Kurs zur französischen Phonetik und Phonologie genutzt werden. Zu diesem Zweck muss es selbstverständlich noch durch Tonmaterialien, Ausspracheübungen, phonetische Diktate etc. angereichert werden. Gleichzeitig bietet es genügend Stoff und weiterführende Literaturhinweise für vertiefende Seminare. Es kann aber auch zum Selbststudium herangezogen werden, insbesondere als Basis für die eigenständige Aufarbeitung von Forschungsliteratur sowie zur Vorbereitung von Abschlussprüfungen. Dieses Lehrwerk soll also das gesamte Studium begleiten – und möglichst darüber hinaus Anregungen für den Französischunterricht an der Schule liefern.

Ein Lehrbuch kann selbstverständlich niemals den direkten Kontakt mit der Zielsprache ersetzen. Auf eine begleitende CD-ROM oder Internetseite wurde dennoch bewusst verzichtet – die Entwicklung eines computergestützten Aussprachetrainings für das Französische auf Universitätsniveau bleibt ein Desiderat. Diese Einführung will vielmehr das Wissen liefern, auf dessen Grundlage ein Deutscher seine **Aussprache verbessern** kann. Dabei geht es um mehr, als lediglich verstanden zu werden. Fremdsprachliche Akzente sind oft negativ konnotiert und lassen Sprecher als weniger kompetent und sympathisch erscheinen – dies gilt insbesondere für einen deutschen Akzent in Frankreich; eine gute Aussprache dagegen weckt Sympathien. Daneben gilt es auch, **das gesprochene Französisch in seiner Variation zu verstehen**.

Dieses Buch konzentriert sich auf das Französische, zumal mit Pompino-Marschall ³2009 und Hall 2000 hervorragende deutschsprachige Einführungen in die allgemeine Phonetik und Phonologie vorliegen. Es gibt daher **speziell französischen Phänomenen** wie dem Schwa oder der Liaison großen Raum. Dabei hat es den Anspruch, sowohl theoretisch als auch deskriptiv den **aktuellen Stand der Forschung** widerzuspiegeln. So beschränkt sich etwa das Kapitel zur Phonetik nicht auf die artikulatorische Klassifikation der Laute, sondern liefert auch eine Selbstlernanleitung für die Software PRAAT, mit deren Hilfe man die akustische Phonetik am eigenen Computer spielerisch entdecken kann. Die Darstellung der phonologischen Theorien endet im Gegensatz zu vielen Einführungen nicht mit dem Strukturalismus (d.h. auf dem Stand von 1939) oder dem Generativismus (von 1968), sondern berücksichtigt auch autosegmentale, optimalitätstheoretische und exemplaristische Ansätze.

Außerdem werden die Ergebnisse neuerer empirischer Untersuchungen berücksichtigt, wie sie insbesondere im vergangenen Jahrzehnt im Rahmen des internationalen Korpusprojekts *Phonologie du Français Contemporain* (PFC; vgl. www.projet-pfc.net, Durand/Laks/Lyche 2002, Durand/Laks/Lyche 2005) entstanden sind. Diese haben die Beschreibung der französischen Aussprache präzisiert und zum Teil grundlegend revidiert. Eine der wichtigsten Wiederentdeckungen der letzten Zeit zieht sich durch das gesamte Buch: die Erkenntnis, dass es für das Verständnis der aktuellen französischen Aussprache unabdingbar ist, über den Tellerrand der synchronen Phonologie hinauszublicken und auch die **Diachronie** sowie Interaktionen mit anderen Ebenen der Sprache – insbesondere **Morphologie, Syntax und Lexikon** – sowie der **Graphie** einzubeziehen.

Um dieses Lehrwerk trotz seines wissenschaftlichen Anspruchs möglichst einfach zu halten, wurden **veraltete Informationen ausgesondert** (z.B. die Diskussionen über die Existenz der Phoneme /ɑ/ und /œ̃/). Es enthält **weder wissenschaftsgeschichtliche Abrisse noch konkurrierende Begriffe** (z.B. *Plosiv* vs. *Okklusiv* vs. *Verschlusslaut*). Der besseren Lesbarkeit zuliebe wird sehr sparsam bibliographiert (nur Spezialuntersuchungen und Sondermeinungen werden explizit genannt). Dafür werden am Ende jedes Kapitels einige besonders lesenswerte Werke zum jeweiligen Thema kurz vorgestellt. Am Ende des Buches findet sich zudem eine umfangreiche **Bibliographie**.

1.2 Phonetik vs. Phonologie

Gleich zwei wissenschaftliche Disziplinen beschäftigen sich mit dem „lautlichen Aspekt der sprachlichen Kommunikation“ (Pompino-Marschall [3]2009: 2): die Phonetik und die Phonologie (vgl. gr. *phōnē* ‘Stimme, Laut’). Ihre Unterscheidung geht auf den Strukturalisten **Nikolaus Trubetzkoy** zurück, der in seinem 1939 postum publizierten Werk *Grundzüge der Phonologie* schreibt:

> Es empfiehlt sich daher, statt einer einzigen zwei verschiedene ‘Lautlehren’ einzuführen, von denen die eine auf den *Sprechakt*, die andere auf das *Sprachgebilde* gerichtet zu sein hat. Entsprechend ihrem verschiedenen Gegenstand müssen die beiden Lautlehren ganz verschiedene Arbeitsmethoden anwenden: die Sprechaktlautlehre, die mit konkreten physikalischen Erscheinungen zu tun hat, muß *naturwissenschaftliche*, die Sprachgebildelautlehre dagegen rein *sprach-(bezw.* [sic!] *geistes- oder sozial-) wissenschaftliche Methoden* gebrauchen. Wir bezeichnen die Sprechaktlautlehre mit dem Namen *Phonetik*, die Sprachgebildelautlehre mit dem Namen *Phonologie*. (Trubetzkoy [7]1989: 7; Hervorhebung E.P.)

Er wendet also **zwei Unterscheidungskriterien** an: zum einen den **Gegenstand**, zum anderen die **Methoden** (vgl. Abb. 1).

	Phonologie	**Phonetik**
Gegenstand	Sprachgebilde (*langue*)	Sprechakt (*parole*)
Methoden	geistes-/sozialwissenschaftlich	naturwissenschaftlich

Abb. 1: Die Unterscheidung von Phonologie und Phonetik nach Trubetzkoy 1939

Die Phonologie bezieht sich auf das Sprachgebilde, d.h. die ***langue***, die im 1916 publizierten *Cours de linguistique générale* (CLG) von Ferdinand de Saussure als abstrakt, sozial und wesentlich definiert wird, die Phonetik dagegen auf den Sprechakt, d.h. die konkrete, individuelle und zufällige ***parole*** (vgl. Abb. 2). Die *parole* wird demnach bei einem ganz konkreten Sprechereignis produziert, bei dem ein Individuum etwas ganz Bestimmtes sagt. Dabei können viele Details völlig unwesentlich für das sprachliche Verständnis sein. Zum Beispiel könnte eine gewisse Clothilde Dubois am 28.12.2010 um 17.48 Uhr mit ihrer für eine Frau relativ tiefen Stimme, die durch eine winterliche Erkältung etwas heiser gewesen sein könnte, resigniert und daher leise und monoton gesagt haben: „La roue de secours est crevée.“ (‘der Ersatzreifen hat ein Loch’). Diese konkrete Realisierung wäre einmalig. Niemand würde je wieder diesen Satz ganz genauso aussprechen.

In der Linguistik wird daher von der *parole* abstrahiert, und es werden nur jene Phänomene festgehalten, die bei allen Sprechern einer Sprachgemeinschaft üblich und für das Funktionieren des Systems wesentlich sind, z.B. die Frage, ob *est* oder *était* gesagt wird, sich der Sprecher also auf die Gegenwart oder die Vergangenheit bezieht. Sprache auf diesem Abstraktionsniveau wird als *langue* bezeichnet.

Da es in vielen Fällen möglicherweise nicht wesentlich, aber dennoch nicht völlig egal ist, welche Form realisiert wird, wurde durch Eugenio Coseriu 1952 die zusätzliche Ebene der **Norm** für die sozialen, aber nicht wesentlichen Phänomene eingeführt. So ist es beispielsweise nicht wesentlich für das Verständnis, ob jemand *vous dites* oder **vous disez* sagt, denn es ist klar, dass die 2. Person Plural des Verbs *dire* gemeint ist. Nur ist es im Französischen eben üblich, die unregelmäßige Form *dites* zu verwenden (dagegen aber *vous contredisez* und nicht **vous contredites*).

<table>
<tr><th>langue</th><th>Norm</th><th>parole</th></tr>
<tr><td colspan="2">abstrakt</td><td>konkret</td></tr>
<tr><td colspan="2">sozial</td><td>individuell</td></tr>
<tr><td>wesentlich</td><td colspan="2">zufällig</td></tr>
</table>

Abb. 2: Die Unterscheidung von *langue*, *parole* und Norm

Die auf die *langue* bezogene **Phonologie** ist also eine Unterdisziplin der Sprachwissenschaft. Sie betrachtet das, was für ein sprachliches System funktional ist. Traditionell ermittelt sie, welche Laute Bedeutung unterscheiden und daher den Status von *Phonemen* haben (z.B. /ʁ/ und /l/ in *roue* [ʁu] 'Rad' vs. *loup* [lu] 'Wolf'), welche Merkmale für diese Bedeutungsunterscheidung relevant sind (z.B. die Artikulationsstelle: /ʁ/ mit der Zunge am hinteren Gaumen vs. /l/ mit der Zungenspitze am Zahndamm) sowie auf welche Art und Weise die Phoneme miteinander kombiniert werden können (z.B. Vorkommen von /tʁ/ im Französischen am Wortanfang, etwa in *train* [tʁɛ̃], nicht aber von */ʁt/). Mit der Weiterentwicklung der Phonologie in den vergangenen 70 Jahren hat sich ihr Interesse auf alles Lautliche ausgeweitet, was innerhalb einer Sprache Regularitäten aufweist (vgl. Kapitel 4), also etwa auch auf Phänomene wie die Realisierung der Liaison zwischen Adjektiven und Substantiven (z.B. in *grand* [t] *ami*; s.o.).

Die sich mit der *parole* beschäftigende **Phonetik** ist dagegen eine eigenständige Disziplin. Sie interessiert sich allein für die materielle Seite der sprachlichen Kommunikation, d.h. dafür, wie Sprachlaute im Detail artikuliert werden (z.B. mit welchen Zungenmuskeln), wie sie sich im akustischen Signal manifestieren (z.B. ein /a/ nach einem /t/ im Unterschied zu dem nach einem /k/) und wie sie vom Sprecher wahrgenommen werden (vgl. Kapitel 3). Sie beschäftigt sich dabei auch mit Besonderheiten einzelner Sprecher, um beispielsweise Verbrecher anhand ihres *Voice-prints*, einer Art akustischen 'Fingerabdrucks', zu identifizieren. Daneben richtet sie ihren Blick auf Phänomene, die unabhängig von der jeweiligen Einzelsprache auftreten, etwa Stottern oder Flüstern. Zudem arbeitet sie daran, die menschliche Lautsprache am Computer nachzubilden (Spracherkennung und -synthese) und entwickelt beispielsweise Diktierprogramme oder automatische Telefonauskunftssysteme.

Doch auch die dritte Ebene, die der Norm, wird bereits von Trubetzkoy berücksichtigt. Er schlägt nämlich eine weitere Disziplin namens **Lautstilistik** vor, die insbesondere die diatopische und diastratische Variation untersuchen soll. So kann beispielsweise das Wort *roue* mit der Zungenspitze ‘gerollt’ als [r] oder durch eine Engebildung am hinteren Gaumen als [ʁ] ausgesprochen werden, ohne dass dies etwas an der Bedeutung ‘Rad’ ändern würde. Dennoch ist die Aussprache nicht beliebig; sie wird vielmehr mit bestimmten außersprachlichen Faktoren assoziiert: [r] zum Beispiel ist u.a. typisch für ältere Sprecher ländlicher Gegenden in Südfrankreich. Sprachwissenschaftliche Disziplinen, die sich mit dem Zusammenhang zwischen lautlichen Aspekten der Sprache und außersprachlichen Faktoren beschäftigen, sind u.a. die Dialektologie, Soziolinguistik, Pragmatik, Variations- und Varietätenlinguistik.

Genauso wie *langue* und *parole* sind auch Phonologie und Phonetik untrennbar miteinander verbunden. Der Phonologe kann nur auf der Basis konkreter Daten die lautlichen Regularitäten eines Sprachsystems untersuchen. Dazu werden zunehmend ‘naturwissenschaftliche’ Methoden eingesetzt, insbesondere in der **Soziophonetik** (Labov 1972) und der **Laborphonologie** (Pierrehumbert/Beckman/ Ladd 2001). Umgekehrt greifen aber auch Phonetiker auf die Erkenntnisse von Phonologen zurück, bevor sie sich den Details eines Phänomens annähern. Insbesondere die Lautschrift ist im Wesentlichen phonologisch motiviert: Für jeden Laut, der in einer Sprache der Welt bedeutungsunterscheidend ist, gibt es ein gesondertes Zeichen (vgl. Kapitel 2.4). Für das **Fremdsprachenstudium** schließlich sind sowohl Phonologie als auch Phonetik relevant. So werden wir uns im Folgenden sowohl für die ‘großen’ phonologischen Unterschiede zwischen dem Deutschen und dem Französischen interessieren, u.a. für die Frage, welche bedeutungsunterscheidenden Laute das Französische besitzt, die das Deutsche nicht kennt (z.B. die nasalierten Vokale), als auch für die ‘kleinen’ phonetischen Details, die etwa ein französisches /t/ von einem deutschen /t/ unterscheiden.

Zur Differenzierung von Lauten (*Phonen*), bedeutungsunterscheidenden Lauten (*Phonemen*) und bedeutungsunterscheidenden Buchstaben oder Buchstabenkombinationen (*Graphemen*) werden in diesem Buch die üblichen **Notationskonventionen** angewandt (vgl. Abb. 3).

	Notationskonvention	**Beispiel**
Laute	in eckigen Klammern	[ʁ], [r]
Phoneme	zwischen Schrägstrichen	/ʁ/ vs. /l/
Grapheme	in spitzen Klammern	<r>

Abb. 3: Notationskonventionen

1.3 Aussprachenorm

Im Gegensatz zu Grammatik und Rechtschreibung, die in der Schule eine zentrale Rolle spielen, ist die Aussprache nur selten explizit Thema des Unterrichts der Erstsprache[1] (L1). Für L1-Sprecher ist die Frage nach der Aussprachenorm (**Orthoepie** < gr. *ortho-epeia* 'richtige Aussprache') in der Regel auch irrelevant. Befragt man etwa Münchner Studenten, wie die korrekte Aussprache des deutschen Wortes *richtig* lautet, so antworten mindestens 90% [ʁɪçtɪk].[2] Die wenigen, die in München die Normaussprache mit finalem [ç] kennen, also [ʁɪçtɪç], sind zugereiste Norddeutsche und Ausländer. Mit der französischen Norm ist es nicht viel anders: Viele Franzosen, die beispielsweise *épée* 'Schwert' und *épais* 'dick' gleich aussprechen, nämlich [epe], wissen überhaupt nicht, dass *épée* [epe] vs. *épais* [epɛ] korrekt wäre. Die Normen, die den Sprachgebrauch (oder die Repräsentationen von Sprache) idealisierend *be*schreiben (**deskriptive Normen**), sind also Variation und Wandel unterworfen, genauso wie der Sprachgebrauch selbst – ganz besonders in der nicht schriftlich fixierten Aussprache (vgl. u.a. die Pilotstudie von Detey/LeGac 2008). Für den Fremdsprachenunterricht ist allerdings ein starreres Modell sinnvoller, eine *vor*schreibende, **präskriptive Norm**.

Über diese Norm des Französischen herrscht jedoch keine Einigkeit. Die meisten älteren Autoren orientieren sich an der im jeweiligen Zeitraum in Frankreich dominierenden sozialen Schicht. Das waren zur Zeit der ersten Grammatiker das Königshaus, anschließend der Adel und von der Revolution an das Pariser Bürgertum. Geographisch wird die Norm seit dem 16. Jahrhundert in **Tours** situiert, wo die Könige ihren Sommersitz hatten. Diese Ansicht ist heute noch im Ausland verbreitet und dient den in der Touraine ansässigen Sprachschulen als Werbeargument. In Frankreich selbst ist dies dagegen den meisten heutigen Sprechern unbekannt. Wenn man überhaupt eine Norm kennt, wird diese in **Paris** lokalisiert (eine ebenfalls seit dem 15. Jahrhundert von Grammatikern vertretene Auffassung). Paris ist nicht nur als Hauptstadt eines zentralisierten Landes prädestiniert dafür, als Heimat der Normaussprache zu gelten, sondern auch dadurch, dass hier das Französische entstanden ist und zunächst nur hier gesprochen wurde (vgl. Kapitel 11).[3]

Im 20. Jahrhundert wird bei der Bestimmung der Norm neben der sozialen Herkunft der Sprecher auch die Sprechsituation miteinbezogen: Als vorbildlich

---

1 Der Begriff der *Muttersprache* wird in der Sprachwissenschaft vermieden, da die als erstes erworbene Sprache (Erstsprache, L1) nicht zwangsläufig mit der Sprache der Mutter übereinstimmt.

2 Aufgrund der deutschen Auslautverhärtung spricht man finales <g> als [k] aus (vgl. Kapitel 4.1 und 8.1).

3 Die Aussprache im ursprünglichen Verbreitungsgebiet einer Sprache wird allerdings nicht automatisch zur Norm. So ist beispielsweise Hochdeutsch die 'norddeutsche' Aussprache der eher auf südlichen Varietäten basierten Schriftsprache.

gilt nun die Aussprache des **gebildeten Parisers in gepflegter Unterhaltung** (vgl. Grammont 1930, Fouché 1956). Daneben werden auch **professionelle Sprecher** angeführt, u.a. die der *Comédie Française* (vgl. die 'deutsche Bühnenaussprache'[4]) und die der audio-visuellen Medien. Martinet/Walter 1973 zufolge ist die 'beste' Aussprache dagegen neutral, lässt also gerade nicht die geographische oder soziale Herkunft des Sprechers erkennen. Dieses Französisch ohne Akzent findet sich ihnen zufolge am ehesten bei in Paris lebenden **Nordfranzosen**, die ursprünglich aus anderen *oïl*-Gebieten stammen (vgl. Abb. 125 in Kapitel 11). Diese Ansicht wird durch die Perzeptionsstudie von Armstrong/Boughton 1998 unterstützt, derzufolge man bei gebildeten Städtern keine Unterschiede innerhalb Nordfrankreichs hört. Doch selbst diese Aussprache gilt außerhalb Nordfrankreichs als diatopisch markiert, nämlich als 'nordfranzösisch' oder 'pariserisch' (vgl. Pustka 2008). Es stellt sich also die berechtigte Frage, wer darüber entscheiden kann, darf oder soll, welche Aussprache die beste oder zumindest die unauffälligste ist.

Am sinnvollsten ist es wohl, das Normfranzösische als ein **Kunstgebilde** zu verstehen, das als Notlösung für den Fremdsprachenunterricht dient (vgl. Morin 2000, Laks 2002, Lyche 2010). Insofern muss jedes neue Lehrbuch auf der Basis seiner Vorgänger und der zwischenzeitlichen Forschung die Norm neu definieren. Die in diesem Buch präsentierte Norm stellt also keineswegs die 'beste' Aussprache dar (und erst recht keine Datenbasis für phonologische Analysen); sie ist lediglich eine Hilfestellung für die große Mehrheit der Lerner, die nicht das Ausnahmetalent besitzt, bei einem langen Aufenthalt in einem französischsprachigen Land sich die dortige Aussprache automatisch anzueignen. Es sollte aber klar sein, dass jeder authentische französische Akzent erstrebenswerter ist als diese künstliche Aussprache.

Neben der Normaussprache wird in diesem Buch daher an vielen Stellen auf die **Variation der französischen Aussprache** hingewiesen, wobei von der Spontansprache als Normalfall ausgegangen und auf die Besonderheiten der Leseaussprache eigens hingewiesen wird. In Kapitel 11 werden zudem die Aussprachebesonderheiten einiger ausgewählter diastratischer und diatopischer Varietäten kurz vorgestellt. Zur Illustration sei auf die über 300 Stunden Tonmaterial des Projekts *Phonologie du Français Contemporain* verwiesen, die auf der Internetseite www.projet-pfc.net abgerufen werden können, u.a. auf die zahlreichen Lektüren des in diesem Buch verwendeten Beispieltextes *Le village de Beaulieu.*

Bei Zweifeln bezüglich der Aussprache von Einzelwörtern kann man sich in den drei **Aussprachewörterbüchern** des Französischen Klarheit verschaffen, auch wenn diese nicht immer zuverlässig und z.T. veraltet sind: Die Angaben von

---

4 Die Aussprache von Theaterschauspielern auf der Bühne gilt in Deutschland seit über 200 Jahren als vorbildlich. Seit ihrer Vereinheitlichung und Fixierung durch das Werk *Deutsche Bühnenaussprache* (1898) von Theodor Siebs wurde sie lange Zeit als präskriptive Norm angesehen.

Warnant 1968 stützen sich auf die phonetische Fachliteratur sowie sporadische Beobachtungen der Aussprache gebildeter Pariser, Martinet/Walter 1973 basiert auf einer systematischen Befragung von Parisern, die ursprünglich aus anderen Regionen Nordfrankreichs stammen, und dokumentiert daher auch Variationen in der Gebrauchsnorm, Lerond 1980 seinerseits gibt leider keine Auskunft über seine Informanten. Daneben liefern auch die Standardwörterbücher wie der *Petit Robert*, der TLF*i* oder der *Petit Larousse* phonetische Transkriptionen der verzeichneten Wörter. Zahlreiche Aussprachephänomene des Französischen sind jedoch auf dem Niveau größerer Einheiten als der des Wortes angesiedelt (Syllabierung, Akzentuierung, Assimilationen, Liaison, Schwa etc.). Diese kann man nicht in Listen nachschlagen, sondern muss sie sich auf der Basis entsprechender Regeln, wie sie in diesem Buch präsentiert werden, selbst ableiten.

1.4 Fremdsprachenlernen und -didaktik

Während Kinder schnell, mühelos und perfekt ihre Erstsprache erwerben, ist das Lernen von Fremdsprachen in der Regel langwierig und anstrengend und führt trotzdem zu einem oft unbefriedigenden Ergebnis. Dies erklärt sich nicht nur mit der geringen Zeit, die der Lerner in der Regel der Zielsprache ausgesetzt ist, und dem spärlichen individuellen Feedback in großen Lerngruppen, sondern auch mit den biologischen Voraussetzungen des Sprachenlernens, nämlich der immer geringeren ‘Formbarkeit’ des Gehirns mit zunehmendem Alter. In einer bestimmten **kritischen Phase** – die je nach Forscher nur das erste Lebensjahr oder aber die gesamte Kindheit andauert – wird jede beliebige Sprache (und auch mehrere gleichzeitig) problemlos erworben.

Nach dieser Phase werden neue Sprachen dagegen nur mehr durch den Filter der Erstsprache aufgenommen. Es ist also völlig normal, eine Fremdsprache mit dem Akzent der L1 zu sprechen. Die Aussprachefehler erklären sich zum großen Teil dadurch, dass die **phonologischen Regelmäßigkeiten der Ausgangssprache** automatisch auf die Zielsprache übertragen werden, etwa die deutsche Auslautverhärtung (z.B. in dt. *fad* [fat]), die zu Realisierungen wie fr. *fade* *[fat] statt [fad] führt. Andere Fehlertypen wiederum hängen mit den **Besonderheiten der Zielsprache** zusammen. So bereiten die im Sprachvergleich relativ exotischen nasalierten Vokale des Französischen Lernern unterschiedlichster Erstsprachen Schwierigkeiten. Daneben kann es im Lernprozess zur **Verfestigung von Fehlern** kommen, z.B. der aus der Graphie abgeleiteten falschen Aussprache *voyage* [vojaʒ] statt [vwajaʒ]. Nur – oder positiv gesehen: immerhin – ca. 5% der Sprecher besitzen das Talent, eine fremde Aussprache so gut zu erlernen, dass sie nicht von der eines L1-Sprechers unterschieden werden kann (vgl. Selinker 1972).

Dieser **fundamentale Unterschied zwischen L1-*Erwerb* und Fremdsprachen-*Lernen*** sollte jedoch auf keinen Fall dahingehend interpretiert werden, dass die Ausspracheschulung im Fremdsprachenunterricht von vornherein sinnlos wäre. Im

Gegenteil: Aus diesem Unterschied folgt vielmehr, dass es nicht reicht, der Zielsprache ausgesetzt zu sein, sondern dass **gezieltes Training** zum Erlernen und Verbessern der Aussprache nötig ist. Dies ist deshalb so wichtig, weil die Aussprache der dominierende Faktor bei der Einschätzung der Fremdsprachenkompetenz ist, für den Lernenden selbst genauso wie für den L1-Sprecher, mit dem er kommuniziert. Spricht jemand eine Fremdsprache mit starkem ausländischem Akzent, haben L1-Sprecher nicht nur Verständnisschwierigkeiten, sondern oft schlicht keine Lust zuzuhören. Dadurch wird der Lernende demotiviert und gehemmt. Eine gute Aussprache dagegen ruft positive Reaktionen hervor und stärkt dadurch die **Motivation** des Lernenden, in der Fremdsprache zu kommunizieren, wodurch sich wiederum seine Kompetenz auch auf den anderen Ebenen der Sprache (Grammatik, Wortschatz etc.) verbessert.

Die Methoden zur Ausspracheverbesserung haben sich in der **Geschichte der Fremdsprachendidaktik** vielfach gewandelt. Grob können vier Ansätze unterschieden werden: die Grammatik-Übersetzungsmethode, das *Pattern-Drill*-Verfahren, der kognitive sowie der kommunikative Ansatz. Da bis vor einem guten Jahrhundert v.a. die klassischen Sprachen Latein und Griechisch gelernt wurden, herrschte die **Grammatik-Übersetzungsmethode** vor, die zunächst auch im Unterricht lebender Fremdsprachen eingesetzt wurde. Ausgangspunkt war die Schriftsprache, und die Ausspracheschulung beschränkte sich im Wesentlichen auf das Erlernen der lautlichen Entsprechungen der Buchstaben, wodurch das Vorlesen von Texten ermöglicht werden sollte. Ende des 19. Jahrhunderts wandten sich dann einige Strömungen radikal der gesprochenen Sprache zu, und es entstanden Lehrwerke, die für die ersten Lernjahre ausschließlich in Lautschrift verfasst waren. Angeregt durch den Behaviorismus entwickelte sich Mitte des 20. Jahrhunderts das ***Pattern-Drill*-Verfahren**: Der Lernende wurde als *Black Box* betrachtet, der die ihm präsentierten Aussprachemodelle unreflektiert nachahmen und durch Lob und Kritik für die korrekte Aussprache konditioniert werden sollte, wie Eliza Doolittle im Musical *My Fair Lady*. Die Ausspracheschulung in den neu errichteten Sprachlabors bestand somit vornehmlich im Nachsprechen von Minimalpaaren (vgl. Kapitel 4.1) zur besseren Unterscheidung der zielsprachlichen Phoneme, z.B. *peau* [po] vs. *pont* [pɔ̃]. Diese Praxis wurde in den 1970er Jahren durch zwei neue Ansätze in Frage gestellt. Der **kognitive Ansatz** nahm Abstand von der *Black-Box*-Idee und forderte, dass der Lernende das Zielsystem auch verstehen solle, insbesondere um seine Fehler selbst zu erkennen und zu verbessern. Der **kommunikative Ansatz** seinerseits senkte radikal die Erwartungen an die Aussprache in der Fremdsprache. Diese sollte nur mehr eine erfolgreiche Verständigung ermöglichen. Dazu wurde vor allem auf den direkten Kontakt mit der Zielsprache gesetzt.

Es ist wenig sinnvoll, diese unterschiedlichen Ansätze gegeneinander auszuspielen. Aus jeder Phase können methodische Anregungen gewonnen werden. Dabei muss selbstverständlich den besonderen Bedingungen des universitären Französischstudiums Rechnung getragen werden. Schließlich handelt es sich in diesem

Kontext um weit fortgeschrittene Lernende mit intensivem Kontakt zur Schriftlichkeit und linguistischem Hintergrundwissen. Diese Lerner wollen nicht nur ihre eigene Aussprache und ihr Hörverständnis verbessern, sondern die französische Aussprache möglicherweise auch künftigen Schülern vermitteln, wobei ihre eigene Aussprache zum Modell wird.

Zu diesem Zweck ist zunächst einmal **theoretisches und deskriptives Wissen** zur Phonetik und Phonologie des Französischen nötig, insbesondere im Vergleich zum Deutschen. Dazu gehört nicht nur die Aussprache von Einzellauten, sondern auch die von Wörtern im Redezusammenhang. Diese Kenntnisse, die das vorliegende Buch in erster Linie vermitteln möchte, schaffen ein Bewusstsein für Phänomene, die beim Kontakt mit der Zielsprache ansonsten leicht überhört würden. Sie dienen damit der Autonomie des Lernenden und seiner Fähigkeit zur Selbstkorrektur. Darüber hinaus sollte ein Phonetikkurs um **Hörverstehensübungen** erweitert werden, die von der Diskriminierung und Identifizierung von Einzellauten mit Hilfe von Minimalpaaren (vgl. Abb. 4) bis hin zum Verständnis längerer spontansprachlicher Passagen aus unterschiedlichen Varietäten gehen sollten. Denn nur einen Unterschied, den man überhaupt wahrnimmt, kann man auch produzieren.

Diskriminationsübung: *Handelt es sich zweimal um dasselbe Wort oder um zwei verschiedene Wörter?*

Tonmaterial		Antwort	
		dasselbe Wort	zwei Wörter
[sɑ̃] – [sɔ̃]	*(sang – son)*		x
[dɔ̃] – [dɔ̃]	*(dont – dont)*	x	
[vɔ̃] – [vɑ̃]	*(vont – vent)*		x
[tɑ̃] – [tɔ̃]	*(temps – thon)*		x

Identifikationsübung: *Um welches Wort handelt es sich?*

Tonmaterial	Antwort	
[kusɛ̃]	*cousin*	x *coussin*
[vɔ̃]	x *vont*	*font*
[ʒɑ̃]	x *gens*	*chant*
[ku]	*goût*	x *cou*

Abb. 4: Beispiele für Hörverstehensübungen

Daneben sollte der Phonetikunterricht auch ein gezieltes **Aussprachetraining** mit Feedback beinhalten, das mit dem Nachsprechen von Lauten, Wörtern und Sätzen beginnen und über das wiederholte Lesen eines Übungstextes bis hin zur spontansprachlichen Produktion gehen kann. Wird die Aussprache der Lernenden aufgezeichnet, können diese sich nicht nur vom Lehrenden berichtigen lassen, sondern sich auch selbst und gegenseitig korrigieren. Dadurch verbessern sie zum einen ihre Aussprache und steigern zum anderen ihre Sensibilität für Fehler, was sowohl dem selbständigen Lernen als auch der künftigen Vermittlung der Aussprache dient. Durch Aufnahmen zu verschiedenen Zeitpunkten können die Lernenden zudem ihren Lernfortschritt verfolgen, was sehr motivierend sein kann.

Um sich die Aussprache bewusst zu machen, insbesondere dort, wo sie von der uns gewohnten Schreibung abweicht, sind **Transkriptionen** in Lautschrift eine sehr bewährte Übungsform. Als Vorlage sollten neben Texten unbedingt auch Tonaufnahmen dienen, zunächst von L1-Sprechern gelesene Diktate, später eventuell auch Spontansprache. Mit solchen Materialien können die Lernenden selbständig und in individuellem Tempo am Computer üben. Da gerade Universitätsstudenten besonders intensiv mit der Schriftlichkeit konfrontiert sind, sollten **Graphie und Phonie** systematisch kontrastiert werden. Auch hierdurch wird die Autonomie des Lernenden gestärkt, da er in der großen Mehrzahl der Fälle aus der Schreibung die Aussprache unbekannter Wörter selbständig ableiten kann. Die Lautschrift ermöglicht es, in Zweifelsfällen die Aussprache in Wörterbüchern nachzuschlagen.

Zur weiteren Routinisierung ist der **direkte Kontakt mit der Zielsprache** jedoch unabdingbar. Daher sollte der Unterricht idealerweise in französischer Sprache abgehalten werden, wenn möglich von einem L1-Sprecher. Je kleiner die Gruppen und je umfangreicher und häufiger der Unterricht, desto größer ist natürlich der Lernfortschritt. Da der Kontakt am intensivsten in französischsprachigen Ländern ist, sind längere Auslandsaufenthalte unverzichtbar.

Dieses Buch kann somit nur einen kleinen Teil der Ausspracheschulung übernehmen. Es liefert den theoretischen Hintergrund und Anregungen für praktische Übungen, u.a. zahlreiche Transkriptionsübungen mit Musterlösungen. Es muss aber unbedingt durch den direkten Kontakt mit dem Französischen und das Feedback eines kompetenten Dozenten ergänzt werden. Neben seinem praktischen Nutzwert möchte dieses Lehrwerk selbstverständlich auch allgemeines Interesse für die französische Phonologie wecken und die Neugier jener stillen, die sie bereits in ihren Bann gezogen hat.

Weiterführende Literatur: Die Klassiker zur französischen Phonetik und Phonologie sind Grammont 1930 und Fouché 1956, deren Lektüre sich auch heute noch lohnt. Leicht zugängliche Einführungen sind Léon ^{2}1998 auf Französisch und Meisenburg/ Selig 1998 auf Deutsch sowie die *Mouton Interactive Introduction to Phonetics and Phonology* auf CD-ROM (2000). Es existiert ein Wörterbuch zur Phonetik und Phonologie in englischer Sprache (Trask 1996), ein weiteres befindet sich in Vorbereitung (Hall/Pompino-Marschall). Zur Didaktik der französischen Aussprache sind Champagne-Muzar/Bourdages 1993 und Lauret 2007 zu empfehlen. Praktische Ausspracheübungen finden sich u.a. in Léon 2003 und Charliac/Motron 2008.

2. Graphematik

Im Französischen weicht die Schreibung besonders stark von der Lautung ab (genauso wie im Englischen; im Gegensatz aber etwa zum Deutschen oder Spanischen). Daher bereitet die Rechtschreibung vielen französischen L1-Sprechern Probleme, ruft gleichzeitig aber eine derartige Faszination hervor, dass nationale Diktatwettbewerbe veranstaltet werden. Umgekehrt haben Ausländer im stark schriftbasierten Fremdsprachenunterricht besondere Schwierigkeiten, sich die Aussprache anzueignen bzw. die L1-Sprecher zu verstehen. Die Omnipräsenz der Schrift in modernen Sprachgemeinschaften sorgt aber auch dafür, dass in manchen Fällen die Graphie die Phonie beeinflusst, insbesondere bei seltenen Wörtern und Fremdwörtern, die auch L1-Sprecher im Zweifelsfall so aussprechen, wie man sie schreibt, z.B. *gageure* 'Ding der Unmöglichkeit' [gaʒœʁ] statt [gaʒyʁ], *chewing-gum* 'Kaugummi' [ʃwiŋgɔm] statt engl. [ˈtʃuːɪŋˌgʌm]. Ziel dieses Kapitels ist es, die Regelmäßigkeiten und Unregelmäßigkeiten des französischen Schriftsystems darzustellen und zu erklären. Dabei soll der Schwerpunkt auf den Phänomenen liegen, die relevant für die Aussprache sind (für einen Überblick über die autonome Graphematik sei auf Anis 1983 verwiesen). In diesem Zusammenhang wird auch ein eindeutigeres Schreibsystem vorgestellt, in dem jeder Laut genau einem Symbol und jedes Symbol genau einem Laut entspricht: das Internationale Phonetische Alphabet (IPA).

2.1 Entstehung der Alphabetschrift

In der Menschheitsgeschichte ist die Lautsprache primär und die Schrift sekundär. Jede Sprache wird zunächst gesprochen und erst viel später, wenn überhaupt, verschriftet. Zudem lernt jeder einzelne Mensch in seinem Leben zunächst relativ schnell und mühelos zu sprechen und erst später, wenn überhaupt, und oft unter Anstrengungen, zu schreiben.

Auch wenn sich die Phonologie als moderne Wissenschaft erst im 19. Jahrhundert herausbildet, kann man die anonymen 'Erfinder' der Alphabetschriften als die ersten Phonologen bezeichnen. Diese Schriftsysteme folgen nämlich dem **phonographischen Prinzip** (vgl. gr. *phōnē* 'Laut', *graphein* 'schreiben'), d.h. ihre Elemente beziehen sich auf den ***signifiant***, also die Vorstellung der Aussprache eines sprachlichen Zeichens (vgl. Abb. 5). So wurde beispielsweise das lateinische Wort für 'Baum', das höchstwahrscheinlich [arbor] ausgesprochen wurde, auch <arbor> geschrieben. Frühere Schriftsysteme folgten dagegen dem **ideographischen Prinzip** (vgl. gr. *eidos* 'Idee', *grafein* 'schreiben'), d.h. ihre Zeichen bezogen sich direkt auf den ***signifié***, also die Vorstellung vom bezeichneten Referenten. Dementsprechend wäre das Schriftzeichen für 'Baum' das Bild eines Baums.

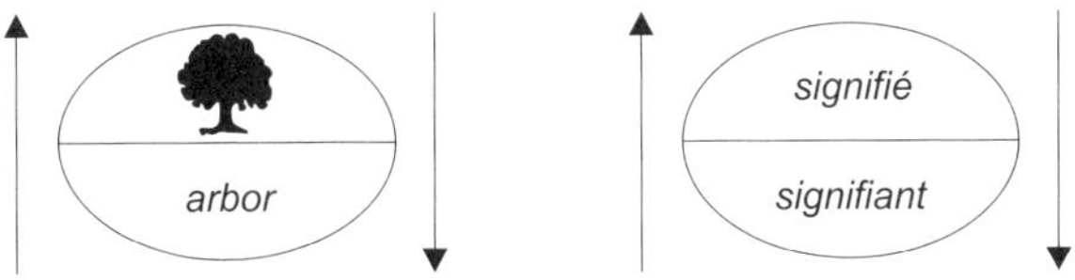

Abb. 5: Das sprachliche Zeichen nach de Saussure (nach *CLG*: 99, 158)

Die meisten Sprachen der Welt entsprechen nicht zu 100% einem dieser beiden Prinzipien, sondern sind gemischter Art. Bei den ägyptischen Hieroglyphen beispielsweise dominiert das ideographische Prinzip, es gibt aber auch Phonogramme; das Spanische dagegen wird überwiegend phonographisch verschriftet, es existieren aber auch einige Ideogramme. Das Französische besitzt ebenfalls in erster Linie ein phonographisches System; hier ist allerdings der Anteil an ideographischen Elementen besonders hoch (vgl. Kapitel 2.2).

Während die Menschen schon seit vermutlich 40 000 Jahren sprechen, ist das **älteste uns überlieferte Schriftsystem** wohl erst um **5 300 v. Chr.** in der Donauzivilisation entstanden (Tontafeln von Tărtăria im heutigen Rumänien; vgl. Haarmann 2004). Unabhängig davon haben sich Schriftsysteme in Ägypten, Mesopotamien, Indien, China und Mittelamerika herausgebildet. Die Erfindung der Schrift stellt eine Revolution für die Informationsspeicherung dar und war insbesondere für die Entwicklung des Handels von großer Bedeutung. Das **erste phonographische Schriftsystem** ist um **1 700 v. Chr.** im Gebiet des heutigen Palästina und Syrien entstanden und bildete nur die Konsonanten ab. Über die Phönizier gelangte dieses System ca. 1 000 v. Chr. zu den Griechen, die Zeichen für die Vokale hinzufügten. Dieses System ist die Grundlage für die meisten Alphabetschriften der Welt, u.a. für das lateinische Alphabet, das wir heute für das Deutsche und Französische verwenden. Daneben existieren auch phonographische Schriftsysteme, die nicht einzelne Segmente, sondern ganze Silben abbilden (Silbenschrift), z.B. die Keilschrift (2 650 – 331 v. Chr.; vgl. auch Kapitel 6).

Vereinfacht kann man sagen, dass die phonographischen Systeme aus den ideographischen entstanden sind. Der Übergang kann grob in folgenden Etappen skizziert werden: Zunächst bilden Piktogramme (vgl. lat. *pictus* 'gemalt', gr. *gramma* 'das Geschriebene') die Referenten bzw. ihre Vorstellung von ihnen ab (**Bilderschrift**). Durch zunehmende Stilisierung und Konventionalisierung werden diese unkenntlich und der Bezug zum *signifié* reißt ab; es besteht dann nur noch ein Bezug des Schriftzeichens zum *signifiant* (**Wortlautschrift**). Diese Wortzeichen können nun auch andere gleichlautende Wörter abbilden, wie bei einem Rebus (Bilderrätsel), bei dem z.B. fr. *il ne faut pas* durch Bilder einer Insel (*île* [il]), eines Knotens (*nœud* [nø]), einer Sense (*faux* [fo]) und eines Schrittes (*pas* [pa]) dargestellt werden kann (vgl. auch *K7* für *cassette*). Daraus können sich dann **Silben-** und **Buchstabenschriften** entwickeln, wenn etwa ein Zeichen nur mehr für den Anfangslaut des entsprechenden Wortes verwendet wird.

Dies kann man an der Geschichte des ersten Buchstabens unseres Alphabets, **<A>**, gut nachvollziehen (vgl. Abb. 6). Das <A> geht auf die Darstellung eines Rinderkopfes (mit zwei Hörnern) im protosemitischen Alphabet zurück, das unter Einfluss der ägyptischen Hieroglyphen entstanden ist. In der phönizischen Schrift war dieser Kopf bereits stark stilisiert und wurde sowohl für das Wort *aleph* 'Rind' verwendet als auch für sein erstes Phonem, nämlich den so genannten 'Knacklaut' /ʔ/, wie wir ihn auch zu Beginn von dt. *Apfel* [ˈʔapfl̩] finden. Die Griechen verwendeten das Schriftzeichen dann für /a/, da sie kein Phonem /ʔ/ kannten, im Gegenzug aber Symbole für die Vokale einführen wollten. Für den Großbuchstaben wurde das Zeichen zudem um 90° im Uhrzeigersinn gedreht. Das Wort *alpha* verlor den Bezug zum 'Rind' und bezeichnete nur mehr den Buchstaben. Gemeinsam mit dem Namen des zweiten Buchstabens *beta* (phönizisch 'Haus') gab er unserem heutigen Schriftsystem seinen Namen: *Alphabet*.

	Ägyptische Hieroglyphen	**Protosemitische Schrift**	**Phönizische Schrift**	**Griechisches Alphabet**	**Lateinisches Alphabet**
Schriftzeichen				A, α	A, a
Bedeutung	'Rind'	'Rind'	*aleph* 'Rind'	---	---
Laut	---	---	[ʔ]	[a]	[a]

Abb. 6: Von der Hieroglyphe für den Stierkopf zum <a>

Phonographische Systeme haben den Vorteil, sehr viel **ökonomischer** zu sein als ideographische: Während man beispielsweise 2 000 Schriftzeichen kennen muss, um das heutige Chinesisch in seinen Grundzügen zu verstehen (und die umfangreichsten Wörterbücher bis zu 50 000 Zeichen enthalten), besitzt das lateinische Alphabet nur 26 Buchstaben. Dies lässt sich am Beispiel der französischen Phoneme /ʁ/, /a/ und /m/ demonstrieren. Aus diesen drei Elementen lassen sich zehn verschiedene Kombinationen bilden, die im Französischen Bedeutung tragen: *rame* /ʁam/ 'Ruder', *mare* /maʁ/ 'Tümpel', *arme* /aʁm/ 'Waffe', *rare* /ʁaʁ/ 'selten', *mame* /mam/ (populäre Variante von *madame*), *rat* /ʁa/ 'Ratte', *art* /aʁ/ 'Kunst', *âme* /am/ 'Seele', *ma* /ma/ 'meine' und *a* /a/ 'hat'. Dafür, was das phonographische System also mit nur drei Zeichen leistet – die zudem mit zahlreichen weiteren Zeichen kombiniert werden können (z.B. mit /ɛ/ in *mais* /mɛ/ 'aber', *aime* [ɛm] ‘liebt’ etc.) –, bräuchte ein ideographisches zehn, nämlich für jede Bedeutung eines.

Die obige Darstellung der Entwicklung von der Bilder- zur Buchstabenschrift ist allerdings sehr vereinfacht. So wie die in der Realität existierenden Schriftsysteme nicht rein ideographisch oder phonographisch, sondern in der Regel gemischter Art sind, haben auch die Veränderungen nicht in klar voneinander abgegrenzten Schritten stattgefunden. Als Tendenz ist die Richtung von der Ideographie zur Phonographie jedoch eine Universalie der Schriftgeschichte.

Warum kann man nun die Erfinder der Alphabetschrift als erste Phonologen bezeichnen? Wer eine Schrift ‘erfindet’, in der ein Schriftzeichen für einen Laut steht, leistet in mehrerlei Hinsicht phonologische Arbeit. Zum einen setzt er im artikulatorischen und akustischen Kontinuum auf der Basis seiner Wahrnehmung und seines Verständnisses der entsprechenden Sprache Grenzen und isoliert damit einzelne Laute. Dies erscheint dem an die Alphabetschrift gewöhnten Sprecher vollkommen selbstverständlich; im phonetischen Signal sind solche Grenzen jedoch überhaupt nicht sichtbar (vgl. Kapitel 3.3). Zum anderen fasst er die unendlich große Menge konkret realisierter Laute, von denen jeder einzigartig ist, zu Klassen zusammen, wobei nur der Austausch zwischen Lauten verschiedener Klassen für das Verständnis relevant ist. Modern gesprochen: Er identifiziert die Phoneme einer Sprache (vgl. Kapitel 4.1). Da beispielsweise im Französischen die Opposition /ʁ/ vs. /l/ bedeutungsunterscheidend ist (vgl. z.B. *roue* [ʁu] ‘Rad’ vs. *loup* [lu] ‘Wolf’), werden auch zwei verschiedene Buchstaben gebraucht, <l> und <r>; da der Unterschied zwischen [r] und [ʁ] dagegen für die Bedeutung irrelevant ist, reicht ein einziger Buchstabe <r>. Die Alphabetschrift ist also ein Meisterwerk strukturalistischer Phonologie. Umgekehrt macht sie die Sprecher, die sich an sie gewöhnt haben, besonders ‘taub’, weswegen es einer speziellen Schulung bedarf, um Phonemunterschiede und phonetische Details in Fremdsprachen wahrzunehmen und zu reproduzieren.

2.2 Schriftsystem des Französischen

Das französische Schriftsystem basiert auf dem lateinischen Alphabet. Da sich das phonologische System aber in der Entwicklung vom Lateinischen zum Französischen grundlegend umstrukturiert hat, mussten ein paar Anpassungen vorgenommen werden. Das betrifft insbesondere die Vokale. Um beispielsweise die Unterscheidung zwischen halb-offenen und halb-geschlossenen Vokalen (z.B. /e/ vs. /ɛ/) wiederzugeben, die im Lateinischen noch nicht existierte, fungierten zunächst verstummte Konsonanten als **diakritische Zeichen**, die Zusatzinformationen zur Aussprache lieferten; später wurden dafür die Akzente (*accent aigu*, *accent grave*, *accent circonflexe*) eingeführt. So signalisiert etwa das <s> in afr./mfr. *fenestre*

(< lat. FENESTRAM[1]), dass das vorangehende <e> als (ursprünglich langes) [ɛ] ausgesprochen wurde und nicht etwa einem Schwa oder überhaupt keinem Laut entsprach. Daher wurde es auch nach seinem Verstummen zunächst in der Graphie beibehalten. Erst im 16. Jahrhundert, als die Buchdrucker zusätzliche Zeichen als Diakritika einführten, wurde es durch einen *accent circonflexe* auf dem <e> ersetzt (nfr. <fenêtre>). Einen Überblick über die Diakritika des heutigen französischen Schriftsystems liefert Abb. 7.

Diakritikon	Bezeichnung	Funktion	Beispiel
<´>	*accent aigu*	[e][2]	*allé* [ale]
<`>	*accent grave*	[ɛ]	*lève* [lɛv]
<^>	*accent circonflexe*	[ɛ]; /s/-Elision	*fenêtre* [fənɛtʁ]
<¨>	Trema	Diärese	*Noël* [no.ɛl], *[nwɛl]
<¸>	Cedille	[s], nicht [k]	*ça* [sa], *[ka]

Abb. 7: Die Diakritika des französischen Schriftsystems

Diese Veränderung hat allerdings zu einigen **Uneinheitlichkeiten** im französischen Schriftsystem geführt, da in vergleichbaren Fällen teils etymologische Konsonanten als Diakritika fungieren, teils Akzente. So zeigt beispielsweise in *appelle* (< *appeler*) der Doppelkonsonant <ll> an, dass das vorangehende <e> als [ɛ] ausgesprochen wird, in *pèle* (< *peler*) dagegen übernimmt der *accent grave* auf dem <è> diese Aufgabe (weswegen danach nur mehr ein einziges <l> steht).

Zur Unterscheidung von /u/ und /v/, für die es im lateinischen Alphabet nur einen einzigen Buchstaben gab, wurde vor den Anfangsbuchstaben einiger französischer Wörter ein <h> eingefügt, z.B. in *huître* 'Auster' (< lat. OSTREA), das ursprünglich nicht von *vitre* 'Glas(scheibe)' (< lat. VITRUM) zu unterscheiden war (ebenso: *huile*, *huit*; vgl. Kapitel 9.4). Ferner wurden **neue Buchstaben** eingeführt: neben <u> auch <w> und <j>. Die Schwierigkeit des französischen Schriftsystems lässt sich also zum Teil darauf zurückführen, dass das verwendete Alphabet eigentlich für andere Sprachen geschaffen wurde und die französische Phonologie nicht ideal wiedergeben kann.

Außerdem ist die **Schreibung des Französischen** im Wesentlichen **seit dem Mittelalter erstarrt** und hat sich den Lautentwicklungen der letzten 700 Jahre kaum mehr angepasst. Es werden beispielsweise noch Diphthonge geschrieben, wie <ou> in *moudre*, obwohl sich diese längst monophthongiert haben, z.B. [ow] > [u] (vgl. Kapitel 8.1). Zudem wurden zahlreiche Konsonanten im Nachhinein wieder in die Schreibung eingefügt, um einen Bezug zum lateinischen Etymon herzustellen

1 Die Mehrzahl der französischen Substantive stammt vom lateinischen Akkusativ ab.

2 In Ausnahmefällen wird <é> aufgrund der *loi de position* (vgl. Kapitel 5.1) [ɛ] ausgesprochen, z.B. in *événement* [evɛnmɑ̃].

(**Relatinisierung**[3]), etwa das <p> in *temps* [tɑ̃] < lat. TEMPUS (vs. mittelalterliche Schreibung u.a. <tens>). Auch hier ist eine klare Etappeneinteilung vereinfachend: Die latinisierenden Schreibungen haben vielmehr häufig parallel zu den phonographischen existiert.

Die Beispiele zeigen, dass den Phonemen des Französischen häufig nicht einzelne Buchstaben, sondern Kombinationen von Buchstaben und diakritischen Zeichen entsprechen. Daher differenziert man gemäß der Unterscheidung von Phon und Phonem (vgl. Kapitel 1.2 und 4.1) zwischen **Buchstaben**, wie sie konkret in Handschriften, Druckertypen etc. vorkommen, und **Graphemen**, die die minimalen bedeutungsunterscheidenden Einheiten der Schrift sind. Zum Beispiel entsprechen dem Graphem <a> Realisierungen wie <A>, <a>, <a>, <*a*> etc. Ein Graphem kann aus einem einzigen Buchstaben bestehen (z.B. das <l> in *loup* für /l/), aus zweien (z.B. das <ou> in *loup* für /u/) – dann spricht man von einem **Digraph** –, oder sogar aus dreien (z.B. der **Trigraph** <eau> von *eau* 'Wasser' für /o/). Daneben können auch stumme Buchstaben bedeutungsunterscheidend sein, z.B. das <e> für das Femininum oder das <s> für den Plural in *jolies* [ʒɔli].

Das Französische besitzt ein **gemischtes Schriftsystem** mit einem hohen phonographischen Anteil (z.B. das <l> in *loup* für [l]), aber auch einer beachtlichen Zahl ideographischer Elemente, die aus phonographischen Elementen entstanden sind, als sich die Lautung änderte (also entgegengesetzt zur oben beschriebenen Tendenz vom Ideogramm zum Phonogramm). So erschweren die etymologischen Konsonanten zwar das Schreiben und Lesen in beachtlicher Weise; sie dienen im Gegenzug aber der **Unterscheidung von Homophonen** (gleichlautenden Wörtern; vgl. gr. *homo* 'gleich', *phōnē* 'Laut'), von denen es im Französischen aufgrund der besonders umfangreichen Elisionsprozesse seit dem Lateinischen mehr als in anderen romanischen Sprachen gibt (vgl. Kapitel 8.2). Das Wort *temps* 'Zeit' unterscheidet sich beispielsweise graphisch von *tant* 'so', *tend* (< *tendre* 'strecken'), *tan* 'Gerbrinde' und *taon* 'Bremse (Fliege)'. Neben Lexemen betrifft dies in umfangreichem Maße auch grammatische Morpheme, u.a. die Unterscheidung von Singular und Plural (z.B. <il chante> vs. <ils chantent>; beides: [ilʃɑ̃t]), Subjonctif und Indikativ (z.B. <qu'il voit> vs. <qu'il voie>; beides: [kilvwa]). Außerdem kann durch diese stummen Buchstaben ein Bezug zu anderen Wörtern derselben **Wortfamilie** hergestellt werden, insbesondere zu späteren, gelehrten Entlehnungen aus dem Lateinischen (z.B. *temporaire*, *temporel*). Graphien, die einen älteren Lautstand widerspiegeln, verbinden zudem die Realisierungen verschiedener **Varietäten** miteinander (z.B. *temps*: normfranzösisch [tɑ̃], südfranzösisch [tɑ̃ŋ], Québec-Französisch [tæ̃] etc.).

[3] Die Relatinisierung des französischen Wortschatzes steht im Zusammenhang mit der Rückbesinnung auf seine – prestigereichen – lateinischen Wurzeln im Zuge der Renaissance (16. Jahrhundert).

Diese rein graphischen Unterscheidungen erschweren das Lernen der französischen **Orthographie** (vgl. gr. *orthos* 'gerade', *grafein* 'schreiben') in beträchtlichem Maße, weswegen es immer wieder Versuche gegeben hat, sie in Richtung einer Stärkung des phonographischen Prinzips zu reformieren. Das letzte Mal geschah dies durch die *Rectifications de l'orthographe* von 1990: Sie erlauben es etwa, in bestimmten Wörtern den Bindestrich oder die Akzente wegzulassen (z.B. <portemonnaie> statt <porte-monnaie>, <ile> statt <île>, <aout> statt <août>) bzw. der Aussprache entsprechend in Derivaten auf *-ment* einen *accent grave* anstelle eines *accent aigu* zu setzen, (z.B. <évènement> statt <événement>). Die neuen Formen ersetzen allerdings nicht die alten, sondern dürfen lediglich nicht mehr als Fehler angerechnet werden. In den Sprachgebrauch – und selbst in die Wörterbücher – haben sie bisher kaum Eingang gefunden, so dass von einer Rechtschreibreform nicht wirklich die Rede sein kann.

2.3 Lautschrift und Transkription

Da die Schriftsysteme der Sprachen der Welt nicht gänzlich dem phonographischen Prinzip folgen, wurden Lautschriften entwickelt, in denen jedes Symbol genau einen Laut abbildet und jeder Laut mit genau einem Symbol transkribiert wird. Das am weitesten verbreitete Transkriptionssystem, das auch in diesem Buch verwendet wird, ist das **Internationale Phonetische Alphabet (IPA)** der *International Phonetic Association*, das 1888 für den Fremdsprachenunterricht entwickelt wurde. Seitdem wurde es mehrmals reformiert; die neueste Version stammt aus dem Jahre 2005 (vgl. Abb. 8). Entsprechende Schriftarten für den Computer können auf der Website des *Summer Institute of Linguistics* (www.sil.org) heruntergeladen werden. Eine maschinenlesbare Codierung der wichtigsten Symbole des IPA stellt das **SAMPA** (*Speech Assessment Methods Phonetic Alphabet*) dar, das Ende der 1980er Jahre entwickelt wurde. Hier steht beispielsweise [E] für [ɛ], [2] für [ø] und [@] für [ə]. In der historischen Sprachwissenschaft findet man dagegen in der Regel das **Böhmersche System** vor, das die Alphabetschrift mit diakritischen Zeichen kombiniert, z.B. [ę] für [ɛ], [š] für [ʃ] oder [u̯] für [w]. Wer sich vergewissern möchte, wie ein Laut klingt, der einem Transkriptionszeichen im IPA entspricht, sei auf die CD-ROM von Ladefoged [2]2005 bzw. seine Website (http://www.phonetics.ucla.edu) verwiesen.

Man unterscheidet grundsätzlich zwischen einer **weiten (phonologischen) Transkription**, die eine phonematische Analyse der entsprechenden Sprache voraussetzt (vgl. Kapitel 4.1) und nur bedeutungsunterscheidende Kontraste notiert, und einer **engen (phonetischen) Transkription**, die alle auditiv wahrnehmbaren Unterschiede verzeichnet. So kann beispielsweise fr. *dans ce village espagnol* /dɑ̃svilaʒ EspaɲOl/ oder [ˌd̪ɑ̃s̬viˈlaːʒ | ˌɛspaˈɲɔl] transkribiert werden. In der sehr abstrakten phonologischen Transkription wird nicht einmal der Öffnungsgrad der mittleren Vokale spezifiziert (Archiphoneme /E/ und /O/ statt [e]/[ɛ] bzw. [o]/[ɔ]; vgl. Kapitel 4.1), in der phonetischen Transkription dagegen sogar die dentale Realisierung des /d/ durch das Diakritikum [̪] (vgl. Kapitel 3.1), die Assimilation der Stimmbeteiligung des /s/ an das folgende /v/ durch [̬] (vgl. Kapitel 8.1) sowie die Längung des betonten Vokals vor /ʒ/ durch [ː]. Für die Transkription im Fremdsprachenunterricht empfiehlt sich ein Mittelweg, der Ausspracherelevantes notiert (z.B. den Unterschied zwischen [o] und [ɔ]), aber kein zu großes ohrenphonetisches Training voraussetzt (das notwendig wäre, um z.B. dentale und alveolare Realisierungen differenzieren zu können).

Dennoch muss klar sein, dass eine Transkription, egal wie eng sie ist, immer eine **Abstraktion** der Realität darstellt, denn jeder gesprochene Laut ist einzigartig. Das IPA ist in der Tat **phonologisch basiert**: Es beinhaltet Symbole für all jene Laute, die in mindestens einer Sprache der Welt bedeutungsunterscheidend sind. Bei der Transkription einer konkreten Sprache können dadurch aber natürlich auch zahlreiche Details notiert werden, die dort phonologisch irrelevant sind, z.B. die genaue Artikulation des [ʁ] durch eine geräuschverursachende Enge am hinteren Gaumen (im Gegensatz zum mit der Zungenspitze 'gerollten' [r]). Während das IPA somit für den Fremdsprachenunterricht ein sehr nützliches Hilfsmittel darstellt, ist es für wissenschaftliche Untersuchungen in der Regel zu grobmaschig. In der Phonetik arbeitet man daher eher mit präzisen Messungen des kontinuierlichen artikulatorischen oder akustischen Signals (vgl. Kapitel 3). In Abb. 8 ist das komplette Internationale Phonetische Alphabet (IPA) abgedruckt, von dem allerdings nur ein kleiner Teil für das Französische und das Deutsche relevant ist. Dieser wird in den darauf folgenden Tabellen (vgl. Abb. 9–11) zusammengefasst und illustriert.

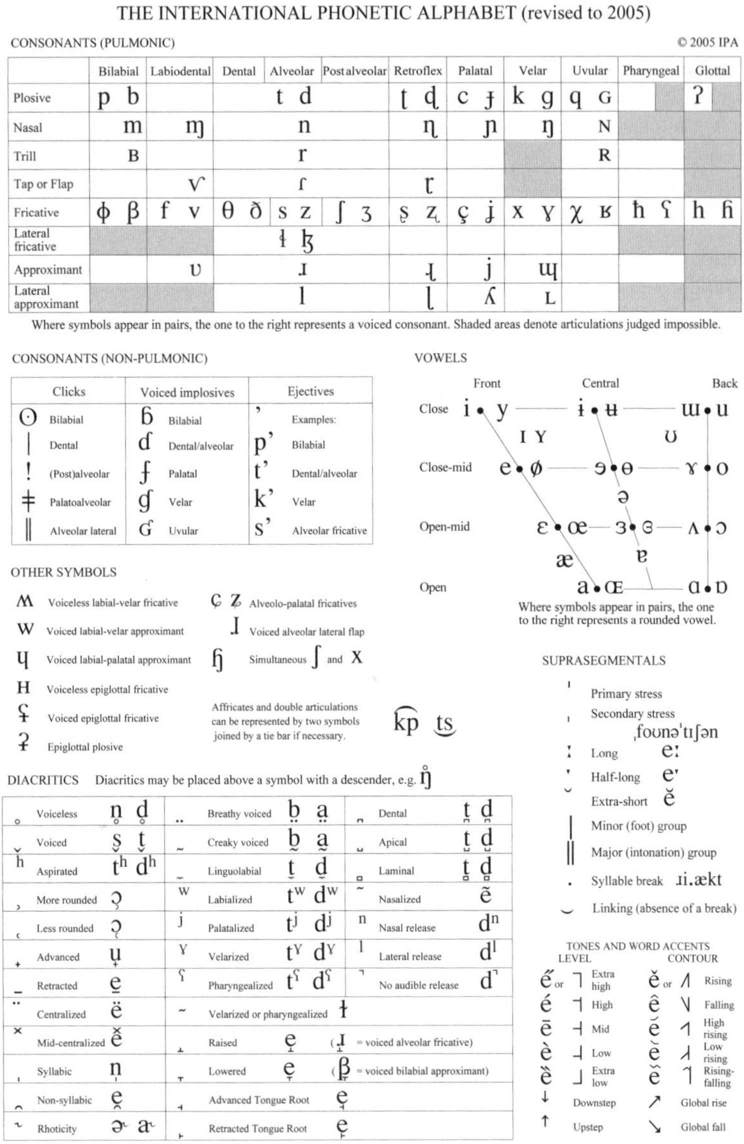

THE INTERNATIONAL PHONETIC ALPHABET (revised to 2005)

CONSONANTS (PULMONIC) © 2005 IPA

	Bilabial	Labiodental	Dental	Alveolar	Postalveolar	Retroflex	Palatal	Velar	Uvular	Pharyngeal	Glottal
Plosive	p b			t d		ʈ ɖ	c ɟ	k ɡ	q ɢ		ʔ
Nasal	m	ɱ		n		ɳ	ɲ	ŋ	ɴ		
Trill	ʙ			r					ʀ		
Tap or Flap		ⱱ		ɾ		ɽ					
Fricative	ɸ β	f v	θ ð	s z	ʃ ʒ	ʂ ʐ	ç ʝ	x ɣ	χ ʁ	ħ ʕ	h ɦ
Lateral fricative				ɬ ɮ							
Approximant		ʋ		ɹ		ɻ	j	ɰ			
Lateral approximant				l		ɭ	ʎ	ʟ			

Where symbols appear in pairs, the one to the right represents a voiced consonant. Shaded areas denote articulations judged impossible.

CONSONANTS (NON-PULMONIC)

Clicks		Voiced implosives		Ejectives	
ʘ	Bilabial	ɓ	Bilabial	ʼ	Examples:
ǀ	Dental	ɗ	Dental/alveolar	pʼ	Bilabial
ǃ	(Post)alveolar	ʄ	Palatal	tʼ	Dental/alveolar
ǂ	Palatoalveolar	ɠ	Velar	kʼ	Velar
ǁ	Alveolar lateral	ʛ	Uvular	sʼ	Alveolar fricative

VOWELS

Front — Central — Back

Close: i • y — ɨ • ʉ — ɯ • u; ɪ ʏ ʊ

Close-mid: e • ø — ɘ • ɵ — ɤ • o; ə

Open-mid: ɛ • œ — ɜ • ɞ — ʌ • ɔ; æ ɐ

Open: a • ɶ — ɑ • ɒ

Where symbols appear in pairs, the one to the right represents a rounded vowel.

OTHER SYMBOLS

ʍ Voiceless labial-velar fricative
w Voiced labial-velar approximant
ɥ Voiced labial-palatal approximant
ʜ Voiceless epiglottal fricative
ʢ Voiced epiglottal fricative
ʡ Epiglottal plosive
ɕ ʑ Alveolo-palatal fricatives
ɺ Voiced alveolar lateral flap
ɧ Simultaneous ʃ and x

Affricates and double articulations can be represented by two symbols joined by a tie bar if necessary. k͡p t͜s

SUPRASEGMENTALS

ˈ Primary stress
ˌ Secondary stress ˌfoʊnəˈtɪʃən
ː Long eː
ˑ Half-long eˑ
˘ Extra-short ĕ
| Minor (foot) group
‖ Major (intonation) group
. Syllable break ɹi.ækt
‿ Linking (absence of a break)

DIACRITICS Diacritics may be placed above a symbol with a descender, e.g. ŋ̊

̥ Voiceless	n̥ d̥	̤ Breathy voiced	b̤ a̤	̪ Dental	t̪ d̪
̬ Voiced	s̬ t̬	̰ Creaky voiced	b̰ a̰	̺ Apical	t̺ d̺
ʰ Aspirated	tʰ dʰ	̼ Linguolabial	t̼ d̼	̻ Laminal	t̻ d̻
̹ More rounded	ɔ̹	ʷ Labialized	tʷ dʷ	̃ Nasalized	ẽ
̜ Less rounded	ɔ̜	ʲ Palatalized	tʲ dʲ	ⁿ Nasal release	dⁿ
̟ Advanced	u̟	ˠ Velarized	tˠ dˠ	ˡ Lateral release	dˡ
̠ Retracted	e̠	ˤ Pharyngealized	tˤ dˤ	̚ No audible release	d̚
̈ Centralized	ë	̴ Velarized or pharyngealized	ɫ		
̽ Mid-centralized	e̽	̝ Raised	e̝ (ɹ̝ = voiced alveolar fricative)		
̩ Syllabic	n̩	̞ Lowered	e̞ (β̞ = voiced bilabial approximant)		
̯ Non-syllabic	e̯	̘ Advanced Tongue Root	e̘		
˞ Rhoticity	ɚ a˞	̙ Retracted Tongue Root	e̙		

TONES AND WORD ACCENTS

LEVEL		CONTOUR	
e̋ or ˥	Extra high	ě or ˩˥	Rising
é ˦	High	ê ˥˩	Falling
ē ˧	Mid	e᷄ ˦˥	High rising
è ˨	Low	e᷅ ˩˨	Low rising
ȅ ˩	Extra low	e᷈ ˧˦˧	Rising-falling
↓	Downstep	↗	Global rise
↑	Upstep	↘	Global fall

Abb. 8: Das Internationale Phonetische Alphabet (2005).[4]

4 Gedruckt mit freundlicher Genehmigung der International Phonetic Association. Copyright 2005 by International Phonetic Association, http://www.langsci.ucl.ac.uk/ipa.

Folgende Tabellen geben einen Überblick über die Lautschriftsymbole, die für die **Transkription des Französischen** benötigt werden, sowie über die häufigsten Graphien, die den Lauten entsprechen. Für einen ausführlichen Überblick über die Phonem-Graphem- und Graphem-Phonem-Korrespondenzen des Französischen sei auf Tranel 1987 und Lauret 2007 verwiesen.

Laut-symbol	**Häufigste Graphien**	**Französische Beispiele**
[i]	<i>, <y>	*lire* [liʁ], *y* [i]
[e]	<é>, <er>, <ez>	*thé* [te], *allé/aller/allez* [ale]
[ɛ]	<e>, <è>, <ê>, <ai>, <ei>, <et>	*sec* [sɛk], *père* [pɛʁ], *tête* [tɛt], *air* [ɛʁ], *seize* [sɛz], *poulet* [pulɛ]
[a]	<a>	*à* [a]
[y]	<u>	*sur* [syʁ]
[ø]	<eu>, <œu>	*feu* [fø], *nœud* [nø]
[œ]	<eu>, <œu>, <œ>	*leur* [lœʁ], *sœur* [sœʁ], *œil* [œj]
[u]	<ou>	*où* [u]
[o]	<o>, <au>, <eau>	*rose* [ʁoz], *pause* [poz], *eau* [o]
[ɔ]	<o>	*robe* [ʁɔb]
[ɛ̃]	<iN[5]>, <aiN>, <eiN>, <eN>, <uN>	*fin* [fɛ̃], *pain* [pɛ̃], *plein* [plɛ̃], *bien* [bjɛ̃], *un* [ɛ̃]
[ɔ̃]	<oN>	*on* [ɔ̃]
[ɑ̃]	<aN>, <eN>	*sang* [sɑ̃], *en* [ɑ̃]
[ə]	<e>	*le* [lə]

Abb. 9: IPA-Symbole für die französischen Vokale

Für die Transkription des Deutschen muss man zusätzlich die Symbole für die drei kurzen ungespannten Vokale [ɪ], [ʏ] und [ʊ] kennen, die den Langvokalen [i], [y] und [u] entsprechen, z.B. in *Mitte* [mɪtə] (vs. *Miete* [mi:tə]), *Hütte* [hʏtə] (vs. *Hüte* [hy:tə]) und *muss* [mʊs] (vs. *Mus* [mu:s]). Diese treten auch in den drei Diphthongen auf: /a͡ʊ/, /a͡ɪ/ und /ɔ͡ʏ/ (z.B. in *Haus* [ha͡ʊs], *Ei* [a͡ɪ], *Leute* [lɔ͡ʏtə]). Außerdem wird <r> bzw. <er> am Silbenende als so genanntes 'Lehrer-Schwa' realisiert (z.B. in *der* [dɛɐ], *Lehrer* [leʁɐ]; vgl. Kapitel 5.1).

5 Der Großbuchstabe <N> steht für die Grapheme <n> bzw. <m>, deren Erscheinen etymologisch bedingt ist (z.B. *faim* < FAMES, *fin* < FINEM), die aber heute keinen Ausspracheunterschied mehr hervorrufen, sondern gleichermaßen als diakritische Zeichen für die Nasalierung des vorausgehenden Vokals fungieren.

Im Gegensatz zur Einteilung des IPA in Abb. 8 wird im Folgenden zusätzlich zu den Vokalen und Konsonanten noch eine dritte Kategorie eingeführt: die so genannten *Gleitlaute*, die phonetisch den Vokalen, aber phonologisch den Konsonanten ähneln (vgl. Kapitel 5.3).

Laut-symbol	**Häufigste Graphien**	**Französische Beispiele**
[j]	<i>, <y>, <ill>, <ll>	*pied* [pje], *lion* [ljɔ̃], *taille* [taj], *billet* [bijɛ]
[w]	<ou>; in <oi>, <oiN>	*louer* [lue]/[lwe]; *moi* [mwa], *point* [pwɛ̃]
[ɥ]	<u>	*lui* [lɥi]

Abb. 10: IPA-Symbole für die französischen Gleitlaute

Für das Französische werden zudem folgende Konsonanten benötigt:

Laut-symbol	**Häufigste Graphien**	**Französische Beispiele**
[p]	<p>, <pp>	*pied* [pje], *apporter* [apɔʁte]
[b]	<b>, <bb>	*beau* [bo], *abbé* [abe]
[t]	<t>, <tt>, <th>	*moto* [moto], *botte* [bɔt], *thé* [te]
[d]	<d>, <dd>	*donner* [dɔne], *addition* [adisjɔ̃]
[k]	<c>, <cc>, <ch>, <qu>, <q>, <k>	*car* [kaʁ], *accrocher* [akʁɔʃe], *écho* [eko], *quand* [kɑ̃], *coq* [kɔk], *kilo* [kilo]
[g]	<g>, <gg>, gu>	*garage* [gaʁaʒ], *aggraver* [agʁave], *guerre* [gɛʁ]
[f]	<f>, <ff>, <ph>	*faire* [fɛʁ], *offrir* [ɔfʁiʁ], *photo* [foto]
[v]	<v>, <w>	*vrai* [vʁɛ], *wagon* [vagɔ̃]
[s]	<s>, <ss>, <c>, <ç>, <t>, <x>	*soleil* [sɔlɛj], *passer* [pase], *ce* [sə], *ça* [sa], *nation* [nasjɔ̃], *dix* [dis]
[z]	<z>, <s>, <x>	*zéro* [zeʁo], *peser* [pəze], *dixième* [dizjɛm]
[ʃ]	<ch>	*chien* [ʃjɛ̃]
[ʒ]	<j>, <g>	*jaune* [ʒon], *rouge* [ʁuʒ]
[ʁ]	<r>, <rr>	*roue* [ʁu], *arriver* [aʁive]
[l]	<l> , <ll>	*loup* [lu], *aller* [ale]
[m]	<m>, <mm>	*mer* [mɛʁ], *homme* [ɔm]
[n]	<n>, <nn>	*noir* [nwaʁ], *année* [ane]
[ɲ]	<gn>	*champagne* [ʃɑ̃paɲ]
[ŋ]	<ng>	*parking* [paʁkiŋ]

Abb. 11: IPA-Symbole für die französischen Konsonanten

Für das Deutsche braucht man außerdem das [h] (z.B. in *Hut* [hut]), den so genannten '*ich*-Laut' [ç] bzw. '*ach*-Laut' [χ̠] nach vorderen bzw. mittleren und hinteren Vokalen (z.B. in *ich* [ɪç] und *ach* [aχ][6]) sowie den 'Knacklaut' [ʔ], der automatisch vor silbenanlautenden betonten Vokalen artikuliert wird (z.B. in *Apfel* [ʔapfl̩]).

In zahlreichen Fällen kennt das Französische für ein Phonem mehrere Aussprachevarianten, die aber für den Fremdsprachenunterricht nicht relevant sind. Für eine relativ weite Transkription des Normfranzösischen auf der Basis graphisch realisierter Texte, wie sie für den praktischen Phonetikunterricht sinnvoll ist, gelten üblicherweise folgende **Konventionen**: Es wird [a] transkribiert (und nicht [ɑ]), [ɑ̃] (und nicht [ã]), [ɔ̃] (und nicht [õ]), [ʁ] (und nicht [r]). Für die halb-offenen und halb-geschlossenen Varianten der mittleren Vokale wird in betonten Silben die *loi de position* beachtet (vgl. Kapitel 5.1); in unbetonten Silben wird in den meisten Fällen die halb-offene Variante – d.h. [ɛ], [ɔ] bzw. [œ] – notiert; von der Vokalharmonie (vgl. Kapitel 8.1) wird abgesehen. Je nachdem, wie eng die Transkription sein soll, können Assimilationen markiert werden oder nicht, z.B. *pas d(e) chance* [pad̥ʃɑ̃s], *arc de triomphe* [aʁk̬dətʁiɔ̃f] (vgl. Kapitel 8.1). Wenn zwei gleiche Konsonanten aufeinander treffen, werden beide transkribiert, selbst wenn es sich um Plosive handelt. Denn auch wenn nach dem ersten der beiden der Verschluss nicht gelöst wird, ist die Verschlusszeit länger als bei einem Einzelplosiv, d.h. man hört beispielsweise einen Unterschied zwischen *cette aire* [sɛtɛʁ] und *cette terre* [sɛttɛʁ].

Eine häufige **Fehlerquelle** bei der Transkription ist die Alphabetschrift, in der wir zu schreiben gewohnt sind. Man sollte insbesondere darauf achten, keine stummen Konsonanten automatisch mitzunotieren, insbesondere die Nasalkonsonanten, die die Nasalierung des vorausgehenden Vokals anzeigen, aber nicht ausgesprochen werden, z.B. *chanter* [ʃɑ̃te] ([ʃɑ̃nte] ist die südfranzösische Variante; vgl. Kapitel 11.2). Auch die Wortzwischenräume und die Satzzeichen der Alphabetschrift (Punkt, Komma, Fragezeichen etc.) entfallen bei der Transkription. Daneben werden natürlich oft die Laute verwechselt, die auch bei der Aussprache Probleme bereiten, z.B. [s] und [z] (vgl. Kapitel 2.4) oder [w] und [ɥ] (vgl. Kapitel 5.3).

Außerdem muss von vornherein geklärt werden, wie phonetisch bzw. wie phonologisch die Transkription sein soll. In diesem Buch wird aus phonologischen und fremdsprachendidaktischen Gründen das so genannte *e muet* konsequent als [ə] transkribiert (z.B. in *petit* [pəti]), auch wenn es in vielen Fällen eher als [ø] realisiert wird (vgl. Kapitel 10.1). Das *h aspiré* seinerseits, das zwar ein besonderes phonologisches Verhalten aufweist, aber nicht ausgesprochen wird (vgl. Kapitel 9.4), wird nicht notiert (im Gegensatz zur Praxis vieler Wörterbücher, die es durch

6 /a/ wird sowohl im Deutschen als auch im Französischen mit mittlerer Zungenlage artikuliert, aber üblicherweise mit dem IPA-Zeichen [a] transkribiert (korrekt wäre [a̠] mit dem Diakritikon [̠] für 'weiter hinten artikuliert'; vgl. Abb. 8).

ein ['] kennzeichnen, z.B. *hameau* ['amo]). Man sollte wissen, dass die gängigen Wörterbücher auch in zahlreichen anderen Punkten nicht den Konventionen des IPA folgen, z.B. wird [ʁ] als [r] oder [ʀ] notiert und die Variation beim *e muet* und den Gleitlauten nicht immer zuverlässig abgebildet. Außerdem handelt es sich um Transkriptionen isolierter Wörter; sämtliche Prozesse, die in zusammenhängender Rede wirksam sind (vgl. Kapitel 8–10), bleiben unberücksichtigt.

Hinsichtlich der **Prosodie** tragen die Transkriptionen in diesem Buch der Tatsache Rechnung, dass im Französischen in der zusammenhängenden Rede nicht einzelne Wörter, sondern nur mehr Wortgruppen, so genannte *Phrasen*, erkennbar sind (vgl. Kapitel 7.1). Diese werden durch [|] (für kurze Akzentphrasen) bzw. [‖] (für längere Intonationsphrasen) voneinander getrennt. Dabei sollte beachtet werden, dass die Musterlösungen jeweils nur eine mögliche Transkription enthalten, es in der Regel aber weitere ebenfalls korrekte Lösungen gibt. Der besseren Lesbarkeit zuliebe empfiehlt es sich, jede Akzentphrase in eine eigene Zeile zu schreiben; im Lösungsteil des Buches wurde darauf allerdings aus Platzgründen verzichtet. Weitere prosodische Merkmale werden in diesem Buch nicht markiert, obwohl dies mit dem IPA grundsätzlich möglich wäre: Intonationsverläufe können beispielsweise durch Pfeile grob angedeutet werden (z.B. *Tu viens?* [tyvjɛ̃↗]), Silbengrenzen können durch Punkte markiert werden (z.B. *autrefois* [o.tʁə.fwa]) und Haupt- und Nebenakzente durch kleine Striche oben und unten am Anfang der entsprechenden Silbe (z.B. dt. *Elefant* [ˌʔelə'fant]). Für das Französische ist eine Markierung der Akzentuierung jedoch unüblich, da der Akzent automatisch auf die letzte Silbe der Phrase fällt (vgl. Kapitel 7.1). Auf die Notierung der mit der Akzentuierung einhergehenden Längung bestimmter Vokale bzw. aller Vokale vor bestimmten Konsonanten (z.B. *rouge* [ʁuːʒ]) wird in diesem Buch ebenfalls verzichtet.

Im Folgenden ist als Beispiel der im Forschungsprojekt *Phonologie du Français Contemporain* (PFC) verwendete Text transkribiert, der auch im weiteren Verlauf des Buches zur Illustration herangezogen wird. Es werden zwei Transkriptionen vorgeschlagen: Die erste gibt eine langsame, sehr gewählte Aussprache mit allen möglichen Liaisons wieder, wie sie etwa bei einem Diktat realisiert werden könnte, die zweite eine schnelle, informellere Aussprache mit mehr Elisionen und Assimilationen. Zwischen diesen beiden Extremen sind natürlich zahlreiche weitere Varianten möglich. Über 350 authentische Aufnahmen der Lektüre dieses Textes von Frankophonen aus aller Welt können auf der Website www.projet-pfc.net angehört werden.

PFC-Text *Le village de Beaulieu*

Le village de Beaulieu est en grand émoi. Le Premier Ministre a en effet décidé de faire étape dans cette commune au cours de sa tournée de la région en fin d'année. Jusqu'ici les seuls titres de gloire de Beaulieu étaient son vin blanc sec, ses chemises en soie, un champion local de course à pied (Louis Garret), quatrième aux jeux olympiques de Berlin en 1936, et plus récemment, son usine de pâtes italiennes. Qu'est-ce qui a donc valu à Beaulieu ce grand honneur? Le hasard, tout bêtement, car le Premier Ministre, lassé des circuits habituels qui tournaient toujours autour des mêmes villes, veut découvrir ce qu'il appelle „la campagne profonde".

Transkription 1: langsame, formelle Aussprache

[ləvilaʒ | dəboljø ‖ ɛtɑ̃gʁɑ̃temwa ‖ ləpʁ̥əmjeministʁ̥ ‖ aɑ̃nefɛ | deside |
dəfɛʁetap | dɑ̃sɛtkɔmyn ‖ okuʁ | dəsatuʁne | dəlaʁeʒjɔ̃ | ɑ̃fɛ̃dane ‖
ʒyskisi | lesœltitʁ̥ | dəglwaʁ | dəboljø ‖ etɛ | sɔ̃vɛ̃blɑ̃sɛk ‖
seʃəmizəzɑ̃swa ‖ ɛ̃ʃɑ̃pjɔ̃ | lɔkal | dəkuʁ̥sapje ‖ lwigaʁɛ ‖ katʁ̥ijɛm |
oʒøzɔlɛ̃pik | dəbɛʁlɛ̃ ‖ ɑ̃milnœfsɑ̃ | tʁ̥ɑ̃tsis ‖ eplyʁesamɑ̃ ‖ sɔ̃nyzin |
dəpatzitaljɛn ‖ kɛskiadɔ̃k | valy | aboljø ‖ səgʁɑ̃tɔnœʁ ‖ ləazaʁ ‖
tubɛtmɑ̃ ‖ kaʁləpʁ̥əmjeministʁ̥ | lase | desiʁ̥kɥizabitɥɛl ‖ kituʁnɛ |
tuʒuʁzotuʁdemɛmvil ‖ vødekuvʁiʁ ‖ səkilapɛl ‖ lakɑ̃paɲ | pʁ̥ɔfɔ̃d]

Transkription 2: schnelle, informellere Aussprache

[ləvilaʒdəboljø ‖ ɛɑ̃gʁɑ̃temwa ‖ ləpʁ̥əmjeminist ‖ aɑ̃nefɛ |
desided̥fɛʁetap | dɑ̃sɛtkɔmyn ‖ okuʁd̥satuʁnedlaʁeʒjɔ̃ | ɑ̃fɛ̃dane ‖
ʒyskisi | lesœltitdəglwaʁ | dəboljø ‖ etɛ | sɔ̃vɛ̃blɑ̃sɛk ‖ seʃmizɑ̃swa ‖
ɛ̃ʃɑ̃pjɔ̃lɔkaldəkuʁ̥sapje ‖ lwigaʁɛ ‖ katʁ̥ijɛm |
oʒøzɔlɛ̃pikdəbɛʁlɛ̃ ‖ ɑ̃milnœfsɑ̃tʁ̥ɑ̃tsis ‖ eplyʁesamɑ̃ ‖ sɔ̃nyzindəpatitaljɛn ‖
kɛskjadɔ̃kvalyaboljø ‖ səgʁɑ̃tɔnœʁ ‖ ləazaʁ ‖
tubɛtmɑ̃ ‖ kaʁləpʁ̥əmjeminist | lasedesiʁ̥kɥiabitɥɛl ‖
kituʁnɛtuʒuʁotuʁdemɛmvil ‖ vødekuvʁiʁ ‖ skilapɛl ‖ lakɑ̃paɲpʁ̥ɔfɔ̃d]

2.4 Lesen

Die Begriffe *gesprochen* und *geschrieben* sind zweideutig (vgl. Koch/Oesterreicher 1990). Sie können sich sowohl auf das Medium (Dichotomie *Graphie* vs. *Phonie*) als auch auf die Konzeption (Kontinuum zwischen *Nähe*- und *Distanzsprache*) beziehen. Dadurch ergeben sich theoretisch vier Möglichkeiten (vgl. Abb. 12), wobei die Kombinationen von Graphie und Distanzsprache (z.B. ein Gesetzestext) sowie von Phonie und Nähesprache (z.B. ein Gespräch unter Freunden) am häufigsten vorkommen. Aber auch die Distanzsprache kann phonisch realisiert werden (z.B. bei einer Rede), und die Nähesprache kann graphisch fixiert sein (z.B. in einer SMS).

Das Vorlesen eines graphisch vorgegebenen Textes ist demnach eine ganz besondere Art des Sprechens. Es beruht auf einem Medienwechsel zwischen Graphie und Phonie. Dabei werden Perzeption und Produktion miteinander verbunden: In Bezug auf das graphische Medium handelt es sich um die passive Aufnahme eines bereits produzierten Textes (die auch stumm geschehen kann), also um das Gegenstück des Schreibens (vgl. Kapitel 2.1); in Bezug auf das phonische Medium dagegen stellt lautes Vorlesen eine *Re*-Produktion dar, die durch die visuelle Präsenz der Graphie gesteuert wird. Im Vierfelderschema in Abb. 12 muss also Folgendes präzisiert werden: Im Bereich der Phonie gilt es, strikt zu trennen zwischen Spontansprache einerseits und Vorlesen als Resultat eines Medienwechsels andererseits.

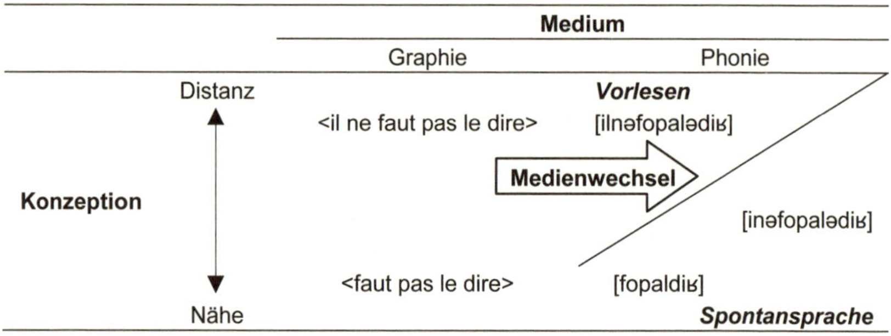

Abb. 12: Vorlesen als Medienwechsel von Graphie zu Phonie

Je weniger sich Lautung und Schreibung entsprechen, desto mühsamer ist nicht nur das Erlernen der Rechtschreibung für L1-Sprecher (die beispielsweise <c'est> und <sait> verwechseln, die in vielen Varietäten homophon sind: [se]), sondern auch das Erlernen der Aussprache im Fremdsprachenunterricht. Gerade das Französische ist weit entfernt von einer Eins-zu-eins-Korrespondenz (vgl. Kapitel 2.3). Einerseits kann ein Graphem mehreren Phonemen entsprechen: So steht beispielsweise <c> sowohl für /k/ (vor den hinteren Vokalen) als auch für /s/ (vor den vorderen Vokalen), z.B. in *cas* [ka] bzw. *ces* [se]. Andererseits kann ein Phonem auch durch mehrere Grapheme verschriftet werden, etwa /s/ durch <s> in *soleil*, durch <c> in *ces*, durch <t> in *nation*, durch <x> in *dix* etc. (vgl. Abb. 13).

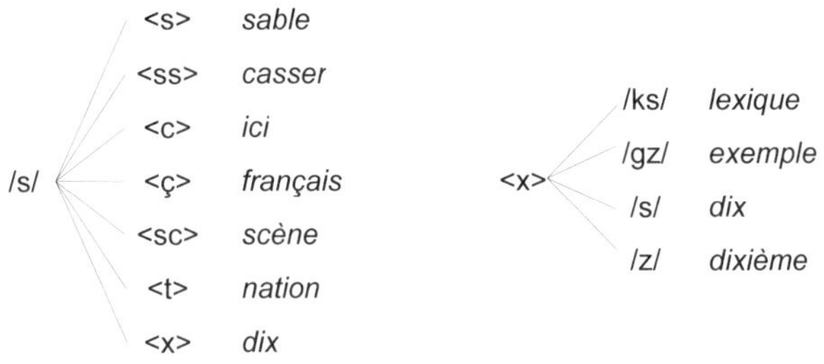

Abb. 13: Mehrfachkorrespondenzen von Phonemen und Graphemen im Französischen

Im Folgenden sollen einige **ausgewählte Graphem-Phonem-Korrespondenzen** des Französischen besprochen werden, die erfahrungsgemäß deutschen Lernern besonders Probleme bereiten. So entspricht etwa das Graphem **<x>** einer ganzen Reihe von Aussprachemöglichkeiten ([ks], [gz], [s] und [z]) und kann auch unrealisiert bleiben: Während die Unterscheidung von [ks] und [gz] vom Kontext abhängt (vgl. Abb. 14), sind die übrigen Realisierungsmöglichkeiten lexikalisch bedingt, d.h. je nach Einzelwort verschieden.

	[ks]	[gz]
<ex-> am Morphemanfang bzw. nach *h muet*	vor (graphischem) Konsonanten: *excuser* [ɛkskyze], *exciter* [ɛksite][7] etc.	vor (graphischem) Vokal oder <h>: *exemple* [ɛgzɑ̃pl], *inexact* [inɛgzakt], *exhaustif* [ɛgzostif], *hexagone* [ɛgzagɔn] etc.
<-ex-> in der Morphemmitte	*lexique* [lɛksik], *alexandrin* [alɛksɑ̃dʁɛ̃] etc.	---
<x> nach anderem Vokal als <e>	*axe* [aks], *boxe* [bɔks], *luxe* [lyks], *ixième* [iksjɛm] etc.	---
<x> am Wortanfang	*xi* [ksi] 'Xi' (gr. Buchstabe), *xyste* [ksist] 'Zyste'	*Xavier* [gzavje], *xénophobe* [gzenofɔb] etc.
	xylophone [ksilɔfɔn]/[gzilɔfɔn], *xérodermie* [kseʁodɛʁmi]/[gzeʁodɛʁmi] 'Xerodermie' (Hautkrankheit) etc.	
<x> am Wortende	*fax* [faks], *index* [ɛ̃dɛks], *kleenex* [klinɛks] etc.	---

Abb. 14: Aussprache von <x> in Abhängigkeit vom Kontext als [ks] oder [gz]

7 <c> wird vor <a>, <u> und <o> als [k] realisiert; vor <e> oder <i> ist es dagegen ein stummes Diakritikon für die stimmlose Aussprache des <x> als [ks] (nicht als [gz]).

Die Realisierung des <x> als [s] beschränkt sich auf *soixante* [swasɑ̃t] sowie die Wörter *six* [sis] und *dix* [dis] vor Pause (vgl. Kapitel 9.2). Als [z] wird es in *deuxième, sixième, dixième, dix-huit, six-neuf* und bei der Liaison ausgesprochen (z.B. in *dix amis* [dizami]). Am Wortende ist <x> meist stumm (z.B. in *paix* [pɛ]).

In zahlreichen Fällen erklärt sich die Verteilung der Aussprachevarianten eines Graphems nur historisch, und dem Lernenden bleibt nichts anderes übrig, als sich die Aussprache der Wörter einzeln zu merken. So wird beispielsweise **<t> vor <i>** in einigen Wörtern als [s] und in anderen Wörtern als [t] ausgesprochen, z.B. in *action* [aksjɔ̃] vs. *métier* [metje]. Dies erklärt sich dadurch, dass sich in Wörtern des ersten Typs – gelehrten Lehnwörtern auf *-tion* – das [t] (z.B. von ACTIONEM) unter Einfluss des folgenden [j] zu [ts] affriziert (vgl. Kapitel 8.1) und dann zu [s] vereinfacht hat. Bei Wörtern des zweiten Typs, wo das [i] erst spät in die auf das [t] folgende Position gelangte, war dieser Prozess nicht aktiv (vlat. **misteriu(m)* > afr. *mestier*).

<ll> wird meist [j] realisiert (z.B. in *bouteille* [butɛj], *fille* [fij]), in manchen Fällen aber auch [l] (z.B. in *ville* [vil]). Auch diese beiden Aussprachen sind historisch auf völlig unterschiedlichem Wege entstanden. Im ersten Fall liegt eine Lautentwicklung von lat. [lj] (z.B. in FILIA) über das palatalisierte [ʎ] (vgl. Kapitel 8.1) zu [j] vor. Dieses wird mit <ill> graphisch wiedergegeben, vor <i> lediglich mit <ll>. Im zweiten Fall ist die Doppelkonsonanz lediglich etymologisch begründet (lat. VILLAM > afr. *vile*; relatinisierendes nfr. *ville*).

Auch das Graphem **<en>** bereitet gelegentlich Schwierigkeiten. In der Regel entspricht es [ɑ̃] (z.B. in *en* [ɑ̃]), es kann manchmal aber auch [ɛ̃] realisiert werden, u.a. nach <é>, <i> und <y> (z.B. in *européen* [øʁɔpeɛ̃], *moyen* [mwajɛ̃], *combien* [kɔ̃bjɛ̃]). In Lehnwörtern wird es dagegen [ɛn] ausgesprochen, z.B. *dolmen* [dɔlmɛn] (aus dem Keltischen) oder *abdomen* [abdɔmɛn] (aus dem Lateinischen). In der Verbalendung *-ent* schließlich bleibt es stumm, da im Altfranzösischen in unbetonten Silben keine Nasalierung stattfand, und sich das dortige /a/ zu einem Schwa abgeschwächt hat, das in finaler Position schließlich komplett elidiert wurde (vgl. Kapitel 10.3), z.B. vlat. *cántant* > afr. *chantent* [ʃãtet] > nfr. *chantent* [ʃɑ̃t].

Besondere Probleme bereitet die Aussprache der Grapheme <em> und <oi>, die einen **älteren Sprachstand** widerspiegeln. So wird **<em>** in einigen wenigen Wörtern nicht [ɑ̃] (z.B. in *empire* [ɑ̃piʁ]), sondern [a] ausgesprochen, z.B. in *femme* [fam], *solennel* [sɔlanɛl], *récemment* [ʁesamɑ̃], *évidemment* [evidamɑ̃] etc. Dies ist z.T. darauf zurückzuführen, dass der Vokal im Altfranzösischen zunächst durch den folgenden Nasalkonsonanten nasaliert wurde (vgl. Kapitel 8.1) und sich daraufhin im Gegensatz zu den oralen Vokalen (z.B. ĕ > ɛ in HĔRBA(M) > *herbe* [ɛʁb]) zu [ã] geöffnet hat, das später wieder denasaliert wurde (z.B. FEM(I)NA(M) > afr. *femme* [fãmə], nfr. [fam]). Bei den Adverben hat lediglich die Denasalierung stattgefunden, da die lateinische Endung -ENTE bereits früh durch *-ante* ersetzt wurde; die heutige Schreibung mit <e> ist relatinisierend.

Zudem wird **<oi>** bzw. <oy> [wa] ausgesprochen, z.B. in *moi* [mwa] und *voyage* [vwajaʒ]. Im Falle der Nasalierung, also bei der Graphie <oiN>, lautet die Aussprache dagegen [wɛ̃], z.B. in *coin* [kwɛ̃]. Auch dies kann nur historisch erklärt werden: Aufgrund der Akzentverlagerung vom ersten Teil des altfranzösischen Diphthongs <oi> auf den zweiten hat sich das [o] zum Gleitlaut [w] geschlossen, während sich das [i] über [ɛ] zu [a] geöffnet hat, z.B. RE(G)E(M) > afr. *rei* > *roi* [roi] > [roe] > [rwɛ] > [rwa] (> [ʁwa]). Da die Vokalentwicklung durch die Nasalierung verlangsamt wurde, blieb beim Diphthong mit nasaliertem betontem Vokal das Zwischenstadium [ɛ̃] erhalten.

Doch die Graphie ist nicht nur eine Fehlerquelle bei der Aussprache. In manchen Fällen stellt sie auch eine Hilfe für den Lernenden dar, insbesondere bei der Realisierung phonologischer Kontraste, die das Deutsche nicht kennt. Bei ***/ɔ̃/:/ɑ̃/*** nützt dementsprechend das Wissen, dass /ɔ̃/ immer dem Graphem <oN> entspricht (z.B. in *long* [lɔ̃]), /ɑ̃/ dagegen die Aussprache von <eN> oder <aN> ist (z.B. in *en* [ɑ̃], *lampe* [lɑ̃p]). Auch die Opposition ***/s/:/z/*** bereitet deutschen L1-Sprechern Schwierigkeiten. Im Hochdeutschen tritt sie nämlich nur in der Wortmitte auf (z.B. in dt. *Muße* /muːsə/ vs. *Muse* /muːzə/), im Wortanlaut und -auslaut dagegen ist sie neutralisiert (vgl. Kapitel 5.2). Daher realisieren Deutsche am Wortanfang häufig fälschlicherweise [z] (z.B. in fr. *soleil* *[zɔlɛj] statt [sɔlɛj]; vgl. dt. *Sonne* [zɔnə]). Im Süddeutschen ist diese Opposition sogar völlig unbekannt; hier wird stets [s] realisiert. Deswegen muss die Artikulation des [z] zunächst einmal von Grund auf erlernt werden, beispielsweise indem das Summen eines Insekts imitiert wird: *zzzzzzz*.... Die Distribution von /s/ und /z/ im Französischen lässt sich wiederum aus der Graphie ableiten (vgl. Abb. 15).

	/s/	*/z/*
Morphemanfang	<s>: *si* [si], *vraisemblable* [vʁɛsɑ̃blabl] etc. <sc>: *scie* [si] etc. <c>: *ciel* [sjɛl] etc.	<z>: *zéro* [zeʁo] etc.
Morphemmitte	<s> nach (graphischem) Konsonanten: <ss>: *basse* [bas] etc. <ns>: *penser* [pɑ̃se] etc. <rs>: *bourse* [buʁs] etc. <ls>: *valse* [vals] etc.	<s> zwischen (graphischen) Vokalen: *base* [baz] etc.
	<s> vor (graphischem) Konsonanten:*estimer* [ɛstime] etc.	
Liaison	---	*les amis* [lezami] etc.

Abb. 15: Graphische Entsprechungen von /s/ und /z/

2.5 Einfluss der Graphie auf die Phonie

Obwohl die Schreibung sowohl in der Menschheitsgeschichte als auch in der Entwicklung jedes Individuums gegenüber der Lautung sekundär ist, erlangt sie in manchen Sprachgemeinschaften eine so wichtige Rolle, dass sie die Lautung beeinflussen kann (***spelling pronunciation***).[8] Dies wurde für den Fall des Französischen zum ersten Mal ausführlich von Vladimir Buben 1935 beschrieben, weswegen man auch vom **Buben-Effekt** spricht. Insbesondere bei seltenen, v.a. schriftlich gebrauchten Wörtern, Fremdwörtern und Eigennamen kommt es vor, dass selbst L1-Sprecher (und sogar Grammatiker) die Aussprache nicht kennen und sich im Zweifelsfall an die Graphie halten, z.B. *gageure* 'Ding der Unmöglichkeit' [gaʒœʁ] statt [gaʒyʁ], *chewing-gum* 'Kaugummi' [ʃwiŋgɔm] statt engl. [ˈtʃuːɪŋˌgʌm]. So kann man auch die deutsche Aussprache *Restaurant* [ʁɛstaʊ̯ʁant] (vs. fr. [ʁɛstoʁɑ̃]) erklären.

Eine solche 'falsche' Aussprache, die auf lange Sicht zu einem Ausssprachewandel bestimmter Wörter führen kann, beruht u.a. auf der **Veränderung von Leseregeln**. So wurde etwa /ɲ/ zunächst u.a. durch <ign> repräsentiert (was die heutige Schreibung <oignon> für [ɔɲɔ̃] erklärt). Zu dieser Zeit wurde der Eigenname *Montaigne* [mɔ̃taɲ] ausgesprochen – genauso wie der ebenfalls häufig <montaigne> geschriebene Gattungsname für 'Berg' (nfr. <montagne>). Die Leseregel änderte sich jedoch, und es wurde nur mehr <gn> für /ɲ/ geschrieben. Wer nicht wusste, wie er den Namen *Montaigne* realisieren sollte, las nun [mɔ̃tɛɲ], da die Kombination aus dem <a> und dem <i> des alten Trigraphs <ign> als Digraph <ai> für /ɛ/ reinterpretiert wurde. Diese Aussprache hat sich mittlerweile konventionalisiert. Beim Gattungsnamen *montagne* dagegen erhielt sich die Aussprache, und die Graphie wurde an die neue Graphem-Phonem-Korrespondenz angepasst: <montagne> ohne <i>.

In den meisten Fällen führt der Buben-Effekt indes zur **Aussprache etymologischer Buchstaben**. So wurde beispielsweise das [p][9] aus lat. OBSCŪRUS im Altfranzösischen elidiert (> [ɔskyʁ]), was sich bis zum 16. Jahrhundert auch in der Graphie <oscur> widerspiegelte. Im Zuge der Relatinisierung wurde das <b> des Lateinischen aber wieder eingeführt – und infolgedessen auch gesprochen: [ɔpskyʁ].

Bei den **Auslautkonsonanten** hat diese Leseaussprache zu geradezu chaotischen Verhältnissen geführt. Durch regelmäßigen Lautwandel sind die finalen Konsonanten ab dem 12. Jahrhundert zunächst nach und nach verstummt. Im Zuge der Relatinisierung gelang es den Grammatikern des 16. Jahrhunderts jedoch, diesen

8 Um die Auswirkungen der Graphie auf die Phonie herauszufinden, wird u.a. die von der Graphie noch nicht direkt beeinflusste Aussprache von Kindern vor dem Schuleintritt untersucht.

9 Das <b> wird aufgrund des folgenden stimmlosen <s> als [p] ausgesprochen (regressive Assimilation; vgl. Kapitel 8.1).

Prozess anzuhalten und zum Teil rückgängig zu machen. So wurde beispielsweise das /r/ am Ende der Verben auf *-ir* wieder ausgesprochen, bei den Verben auf *-er* hingegen blieb es stumm. Deswegen spricht man heute *venir* [vəniʁ] aus, aber *aller* [ale] (und nicht *[vəni] oder *[alɛʁ]). Relikte der alten Aussprache ohne Auslautkonsonanten finden sich in *monsieur* [məsjø] (*[məsjœʁ]) sowie in einigen Komposita, z.B. *cerf-volant* 'Hirschkäfer' [sɛʁvɔlɑ̃] ohne [f] (aber *cerf* 'Hirsch' [sɛʁ]/[sɛʁf]) oder *chef-d'œuvre* 'Meisterwerk' [ʃɛdœvʁ̥] (aber *chef* 'Chef' [ʃɛf]), und in festen Konstruktionen wie *mettre sens* [sɑ̃] *dessus dessous* 'durcheinanderbringen' ohne [s] (aber *sens* 'Sinn' [sɑ̃s]). In manchen Fällen ist der Konsonant auch in der Graphie weggefallen, z.B. in *béjaune* 'Grünschnabel' [beʒon] (im Gegensatz zu *bec* 'Schnabel' [bɛk] mit <c> bzw. [k]). Zwei Graphievarianten hat das Wort *clé*/*clef* 'Schlüssel' [kle].

Neuere Lehnwörter werden hingegen meist mit finalem Konsonanten ausgesprochen, z.B. *snob* [snɔb] oder *cactus* [kaktys]. Auch durch Abkürzungen wie *HLM* [aʃɛlɛm] (*habitation à loyer modéré* 'Sozialwohnung') sind zahlreiche neue französische Wörter mit finalen Konsonanten entstanden. Leider sind in den meisten Fällen aber keine Regelmäßigkeiten erkennbar, die darauf schließen lassen, welche Lexeme mit und welche ohne finalen Konsonanten ausgesprochen werden, weswegen man sich die Aussprache für jedes Wort einzeln einprägen muss. Diese Problematik spiegelt sich auch darin wider, dass in zahlreichen Fällen bis heute Schwankungen zwischen der Aussprache mit und ohne Konsonanten bestehen (vgl. Abb. 16; zu *tous*, *plus* und den Zahlwörtern siehe Kapitel 9.2).

In einigen regionalfranzösischen Varietäten weicht das Verhalten der finalen Konsonanten jedoch von der Norm ab. So wird im Südfranzösischen der Endkonsonant beispielsweise in *moins* und *porc* ausgesprochen, nicht aber in *basket* 'Sportschuhe' (im Gegensatz zu *basket* 'Basketball', das wie im Normfranzösischen mit Konsonant realisiert wird). Im Québec-Französischen wird der finale Konsonant in *tout, bout, lit, nuit* und *fait* ausgesprochen (vgl. Kapitel 11.4).

Die Graphie kann also einerseits den Sprachwandel hemmen, indem sie immer wieder an verstummende Laute erinnert. Andererseits kann die Wiedereinführung einst stummer Konsonanten über die Graphie zu großen Veränderungen v.a. im Bereich der Silbenphonologie führen: Durch ihre Realisierung nimmt beispielsweise der Anteil der geschlossenen Silben und der Konsonantencluster zu.

mit finalem Konsonanten		**variabel**[10]		**ohne finalen Konsonanten**	
arc	'Bogen'	*ananas*	'Ananas'	*abus*	'Missbrauch'
atlas	'Atlas'	*août*	'August'	*banc*	'Bank'
avec	'mit'	*but*	'Ziel'	*Colomb*	'Kolumbus'
bec	'Schnabel'	*cerf*	'Hirsch'	*coup*	'Schlag'
cactus	'Kaktus'	*cric*	'Wagenheber'	*cul*	'Hintern'
cap	'Kap'	*donc*	'also'	*drap*	'Bettlaken'
choc	'Zusammen-stoß'	*fait*[11]	'Tatsache'	*escroc*	'Betrüger'
chut	'Pst!'	*legs*	'Vermächtnis'	*estomac*	'Magen'
club	'Club'	*mas*	'Landhaus'	*examen*	'Prüfung'
cognac	'Cognac'	*mœurs*	'Sitten'	*goût*	'Geschmack'
coq	'Hahn'	*nombril*	'Bauchnabel'	*lit*	'Bett'
hélas	'Ach!'	*persil*	'Petersilie'	*loup*	'Wolf'
jadis	'einst'	*quand*	'wenn'	*nerf*	'Nerv'
lis	'Lilie'	*soit*[12]	'sei'	*plomb*	'Blei'
maïs	'Mais'	*sourcil*	'Augenbraue'	*porc*	'Schwein'
net	'deutlich'	*tandis que*	'wohingegen'	*sirop*	'Sirup'
parc	'Park'			*sot*	'töricht'
snob	'Snob'			*soûl*	'betrunken'
vis	'Schraube'			*tabac*	'Tabak'
zut	(Interjektion)			*tronc*	'Baumstamm'

Abb. 16: Normaussprache der finalen Konsonanten in den gebräuchlichsten Wörtern

10 Die Wörter *cerf* und *sourcil* werden eher ohne finalen Konsonanten realisiert.

11 Das Substantiv *fait* wird im Singular tendenziell mit finalem /t/, im Plural dagegen stets ohne ausgesprochen. In den festen Konstruktionen *de fait*, *en fait* und *au fait* wiederum hat sich die Aussprache des finalen Konsonanten generalisiert. In den entsprechenden Formen des Verbs *faire* dagegen (z.B. *il fait*, *il a fait*) wird das /t/ nur im Falle einer fakultativen Liaison (vgl. Kapitel 9.3) realisiert.

12 *Soit* wird lediglich als affirmatives Adverb mit finalem [t] ausgesprochen.

Zusammenfassung

Die Graphie ist gegenüber der Phonie sekundär, sowohl in der Menschheitsgeschichte als auch in der Sprachbiographie eines jeden Einzelnen. Sie reagiert auf Veränderungen in der Phonie erst mit einer gewissen Verzögerung – im Französischen spiegelt sie sogar oft noch die Aussprache des Mittelalters wider. Die daraus resultierenden Diskrepanzen zwischen Phonie und Graphie erschweren L1-Sprechern das Erlernen der Rechtschreibung und L2-Sprechern das der korrekten Aussprache. Allerdings kommt die Graphie auch dem Bedarf der Distanzsprache nach genauerer und eindeutiger Codierung entgegen (z.B. Unterscheidung von Homophonen), da hier weniger Informationen durch den Ko(n)text ergänzt werden. In einer schriftsprachlich dominierten Kultur wie der des Französischen kann schließlich auch die Graphie die Phonie beeinflussen. So werden etwa zahlreiche einst verstummte und erst im Nachhinein wieder eingeführte etymologische Buchstaben heute wieder ausgesprochen, z.B. das /r/ in allen Infinitivendungen außer *-er* (z.B. in *venir*).

Weiterführende Literatur: Einen Überblick über Schrift und Schriftlichkeit liefern die HSK-Bände von Günther/Ludwig 1994 und 1996. Zur Geschichte der Schrift empfehlen sich Haarmann 2002 und Doblhofer 2008, zur französischen Orthographie Blanche-Benveniste/Chervel 1969 und Catach [9]2004. Das Standardwerk zur Transkription mit dem IPA ist das *Handbook of the International Phonetic Association* (1999); ein Vergleich mit anderen Transkriptionssystemen bietet Argod-Dutard 1996. In Röder 1996 findet sich eine Liste mit Aussprachefallen.

Übungsaufgaben

1. **Entziffern Sie folgenden Rebus-Briefwechsel zwischen Friedrich dem Großen und Voltaire:**

Friedrich der Große: Voltaire:

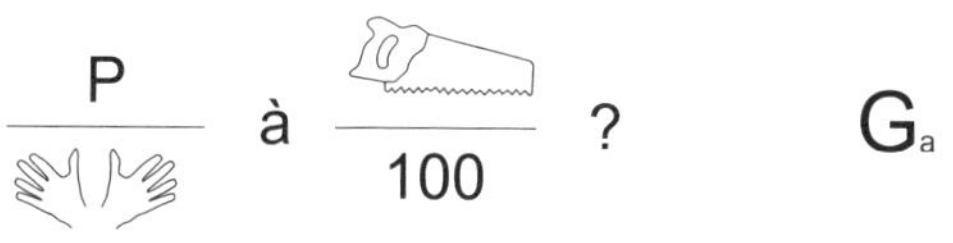

2. **Welche französischen Wörter werden [o] ausgesprochen?**

3. **Übertragen Sie folgenden SMS-Austausch in die übliche Orthographie:**

A: Kikoo, T toujours O Q Pé. Kestu fé?
B: Ri1 é toa, koi 2 9?
A: GKC la kèce 2 mé vieu. Je sui NRV, jé la N. En +, GeraT mon RV

buziness. Je dois ht 1 new kèce. Tufékoi 2M1, toakédanlébonkoup, torepa 1 ID de 6né?
B: Chépa, Gdja tout vu. 1Kfé +tô?
A: OK, ou?
B: Chepa, Taka D6D.
A: Ou tu veu mais pas le 11e, jépaenvi 2 croisé mon ex, L é AVK kelk 1 2 nouvo.
B: Comen tu sé, tularevu?
A: Oui, mé 100 suksé.
B: Fodré ke tu la zap.
A: Ta réson. Pour le Kfé, on se checke 2M1. Tu mékri un SMS.
B: Ok, no pb.
A: A2M1, kiss.

(aus: *Le Nouvel Observateur Paris-Ile-de-France* vom 29.11.2001)

4. Wie lautet die graphische Form der folgenden Wörter?

a) [pwɛ̃], b) [lɑ̃], c) [ʃvø], d) [zɛl], e) [bʁɥi], f) [ɛ], g) [bø], h) [səgɔ̃]

5. Notieren Sie die graphische Version der folgenden Transkription:

[lezymɛ̃ | ozjøblø | ɔ̃til ‖ ɛ̃nɑ̃sɛtʁəkɔmɛ̃ ‖
apʁɛdezane | detyd | edəʁəʃɛʁʃ ‖ ynekipsjɑ̃tifik | danwaz | oz
lafiʁme ‖ tulezymɛ̃ | ɛjɑ̃ | lezjøblø ‖ syʁlɑ̃sɑ̃bl | dəlaplanɛt ‖
sɔ̃ledesɑ̃dɑ̃ | dɛ̃nynik | ɑ̃sɛtʁəkɔmɛ̃ ‖ səlɥisi | ɔmufam | ɔ̃nəsɛpa ‖
səʁɛne | avɛkynmytasjɔ̃ʒenetik | spɔ̃tane ‖ kioʁɛtʁɑ̃sfɔʁme |
lezjømaʁɔ̃ ‖ kətulmɔ̃davɛtalɔʁ ‖ ɑ̃njøblø ‖ səlasəsəʁɛpase ‖
ilja | ɑ̃tʁəsimil | edimilɑ̃ ‖ etdəpɥi ‖ səsəʁɛlɑ̃tmɑ̃ ‖ mɛsyʁmɑ̃ ‖
ʁepɑ̃dy | dɑ̃tutlepɔpylasjɔ̃ ‖ ynkɔ̃klyzjɔ̃ | baze | syʁdezetyd |
ʒenetik | seʁjøz ‖ mɛkinəfɔ̃pa | lynanimite]

6. Transkribieren Sie folgenden Text:

Y a-t-il vraiment beaucoup de fer dans les épinards?
(…) La légende de l'épinard fait partie de ces mythes encore bien vivaces qui se sont renforcés au fil des années. L'épinard serait très riche en fer et des générations de mamans ont cru bien faire en obligeant leurs enfants, malgré leurs cris de désespoir, à en avaler. (…) Donc, il faut le dire haut et fort, l'épinard, avec ses 2,7 mg de fer pour 100 g de feuilles fraîches, n'est pas du tout l'aliment le plus riche en fer. Il en possède moins, par exemple, que les lentilles ou les haricots.

(*Le Figaro* vom 01.10.2008)

3. Phonetik

Gegenstand der Phonetik sind sämtliche lautlichen Aspekte der sprachlichen Kommunikation (vgl. Kapitel 1.2). Zur Beschreibung und Analyse der verschiedenen Etappen zwischen dem Gehirn des Sprechers und dem des Hörers haben sich unterschiedliche Teildisziplinen herausgebildet, die zu jeweils anderen Wissenschaften Brücken schlagen (vgl. Abb. 17). Die **artikulatorische Phonetik** (vgl. Kapitel 3.1) hängt eng mit der Biologie zusammen, die **akustische Phonetik** (vgl. Kapitel 3.2) mit der Physik. Die **perzeptive Phonetik** (vgl. Kapitel 3.3) schließlich schlägt den Bogen zur Psychologie sowie zur Sprachwissenschaft, indem sie nämlich den Zusammenhang zwischen dem kontinuierlichen Sprachsignal und der diskreten menschlichen Kategorisierung untersucht. Sie geht beispielsweise der Frage nach, warum bestimmte Schallereignisse als /p/ und andere als /b/ wahrgenommen werden.

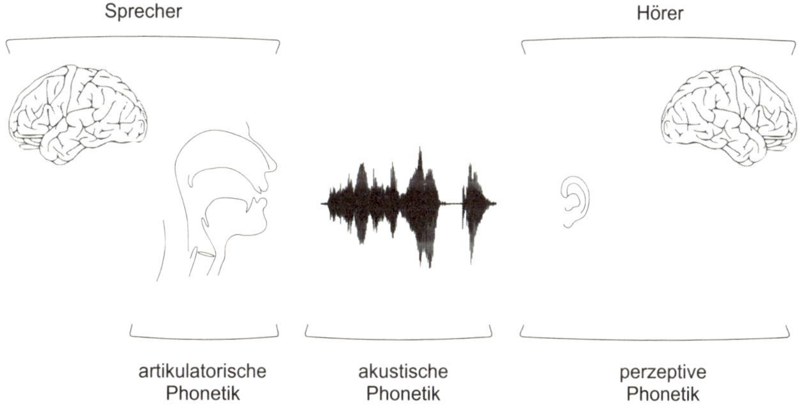

Abb. 17: Der Gegenstand der Phonetik und ihre Teilbereiche

Man kann die Phonetik aber auch nach ihren **Methoden** in Unterdisziplinen aufgliedern. Die ihr in der Definition von Trubetzkoy 1939 zugeschriebenen naturwissenschaftlichen Methoden (vgl. Kapitel 1.2) sind allerdings nur für die **Signalphonetik** typisch. Diese misst mit Hilfe von Instrumenten beispielsweise Bewegungen der Artikulationsorgane oder Eigenschaften des akustischen Signals. Dagegen basiert die **Symbolphonetik**, in der mittels eines Transkriptionssystems (vgl. Kapitel 2.3) Laute beschrieben werden, auf der geschulten, aber dennoch subjektiven Wahrnehmung des jeweiligen Ohrenphonetikers. Die Herangehensweise der **Experimentalphonetik** schließlich erinnert an die der experimentellen Psychologie: Hier werden in einer künstlichen Versuchssituation sprachliche Stimuli von Hörern eingeschätzt.

Es folgt eine sehr knappe allgemeine Präsentation der Phonetik unter besonderer Berücksichtigung dessen, was für das Französische (und das Deutsche) im Fremdsprachenstudium von Bedeutung ist. Für genauere Ausführungen sei auf die *Einführung in die Phonetik* von Pompino-Marschall [3]2009 verwiesen, auf der dieses Kapitel im Wesentlichen basiert. Spezielle Aspekte der Sprachlaute des Französischen werden in Kapitel 5 behandelt, die Phonetik der Prosodie in Kapitel 7. Das Internationale Phonetische Alphabet (IPA) wurde bereits in Kapitel 2.3 vorgestellt.

3.1 Artikulation

Gegenstand der artikulatorischen Phonetik ist die **Produktion der Lautsprache durch die Sprechorgane**. Dazu gehören sowohl die anatomischen und physiologischen Grundlagen der Sprachproduktion, die Klassifikation der Laute im IPA nach artikulatorischen Kriterien sowie Experimente zu speziellen Aspekten der Artikulation.

Man unterscheidet drei Funktionskreise: die Initiation, die Phonation und die Artikulation im engeren Sinne (vgl. Abb. 18).

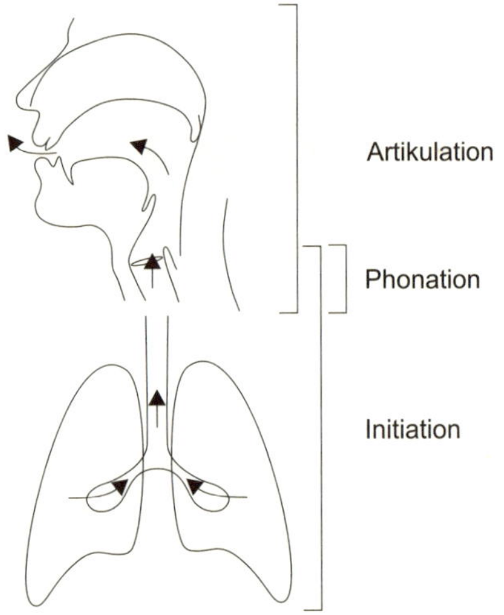

Abb. 18: Die drei Funktionskreise des Sprechens

Die Entstehung des Luftstroms (**Initiation**) erfolgt in der Regel in der Lunge: Über die **Atmung** wird von dort aus Luft zum Kehlkopf (Larynx) befördert. Alternativ kann die Initiation aber auch im Kehlkopf selbst erfolgen; diese Möglichkeit spielt allerdings für das Französische und das Deutsche keine Rolle. Wenn die Stimmlippen geschlossen sind, baut sich nun unter dem Kehlkopf Druck auf. Dieser kann dann die Stimmlippen sprengen und sie zum Vibrieren bringen. Auf diese Weise wird der Stimmton gebildet (**Phonation**). Bei stimmlosen Lauten fällt dieser Schritt allerdings weg. Der Luftstrom kann anschließend bei der **Artikulation** durch die Artikulationsorgane modifiziert werden: Beim [i] oder [s] geschieht dies durch die Zunge, beim 'Knacklaut' [ʔ] dagegen im Kehlkopf. Ohne Modifikation entsteht der Neutralvokal [ə].

Bei der **Atmung** muss man zwischen Ruheatmung und Sprechatmung unterscheiden. Im Ruhezustand ist die Lunge durchschnittlich mit vier Litern Luft gefüllt, bei kräftigem Einatmen füllt sie sich auf bis zu sieben Liter, und bei völligem Ausatmen leert sie sich bis auf einen Rest von zwei Litern. Diese Differenz zwischen Maximal- und Restvolumen nennt man Vitalkapazität (vgl. Abb. 19).

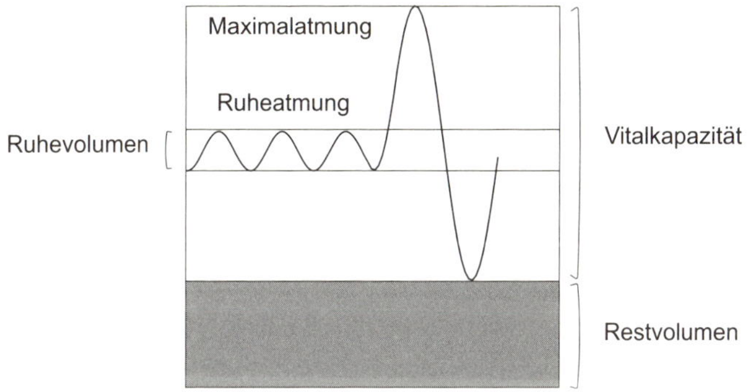

Abb. 19: Lungenvolumen

In Ruhe atmet der Mensch zwischen zwölf und 20 Mal pro Minute, wobei das Einatmen 40% der Zeit ausmacht und das Ausatmen 60%. Sprechen findet während des Ausatmens statt. Wir atmen intensiver und in kürzerer Zeit ein und bremsen den ausströmenden Luftstrom beim Ausatmen aktiv ab. Das Zeitverhältnis von Einatmen und Ausatmen beträgt in diesem Fall etwa eins zu neun. Zudem entleert sich die Lunge wesentlich mehr als bei ruhigem Ausatmen.

Die **Phonation** findet nur bei einem Teil der Sprachlaute statt, nämlich bei den **stimmhaften** Lauten: bei den stimmhaften Konsonanten wie [b] oder [ʒ] und bei den Vokalen. In diesem Fall liegen die Stimmlippen eng beieinander, d.h. die Stimmritze (Glottis) dazwischen ist geschlossen. Durch den Druck der aus der Lunge strömenden Luft werden die Stimmlippen in Vibration versetzt. Bei der Produktion **stimmloser** Laute (z.B. [p], [ʃ]) ist die Glottis dagegen offen – ähnlich wie bei der Ruheatmung –, und der Luftstrom gelangt unverändert in den Mundraum. Jeder kann dies an sich selbst nachvollziehen, indem er die Hand von außen an den Kehlkopf legt: Bei stimmhaften Lauten spürt man eine Vibration, bei stimmlosen nicht. Genau beobachten kann man dies mit Hilfe einer Kehlkopfspiegelung, für die ein Endoskop durch die Nase eingeführt wird.

In Abb. 20 sind die soeben beschriebenen sowie weitere, im Folgenden noch zu erläuternde Stimmlippenstellungen schematisch abgebildet. Der nach oben zeigende Schildknorpel ist außen am Hals als Adamsapfel sichtbar (bei Männern) bzw. ertastbar (bei Frauen).

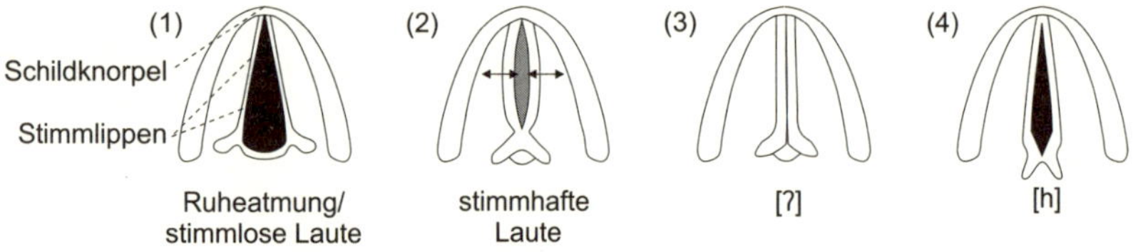

Abb. 20: Verschiedene Glottisstellungen

Die Funktion des Kehlkopfes beschränkt sich jedoch nicht auf die Phonation. Er kann auch Artikulator sein, etwa bei der Produktion des [ʔ]. Um diesen Laut zu erzeugen, werden die Stimmlippen geschlossen und durch den aus der Lunge kommenden Luftdruck gesprengt. Es handelt sich also um einen glottalen Plosiv. Auch das [h] wird mit dem Kehlkopf produziert: Hierfür werden die Stimmlippen einander nur so weit angenähert, dass eine Reibung (Friktion) entsteht, jedoch nicht so weit, dass sie in Schwingung versetzt würden. Im Deutschen wird das Graphem <h> als [h] ausgesprochen (z.B. in dt. *Hut* [hut]); im Französischen dagegen bleibt es immer stumm (z.B. in *homme* [ɔm]; vgl. auch Kapitel 9.4). Zu einer solchen Friktion kommt es auch bei der Aspiration der Plosive, wie sie im Deutschen im Silbenanlaut durchgehend stattfindet, z.B. in dt. *Paar* [pʰa:] (vs. fr. *par* [paʁ]; vgl. Kapitel 5.2). Im Französischen werden der glottale Plosiv und die Aspiration nur zu expressiven Zwecken eingesetzt (vgl. Kapitel 7.1), weswegen deutsche L1-Sprecher darauf achten müssen, sie nicht ins Französische zu übertragen. Der Kehlkopf modifiziert ferner die Stimmqualität und erzeugt beispielsweise Flüstern, Hauchen, eine Knarrstimme oder eine raue Stimme.

Die Anatomie des Kehlkopfes erklärt zudem, warum Männerstimmen tiefer sind als Frauenstimmen: Ihre Stimmlippen sind länger, weswegen sie langsamer schwingen. Dies spiegelt sich in einer niedrigeren **Grundfrequenz (f0)** des produzierten Schalls wider, was als eine tiefere **Tonhöhe** wahrgenommen wird. Zur Veränderung der Tonhöhe können wir die Stimmlippen anspannen: Sie werden dann dünner und schwingen schneller. Dies ist in etwa mit dem Funktionieren einer Geige vergleichbar: Die dicken Saiten produzieren tiefere Töne als die dünnen, und auf einer Saite lassen sich höhere Töne erzeugen, indem ihre Länge mit dem Finger verkürzt wird. Um ein paar konkrete Zahlen zu nennen: Stimmlippen von Frauen sind zwischen 13 und 17 mm lang, womit eine Grundfrequenz von ca. 230 Hz und Variationen zwischen 140 und 1 100 Hz erreicht werden. Stimmlippen von Männern sind zwischen 17 und 24 mm lang und erzeugen eine Grundfrequenz von 120 Hz (mit Variationen zwischen 80 und 700 Hz). Eine Erhöhung der **Intensität** bzw. der wahrgenommenen **Lautstärke** wird durch einen höheren Ausatmungsdruck erreicht.

In der Phonetik bildet die **Artikulation** im engeren Sinne die Grundlage für die Unterscheidung zwischen **Vokalen und Konsonanten**: Von Konsonanten spricht man, wenn die Luft im Mundraum ein 'Hindernis' passieren muss und dadurch in Turbulenzen versetzt wird, von Vokalen, wenn sie frei ausströmen kann (und nur durch die Lage der Zunge modifiziert wird). Aus akustischer Sicht ist eine solche Zweiteilung jedoch nicht selbstverständlich (vgl. Kapitel 3.2), und auch in der Phonologie führt sie zu Problemen. Entscheidend ist hier die Frage, ob ein Laut den Silbenkern bilden kann oder nicht: Vokale können dies, weswegen man sie auch 'Selbst-Laute' nennt, Konsonanten können dies hingegen nicht, weswegen man von 'Mit-Lauten' spricht. Es gibt allerdings auch Grenzfälle: Die so genannten 'Gleitlaute' wie z.B. /w/ werden wie Vokale artikuliert, verhalten sich aber zum Teil wie Konsonanten, zum Teil wie Teile von Diphthongen (z.B. *le watt* [ləwat] vs. *l'ouate* [lwat]; vgl. Kapitel 5.3); die so genannten 'Liquide' /ʁ/ und /l/ gelten gemeinhin als Konsonanten, können aber in vielen Sprachen Silbenkerne bilden (z.B. in dt. *Esel* [ˈʔe.zl̩]) und vokalisiert werden (z.B. in dt. *Vater* [ˈfa.tɐ]; vgl. Kapitel 6.1). Die folgende Präsentation der Artikulation der Vokale und Konsonanten entspricht der in der artikulatorischen Phonetik üblichen. Sie soll im Wesentlichen die Klassifikation im IPA erläutern, wo diese beiden Lautklassen mit völlig unterschiedlichen Begrifflichkeiten charakterisiert werden (z.B. wird der Vokal [i] als *vorne* liegend beschrieben, der ihm sehr ähnliche Konsonant [j] dagegen als *palatal*; vgl. Kapitel 2.3).

Es muss allerdings darauf hingewiesen werden, dass die Transkription mit dem IPA – genauso wie die Alphabetschrift – eine starke Vereinfachung der artikulatorischen und akustischen Realität darstellt. Dies gilt nicht nur für die paradigmatische Achse (jeder Laut ist streng genommen einmalig; vgl. Kapitel 2.1), sondern auch für die syntagmatische Achse. Tatsächlich handelt es sich bei der Lautsprache nämlich nicht um eine Abfolge diskreter Elemente, sondern um ein Kontinuum, in dem sich die Einzellaute gegenseitig überlappen (**Koartikulation**): Die Artikulationsorgane, die einen Laut hervorbringen, kommen aus der Richtung des vorhergehenden Lautes und bewegen sich in Richtung des Folgelautes. Dies kann man nachvollziehen, wenn man etwa fr. *cou* [ku], *cas* [ka], *quai* [kɛ] und *qui* [ki] nacheinander ausspricht. Gemeinsam mit den Vokalen rückt nämlich auch die Artikulationsstelle des [k] immer weiter nach vorn (vgl. auch dt. *Kuppe* vs. *Kippe*). In einer engen phonetischen Transkription würde man dies auch markieren, z.B. *cou* [k̠u] mit dem Diakritikon [̠] für die Rückverlagerung des [k] und *qui* [k̟i] mit dem Diakritikon [̟] für seine Vorverlagerung. Umgekehrt hört man auch einem [u] an, ob ihm etwa ein [k] oder ein [t] vorausgegangen ist. Dies lässt sich mit Hilfe der Software PRAAT (vgl. Kapitel 3.2) überprüfen: Man spreche die Wörter *cou* und *toux* ein und höre sich den Vokal isoliert an. Doch die Aneinanderreihung von Einzellauten ist nicht nur insofern eine Abstraktion, als die Übergänge zwischen den Lauten eigentlich fließend sind. Die Laute sind zudem nicht homogen, sondern besitzen eine interne Struktur. Plosive beispielsweise bestehen aus einer Schließungsphase, einer Haltephase und einer Lösungsphase (vgl. Kapitel 3.2).

Die **Konsonanten** werden im Internationalen Phonetischen Alphabet (IPA) mit Hilfe von drei Parametern klassifiziert: einer Kombination aus Artikulationsorgan und Artikulationsort (z.B. bilabial, palatal), der Artikulationsart (z.B. Plosiv, Frikativ) sowie der Stimmbeteiligung (stimmhaft vs. stimmlos). Dementsprechend kann beispielsweise [p] als bilabialer stimmloser Plosiv eindeutig beschrieben werden.

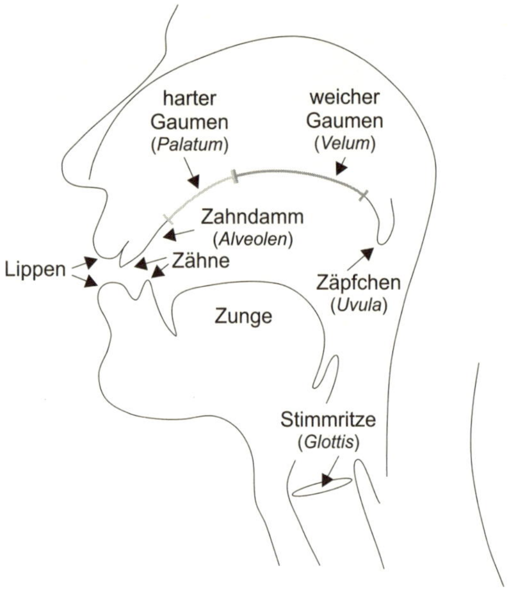

Abb. 21: Schematischer Querschnitt des Kopfes mit Artikulationsorten

Die beweglichen **Artikulationsorgane** sind v.a. die Lippen und die Zunge, wobei man hier noch einmal von vorne nach hinten zwischen Zungenspitze (apikal), Zungenblatt (laminal) und Zungenrücken (dorsal) unterscheiden kann. Für die Grobeinteilung der französischen Konsonanten sind jedoch in erster Linie die in Abb. 21 abgebildeten unbeweglichen **Artikulationsorte** relevant.

Mit Hilfe der Artikulationsorgane und -orte lassen sich die Laute des Französischen wie in Abb. 22 klassifizieren. Eine Besonderheit stellen die Approximanten [w] und [ɥ] dar (die in der Phonologie als Gleitlaute bezeichnet werden), da diese doppelt artikuliert werden: [w] ist labio-velar und [ɥ] labio-palatal.

	Artikulationsorgan	**Artikulationsort**	**IPA-Symbol**
bilabial	Lippe	Oberlippe	[p], [b], [m]
labio-dental		obere Schneidezähne	[f], [v]
alveolar	Zunge	Zahndamm	[t], [d], [s], [z], [n], [l]
postalveolar		hinter dem Zahndamm	[ʃ], [ʒ]
palatal		harter Gaumen	[ɲ], [j], ([ç])
velar		weicher Gaumen	[k], [g], [ŋ], ([x])
uvular		Zäpfchen	[ʁ], ([χ])
glottal	Stimmritze		([ʔ], [h])

Abb. 22: Artikulationsstellen der französischen (und deutschen) Konsonanten

Die an Röntgenaufnahmen angelehnten Querschnittsskizzen in Abb. 23 illustrieren anhand der Artikulation der französischen Nasalkonsonanten, wie Lippen und Zunge an verschiedenen Orten einen Verschluss bilden können: (1) bilabial, (2) alveolar, (3) palatal und (4) velar.

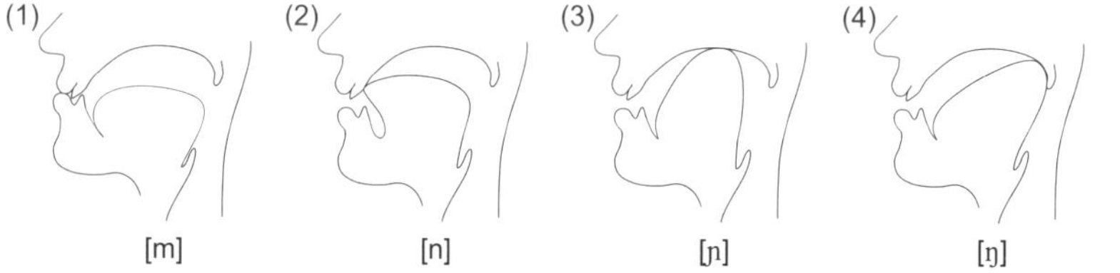

Abb. 23: Artikulationsorte der französischen Nasale

Doch nicht nur von der Seite, auch von oben betrachtet unterscheiden sich Verschluss- und Engebildungen. Dies lässt sich mit Hilfe verschiedener Verfahren der **Palatographie** bzw. **Linguagraphie** (vgl. lat. *palatum* 'Gaumen', lat. *lingua* 'Zunge', gr. *graphein* 'schreiben') nachvollziehen. Traditionell werden solche Abdrücke mit Hilfe einer Kohlepulver-Öl-Mischung erzeugt: Diese wird auf Gaumen oder Zunge aufgetragen, der entsprechende Laut wird artikuliert und der Abdruck fotografiert. So lässt sich zum einen herausfinden, mit welchem Teil der Zunge ein Laut artikuliert wird, z.B. /t/ im Deutschen meist mit der Zungenspitze (apikal), im Französischen dagegen mit dem Bereich zwischen Zungenspitze und Zungenblatt (apikal/laminal). Zum anderen zeigt sich, an welchem Teil des

Gaumens sich der Verschluss bildet, z.B. beim deutschen /t/ am Zahndamm (alveolar), beim französischen an den Zähnen (dental). Eine neuere Methode ist die Elektropalatographie: Hier wird der Versuchsperson ein künstlicher Gaumen (ähnlich einer losen Zahnspange) mit Metallkontakten in den Mund gesetzt. Abb. 24 zeigt die Ergebnisse solcher Abdrücke. Hier sieht man beispielsweise, dass der Verschluss der als alveolar bezeichneten Plosive und Nasale in Realität um den gesamten Kiefer verläuft. Bei den 'postalveolaren' Frikativen zieht sich die Engebildung seitlich von hinter den Alveolen bis ganz nach hinten. Bei [l] ist der Verschluss tatsächlich alveolar, und es entströmt Luft an der Seite, weswegen man auch von einem Lateral spricht (vgl. lat. *lateralis* 'seitlich').

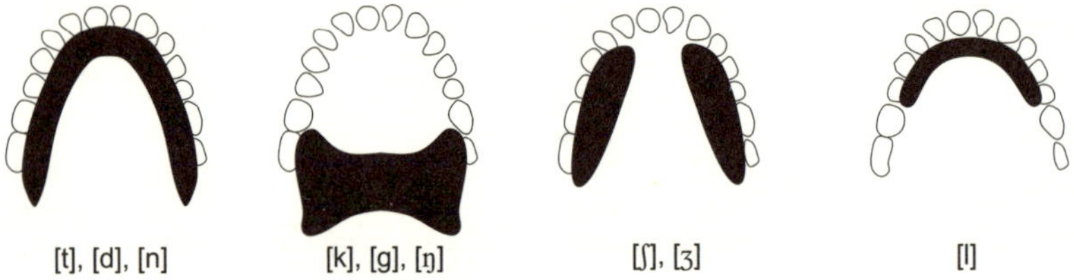

Abb. 24: Palatogramme einiger Konsonanten

Der zweite Parameter der Konsonantenklassifikation ist die **Artikulationsart**, die die Art des Hindernisses beschreibt, das der Luftstrom überwinden muss. Abb. 25 fasst die Merkmale der für das Französische relevanten Artikulationsarten zusammen. Das Deutsche besitzt im Gegensatz zum Französischen zusätzlich so genannte 'Affrikaten', Laute, bei denen ein Plosiv unmittelbar in einen homorganen, d.h. am gleichen (oder an einem nahen) Artikulationsort gebildeten Frikativ übergeht, z.B. beim [t͡s] und [p͡f] in dt. *Zaunpfahl* [ˈt͡sa͡ʊnˌp͡faːl].

In der Phonologie werden bestimmte dieser Lautklassen zusammengefasst, da sie sich in ihrem Verhalten ähneln: sei es, dass sie an denselben Positionen in der Silbe auftauchen (vgl. Kapitel 6.1), sei es, dass sie von denselben phonologischen Prozessen erfasst werden (vgl. Kapitel 4.2, 8). So werden etwa Plosive und Frikative zu Obstruenten (vgl. lat. *obstruere* 'versperren') gruppiert, /r/- und /l/-Laute zu Liquiden (vgl. lat. *liquidus* 'flüssig') und alveolare und postalveolare Frikative zu Sibilanten (vgl. lat. *sibilare* 'zischen').

Artikulationsart	Beschreibung	IPA-Symbol
Plosiv	totaler oraler und nasaler Verschluss und Explosion	[p], [b], [t], [d], [k], [g], [ʔ]
Nasal	totaler oraler Verschluss bei gleichzeitiger Luftentweichung über die Nase	[m], [n], [ɲ], [ŋ]
Vibrant	wiederholter oraler Verschluss und Explosion	([r])
Frikativ	zentrale, geräuschverursachende Enge	[f], [v], [s], [z], [ʃ], [ʒ], [ʁ], ([ç], [χ], [h])
Approximant	zentrale, nicht geräusch-verursachende Enge	[j], [w], [ɥ]
Lateral	zentraler Verschluss mit seitlicher, nicht geräuschverursachender Enge	[l]

Abb. 25: Artikulationsart der französischen (und deutschen) Konsonanten

Der dritte Parameter zur Klassifikation der Konsonanten ist die **Stimmbeteiligung** (vgl. Abb. 26).

Stimmbeteiligung	Beschreibung	IPA-Symbol
stimmlos	keine Vibration der Stimmlippen	[p], [t], [k], [f], [s], [ʃ], ([ç], [χ], [h], [ʔ])
stimmhaft	Vibration der Stimmlippen	[b], [d], [g], [v], [z], [ʒ],[ʁ], [m], [n], [ɲ], [ŋ], [j], [w], [ɥ], [l]

Abb. 26: Stimmbeteiligung bei den französischen (und deutschen) Konsonanten

Während es sowohl stimmlose als auch stimmhafte Plosive und Frikative gibt, sind die übrigen Lautklassen üblicherweise stimmhaft, weswegen man sie auch als Sonoranten (vgl. lat. *sonorus* 'klingend') bezeichnet (vgl. Kapitel 4.1). In bestimmten Kontexten können sie aber dennoch entstimmt werden, z.B. *quatre* [katʁ̥] (vgl. Kapitel 8.1). Beim Flüstern sind übrigens alle Laute – selbst die Vokale – stimmlos.

Die Klassifikation der **Vokale** erfolgt nach vier Parametern: Zungenhöhe, Zungenlage, Lippenrundung und Stellung des Gaumensegels (vgl. Abb. 27).

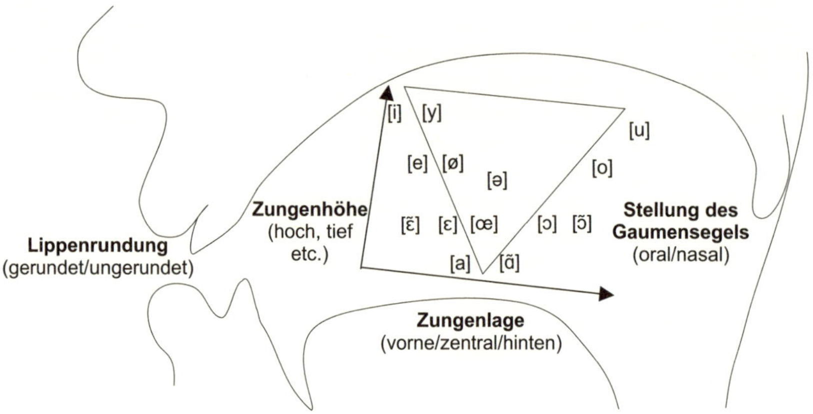

Abb. 27: Schematischer Querschnitt des Kopfes mit Parametern der Vokalklassifikation

Die **Zungenhöhe und -lage** kann wie der Artikulationsort der Konsonanten durch Querschnittsskizzen illustriert werden (vgl. Abb. 28). Bei [i] liegt beispielsweise die Zunge vorne oben, bei [a] hingegen tief und mittig. Alternativ zur Zungenhöhe (*hoch*, *tief* etc.) wird oft auch der Kieferöffnungsgrad als Kriterium herangezogen (*geschlossen*, *offen* etc.), auch wenn dieser nicht in allen Fällen entscheidend ist.

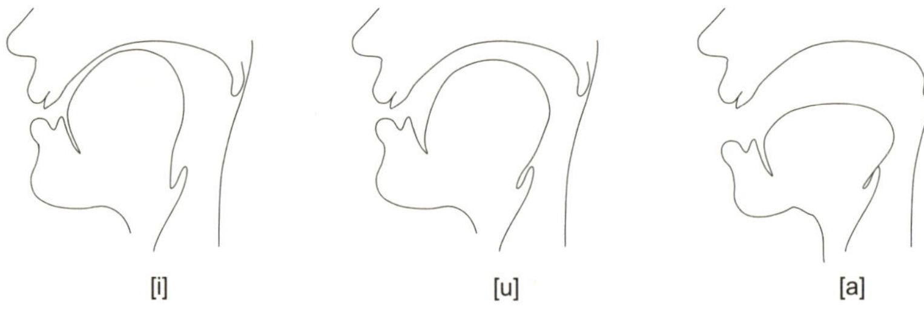

Abb. 28: Zungenposition bei der Artikulation der Vokale [i], [u] und [a]

Des Weiteren werden Vokale hinsichtlich der **Lippenrundung** differenziert. Die Zweiteilung *gerundet* vs. *ungerundet* ist allerdings stark vereinfachend. Die Lippen werden nicht nur gerundet, sondern gleichzeitig vorgestülpt. Zudem ist der Unterschied, wie Abb. 29 zeigt, bei den hohen Vokalen ([i] vs. [u]) am größten. Ferner unterscheiden sich [a] und [ɑ] in Bezug auf die Rundung ganz erheblich, obwohl beide als 'ungerundet' bezeichnet werden. Da die Lippenrundung für den Hörer gut sichtbar ist, hilft sie u.a. bei der für Deutsche oft schwierigen Unterscheidung von fr. /ɑ̃/ (ungerundet) vs. /ɔ̃/ (gerundet).

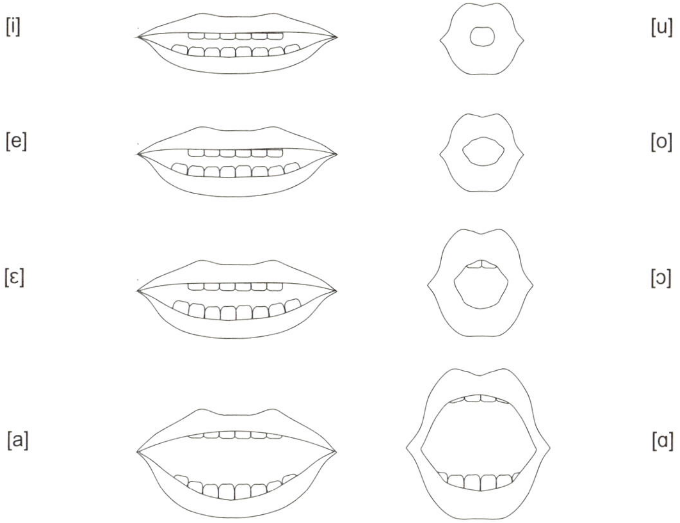

Abb. 29: Lippenstellung bei den wichtigsten Vokalen (nach Catford 1988: 146)

Daneben ist insbesondere für das Französische die **Stellung des Gaumensegels** relevant. Bei den **nasalierten Vokalen** entweicht die Luft nämlich nicht nur durch den Mund, sondern zusätzlich durch die Nase (vgl. Abb. 30). Ausschließlich durch die Nase strömt die Luft bei den Nasalkonsonanten, weswegen auch nur diese als *Nasale* bezeichnet werden sollten.

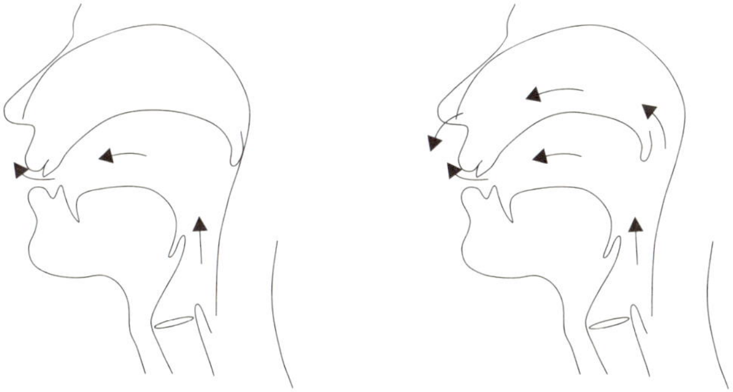

Abb. 30: Orale vs. nasale Artikulation der Vokale

Anhand der vier Parameter Zungenhöhe (bzw. Kieferöffnung), Zungenlage, Lippenrundung und Stellung des Gaumensegels lassen sich die Vokale artikulatorisch eindeutig umschreiben. So handelt es sich beispielsweise beim hohen, vorderen, ungerundeten oralen Vokal um [i] oder beim tiefen, hinteren, ungerundeten nasalierten Vokal um [ɑ̃]. Einen Überblick über die vier Parameter und die entsprechenden Vokale des Französischen (und Deutschen) liefert Abb. 31.

Parameter	Ausprägung	IPA-Symbol
Zungenhöhe/ Kieferöffnung	hoch/geschlossen	[i], [y], [u]
	obermittelhoch/halb-geschlossen	[e], [ø], [o]
	mittel	[ə]
	untermittelhoch/halb-offen	[ɛ], [ɛ̃], [œ], [ɔ], [ɔ̃]
	tief/offen	[a], [ɑ̃]
Zungenlage	vorne	[i], [e], [ɛ], [y], [ø], [œ], [ɛ̃]
	zentral	[ə], [a]
	hinten	[u], [o], [ɔ], [ɔ̃], [ɑ̃]
Lippenrundung	ungerundet	[i], [e], [ɛ], [ɛ̃], [a], [ɑ̃]
	gerundet	[y], [ø], [œ], [u], [o], [ɔ], [ɔ̃]
	neutral	[ə]
Stellung des Gaumensegels	oral	[i], [e], [ɛ], [a], [y], [ø], [œ], [u], [o], [ɔ], [ə]
	nasal	[ɛ̃], [ɔ̃], [ɑ̃]

Abb. 31: Klassifikationsparameter für die französischen (und deutschen) Vokale[1]

3.2 Akustik

Die akustische Phonetik befasst sich mit den **Schallwellen, die die Lautsprache übertragen**. Die Häufigkeit der Schwingungen (Perioden) dieser Schallwellen nennt man **Frequenz (f)** (vgl. Abb. 32). Sie wird in Hertz gemessen (1 Hz = 1 Schwingung pro Sekunde). Je höher die Frequenz, desto höher der wahrgenommene Ton. Der Kammerton a[1], wie ihn eine Stimmgabel erzeugt, hat beispielsweise 440 Hz.

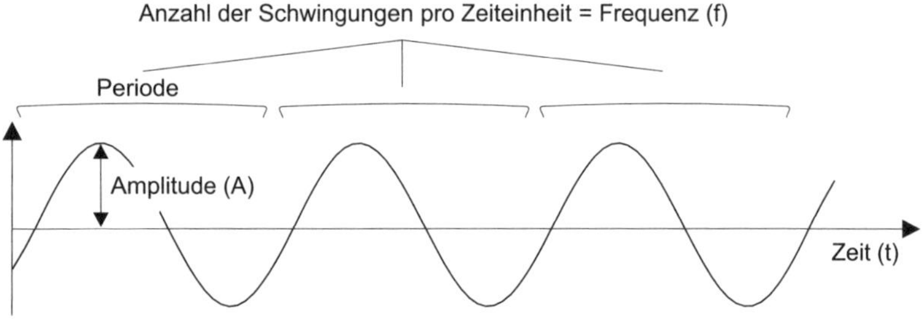

Abb. 32: Physikalische Eigenschaften der Schallwelle

1 Die hier nicht aufgeführten deutschen ungespannten Vokale [ɪ], [ʏ] und [ʊ] werden als *halbhoch* bezeichnet.

Der Schalldruck der Schwingungen seinerseits entspricht der **Intensität** und wird in Dezibel (dB) gemessen. Ist die Amplitude (A) des Drucks hoch, wird der Schall als laut wahrgenommen, ist sie niedrig, als leise (vgl. Kapitel 3.3). Die menschliche Lautsprache befindet sich im Bereich um 60 dB (vgl. Abb. 33).

Geräusch	Schalldruckpegel (dB)
Raketenstart in unmittelbarer Nähe	160
Startendes Düsenflugzeug (Schmerzgrenze)	140
Startendes Propellerflugzeug	120
U-Bahn	100
Normales Gespräch	60
Ruhiges Wohngebiet	40
Blätterrascheln	20
Kaum hörbares Geräusch (Hörschwelle)	0

Abb. 33: Dezibelwerte einiger Umweltgeräusche

Schallschwingungen können in folgende drei Kategorien unterteilt werden: **Töne** sind reine Sinusschwingungen, wie sie etwa ein Pendel hervorbringt (z.B. der Kammerton a^1 der Stimmgabel; vgl. Abb. 34.1). **Klänge**, wie etwa die einer Geige, setzen sich aus mehreren solcher Schwingungen zusammen, die in einem harmonischen, d.h. ganzzahligen, Verhältnis zueinander stehen. So beträgt etwa die Grundfrequenz (f0) von a^1 440 Hz und die der Obertöne 880 Hz, 1320 Hz, 1760 Hz etc. (vgl. Abb. 34.2 und Abb. 35). **Geräusche** schließlich sind zufällige Mischungen (vgl. Abb. 33.3 und 33.4).

Abb. 34 zeigt die Zeitfunktionen für diese Signaltypen in so genannten **Oszillogrammen**, d.h. als Veränderung des Schalldrucks (y-Achse) über die Zeit (x-Achse). Bei Tönen und Klängen kann hier die Anzahl der Schwingungen abgezählt und damit die Frequenz berechnet werden.

Gesprochene Sprache besteht aus einer Mischung von Klängen und Geräuschen. Entweder wird im Kehlkopf ein Rohschall gebildet, der einem Klang entspricht, und der durch die Artikulation noch modifiziert wird (bei Vokalen und stimmhaften Konsonanten). Oder aber es kommt erst im Mundraum zur Bildung eines Geräuschs mit unregelmäßigen Schwingungen (bei den stimmlosen Frikativen) bzw. eines Knalls (bei den Plosiven).

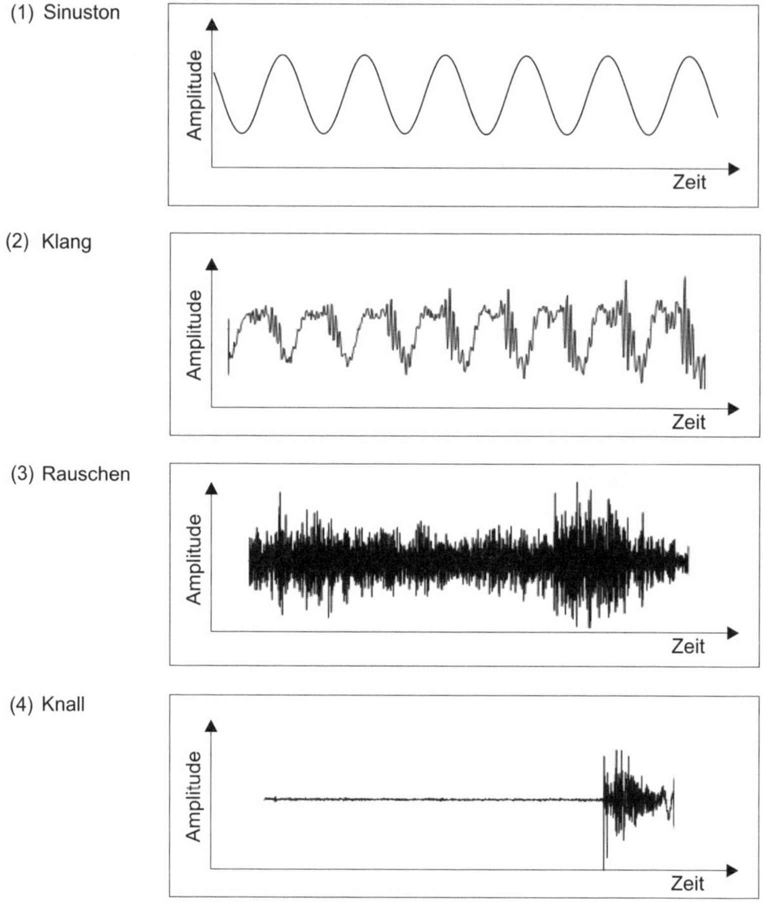

Abb. 34: Oszillogramme der verschiedenen Schalltypen

Das Zeitsignal regelmäßiger Schallereignisse lässt sich mit Hilfe der so genannten **Fourier-Analyse** in eine endliche Zahl von Sinusschwingungen unterschiedlicher Amplitude zerlegen. Solche Diagramme, wie sie etwa in Abb. 35 (rechts) abgebildet sind, nennt man **Spektren**. Klänge besitzen Linienspektren mit einer Linie für jeden sie konstituierenden Ton. Die Kombination der Einzeltöne und ihre Lautstärke bestimmen die Klangfarbe, beispielsweise die Frage, um welchen Vokal es sich handelt.

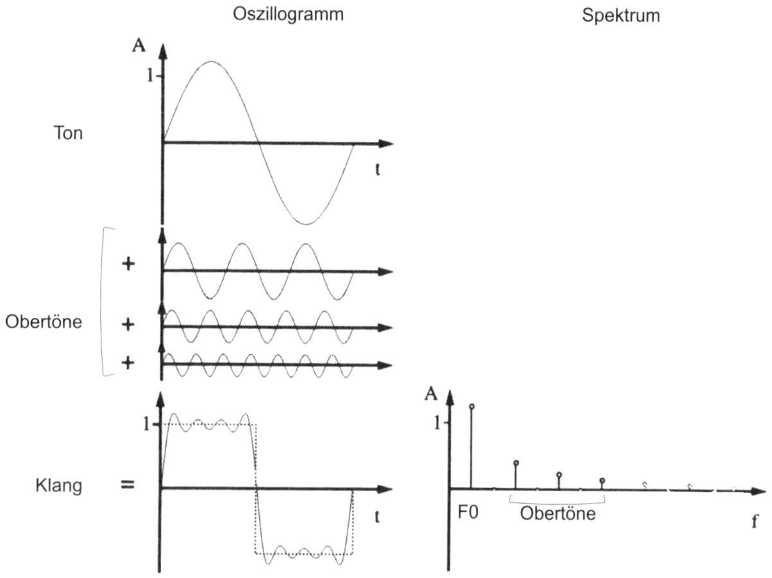

Abb. 35: Oszillogramm und Spektrum eines Klangs als Summe von Tönen[2]

Geräusche dagegen können als Summe unendlich eng beieinander liegender Sinusschwingungen analysiert werden, d.h. ihr Spektrum stellt sich als kontinuierlich dar (vgl. Abb. 36).

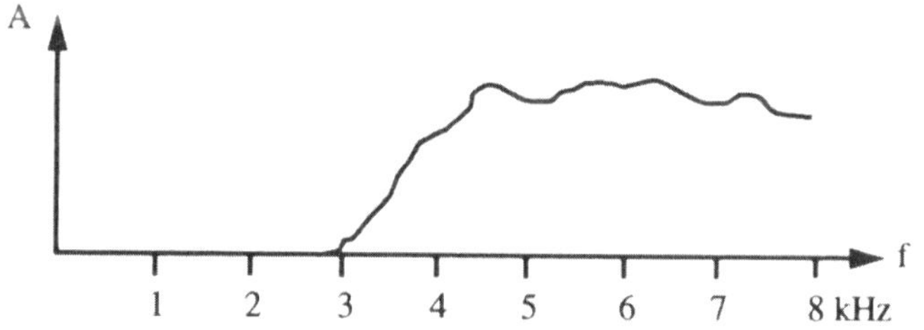

Abb. 36: Spektrum des Frikativs [s][2]

Möchte man die Veränderungen von Spektren über die Zeit abbilden, erstellt man so genannte **Sonagramme**. Hier entspricht jeder Punkt auf der Zeitachse (x-Achse) einem Spektrum, und auf der y-Achse wird für jede Frequenz ein der Intensität

[2] Abb. 35 und 36 aus: Pompino-Marschall, Bernd ([3]2009): Einführung in die Phonetik, Berlin/New York. © Walter de Gruyter GmbH & Co. KG, S. 95 und 98.

entsprechender Schwärzungsgrad eingetragen. So sind beispielsweise bei **Frikativen**, wie beim [s] in Abb. 37.1, vor allem die oberen Frequenzen vertreten. Die unregelmäßige Schraffierung spiegelt zudem wider, dass die Schwingungen unregelmäßig sind, es sich also um ein Geräusch handelt. Bei **Plosiven** (hier: [p]) enthält das Sonagramm einen weißen Abschnitt, der einer Stille entspricht (die aber so kurz ist, dass man sie nicht hört). Diese steht für die Verschlussphase, in der kein Schall aus dem Mund dringt. Danach erkennt man eine vertikale Linie, die die Explosion darstellt, d.h. die Lösung des Verschlusses. In manchen Sprachen, z.B. im Deutschen, weniger im Französischen, folgt eine Aspirationsphase, die wie ein kurzer Frikativ aussieht (vgl. Kapitel 5.2). Die **Vokale** ihrerseits (hier: [a]) sind unten dunkler als oben. Die regelmäßigen vertikalen Linien repräsentieren die Stimmlippenschwingungen. Bei tieferen Stimmen (mit niedrigerer Frequenz), also typischerweise bei Männern, sind die Abstände größer und damit besser zu erkennen als bei hohen (Frauen- und Kinder-)Stimmen. Durch die Verformung des Mundraums entstehen in bestimmten Frequenzbereichen Energiekonzentrationen, die sich im Sonagramm als dicke horizontale Balken, so genannte **Formanten**, zeigen. Die Position der Formanten hängt von der Qualität des entsprechenden Vokals ab: Der erste Formant von unten (F1) spiegelt die Zungenhöhe wider, der zweite (F2) die Zungenlage.

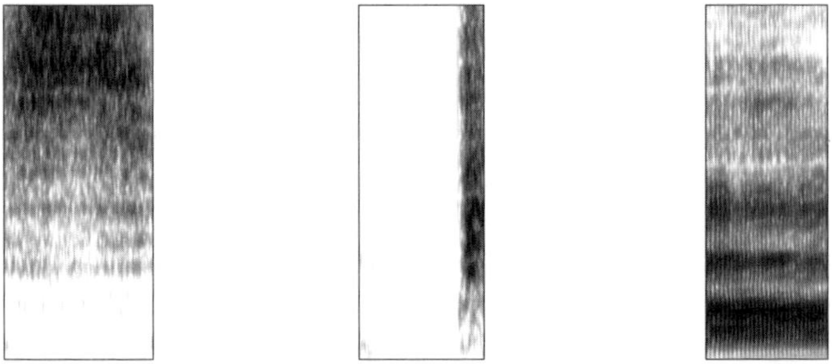

(1) Frikativ [s] (2) Plosiv [p] (3) Vokal [a]

Abb. 37: Sonagramme ausgewählter Lautklassen

Einen Überblick über die durchschnittlichen Formantenwerte der wichtigsten französischen und deutschen Vokale gibt Delattre (1965: 49; vgl. Abb. 38).

		[i]	[e]	[ɛ]	[a]	[ɔ]	[o]	[u]
Französisch	F1	250	375	550	750	550	375	250
	F2	2500	2200	1800	1700	950	750	750
Deutsch	F1	275	375	500	750	500	375	275
	F2	2250	2050	1900	1250	900	850	850

Abb. 38: Formantenwerte französischer und deutscher Vokale in Hz (nach Delattre 1965)

Diese Werte lassen sich in einem schematischen Sonagramm darstellen (vgl. Abb. 39):

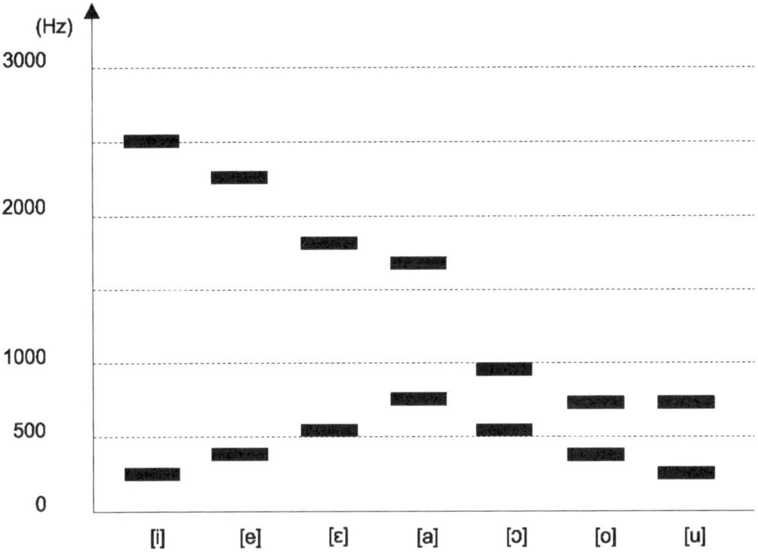

Abb. 39: Schematische Formantenlage französischer Vokale im Sonagramm

Zur Visualisierung werden diese Werte üblicherweise in ein Diagramm eingetragen, dessen Nullpunkt ausnahmsweise nicht links unten, sondern rechts oben liegt. Die x-Achse, auf die die Werte von F2 in Hertz eingezeichnet werden, reicht in etwa von 0 bis 2 500 Hz, die y-Achse, auf die die Werte von F1 eingezeichnet werden, umfasst den Bereich von 0 bis 1 000 Hz (vgl. Abb. 40).

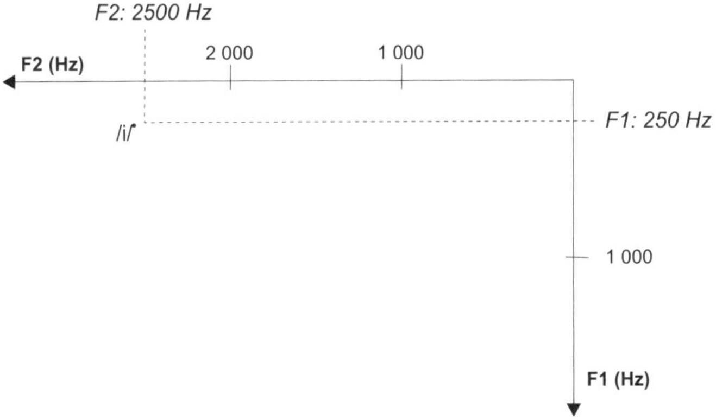

Abb. 40: Diagramm zur Visualisierung der Formantenwerte der Vokale

Trägt man die Werte aus Abb. 38 in ein solches Diagramm ein, ergibt sich interessanterweise ein ganz ähnliches Dreieck (vgl. Abb. 41) wie bei der Artikulation (vgl. Abb. 27).

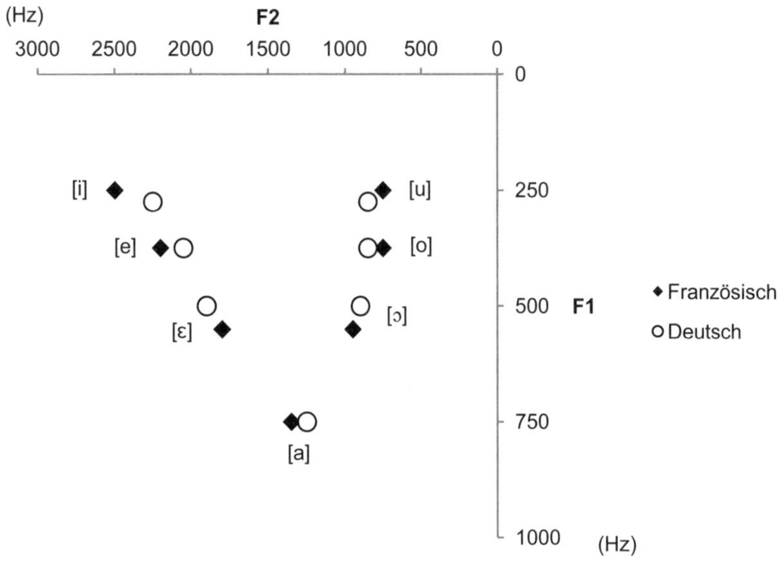

Abb. 41: Akustisches Vokaldreieck der wichtigsten französischen und deutschen Vokale

Die Erstellung eines akustischen Vokaldreiecks ist allerdings sehr viel weniger aufwändig als die eines artikulatorischen. Es werden keine besonderen Geräte benötigt, sondern lediglich ein Mikrophon und ein Computer. Mit Hilfe von Softwareprogrammen wie PRAAT lassen sich solche Dreiecke relativ leicht selbst anfertigen und auch zahlreiche andere akustische Phänomene spielerisch nachvollziehen und selbständig vertiefen. Daher folgt an dieser Stelle ein kurzes Tutorial zu PRAAT. Die Übungsaufgaben können selbstverständlich auch mit anderen Programmen bearbeitet werden (z.B. WinPitch).

PRAAT-Tutorial

1. Allgemeines

PRAAT ist eine Software zur Analyse und Synthese gesprochener Sprache, die am Institut für Phonetik der Universität Amsterdam von Paul Boersma und David Weenink entwickelt wurde. Es existieren unterschiedliche Versionen für die Betriebssysteme Windows, Macintosh, Linux etc. Das Programm wird laufend weiterentwickelt, und die jeweils aktuelle Version kann von der Website www.praat.org kostenlos heruntergeladen werden.

2. Sprache aufnehmen, speichern und laden

Starten des Programms
Doppelklick auf das PRAAT-Symbol

Aufnehmen

- Im Fenster *Praat Objects*: *New > Record mono sound*
- Es öffnet sich das Fenster *SoundRecorder*:
    - *Record* – jetzt ins Mikrophon sprechen – *Stop*
    - *Save to list*: Datei benennen
    - *Close*
- Das Sound-Objekt erscheint im Fenster *Praat Objects*

Speichern
Im Fenster *Praat Objects:*

- Sound-Objekt anklicken (wird blau)
- *Write > Write to WAV file*

Laden
Im Fenster *Praat Objects:*

- *Read > Read from file* oder
- *Open long sound file* (für längere Aufnahmen)

ÜBUNG 1
Nehmen Sie sich selbst auf, wie Sie „Sophie attend." sprechen. Nennen Sie diese Datei „Sophie_attend" und speichern Sie sie ab.

3. Visualisierung

Visualisierung eines Sound-Objekts
Im Fenster *Praat Objects:*

- *Sound-* oder *Longsound*-Objekt markieren
- Bei *Sound*: *Edit*, bei *Longsound*: *View*

ÜBUNG 2
Visualisieren Sie Ihr selbst aufgenommenes Sound-Objekt.

Es öffnet sich folgendes *Sound-* bzw. *Longsound*-Fenster:

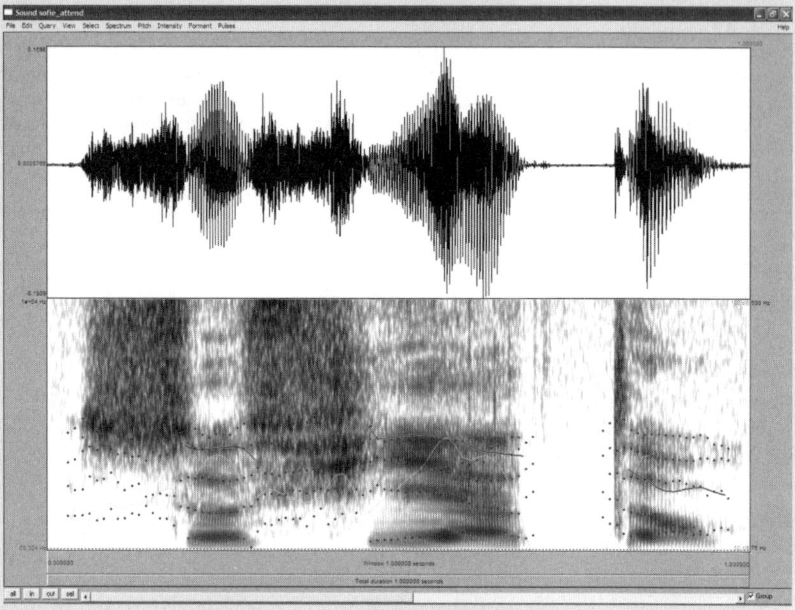

Abb. 42: Visualisierung von „Sophie attend." in PRAAT

Im oberen Bereich des Fensters sieht man ein Oszillogramm, im unteren ein Sonagramm sowie die Formanten der Vokale (auf dem Bildschirm rot gepunktet), die Lautstärkekurve (*intensity*; gelbe Linie) und den Grundfrequenzverlauf (*pitch*; blaue Linie). Das Oszillogramm befindet sich immer im Analyse-Fenster, die anderen Werte können im *Sound-* bzw. *Longsound*-Fenster sichtbar oder unsichtbar gemacht werden: entweder über *View > Show analyses* oder einzeln (*Spectrum > Show spectrogram, Pitch > Show pitch, Intensity > Show intensity* und *Formant > Show formants*).

4. Transkribieren und Analysieren mit PRAAT

Longsound laden und TextGrid erstellen
Im Fenster *Praat Objects:*

- *Read > Read from file* oder *Open long sound file*
- *Annotate > To TextGrid*: ein oder mehrere Notationszeilen (*tiers*) erstellen und benennen (Benennungen in *Tier names* notieren)
- Sound-Datei und TextGrid markieren: *Edit*

Zoomen
Im *Sound-* bzw. *Longsound-* Fenster:

- *all*: zeigt die gesamte Sound-Datei
- *sel*: zoomt zur rot eingekreisten Auswahl
- *in*: zoom hin
- *out*: zoomt weg

Signalteile auswählen und anhören

- Signalteile auswählen: mit der Maus den Anfang markieren und mit gedrückter Maustaste zum Ende der gewünschten Auswahl fahren, Maustaste loslassen
- Signalteile anhören: in die *Play Bar* oben oder unten klicken
- Sound anhalten: die Tabstop-Taste drücken
- Sound weiterhören: noch einmal die Tabstop-Taste drücken

Grenzen im TextGrid setzen und verändern

- Grenzen setzen: in das Signal und das entsprechende *tier* klicken, Return-Taste drücken
- Grenzen ändern: mit der Maus auf die Grenze klicken und verschieben
- Grenzen löschen: mit der Maus auf die Grenze klicken und Alt- und Backspace-Taste gleichzeitig drücken

Transkribieren

- In das entsprechende *tier* klicken und schreiben
- Die Kürzel, die in PRAAT die phonetischen Symbole codieren, findet man unter *Help > Phonetic symbols*, z.B. [\ct] für [ɔ], [\sw] für [ə]

Anzahl und Benennung der *tiers* verändern

- *Tier* hinzufügen: *Tier > Add interval tier*: Position bestimmen und benennen
- *Tier* duplizieren: *Tier > Duplicate tier*
- *Tier* löschen: *Tier > Remove entire tier*
- *Tier* umbenennen: *Tier > Rename tier*

TextGrid speichern

Im *Sound-* bzw. *Longsound*-Fenster:
File > Write TextGrid to text file: Datei benennen

TextGrid laden

Im Fenster *Praat Objects:*
Read > Read from file: Datei auswählen

5. Drucken, Speichern und Exportieren von Graphiken

Drucken

Im *Sound-* bzw. *Longsound*-Fenster:

- Gewünschten Abschnitt im Analysefenster mit *sel* auswählen
- *Spectrum > Extract visible spectrogramm*
- *Pitch > Extract visible pitch contour*
- *Intensity > Extract visible intensity contour*
- *Formant > Extract visible formant contour*

Im Fenster *Praat Objects*:

- *Spectrogram* anklicken
- *Draw*
- Das Bild erscheint im Fenster *Praat Picture*

Im Fenster *Praat Picture*:
File > Print

Speichern & Einfügen

- Im Fenster *Praat Picture*: *File > Write to Windows metafile/Write to EPS file*
- Diese Datei kann später in Dokumente (*Word*, *PowerPoint* etc.) eingefügt werden (*Einfügen > Graphik > aus Datei*)

Komplettes Fenster exportieren

Durch gleichzeitiges Drücken der Tasten *Alt* [alt] und *Druck* (Fn + [Einfg]) kann man das gesamte auf dem Bildschirm sichtbare Fenster in die Zwischenablage kopieren (*Screenshot*). Es kann dann mit der Tastenkombination [Strg] + [V] in andere Dokumente eingefügt werden.

ÜBUNG 3

Erstellen Sie für Ihr „Sophie_attend"-Objekt ein TextGrid und transkribieren Sie den Satz. Erzeugen Sie darunter nun ein zweites TextGrid, in dem Sie die Silben phonetisch transkribieren, und ein drittes für die Laute. Exportieren Sie Ihr Analyse-Fenster in *Word* und drucken Sie die Datei aus.

So könnte Ihr Ausdruck aussehen:

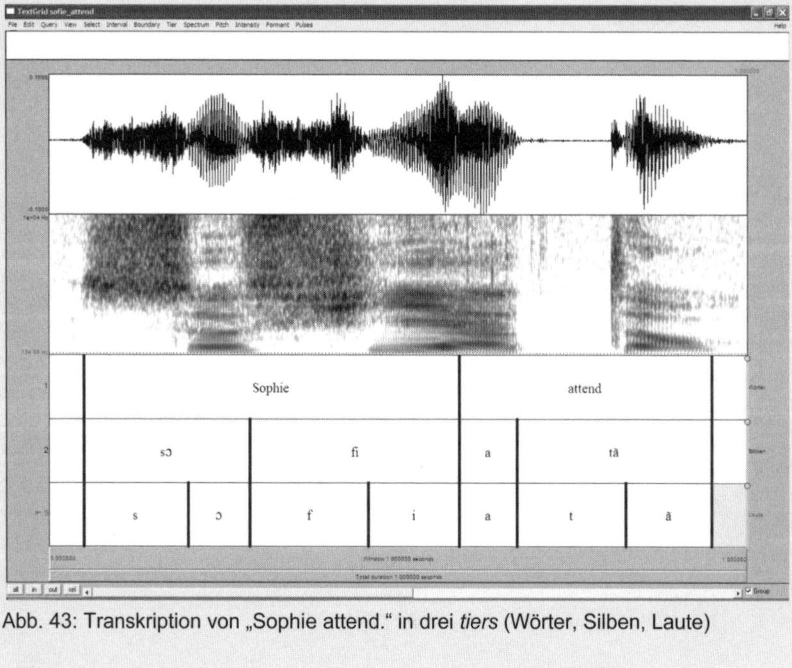

Abb. 43: Transkription von „Sophie attend." in drei *tiers* (Wörter, Silben, Laute)

6. Manipulationen[3] in PRAAT

Fenster *Manipulation* öffnen

Im Fenster *Praat Objects*:

- *Sound*-Objekt auswählen (nicht *Longsound*!)
- *To Manipulation*
- Es erscheint das Fenster *Sound: To Manipulation*. Hier den für die jeweilige Stimme relevanten Grundfrequenzbereich auswählen (z.B. 200–300 Hz für eine Frauenstimme)
- Im Fenster *Praat Objects* erscheint ein *Manipulation*-Objekt
- *Edit*

Es erscheint folgendes Fenster mit einem Oszillogramm und vertikalen blauen Strichen für die Stimmbandschwingungen (im oberen Bereich), einer Grundfrequenzkurve (im mittleren Bereich) und einem leeren *Duration Tier* (im unteren Bereich):

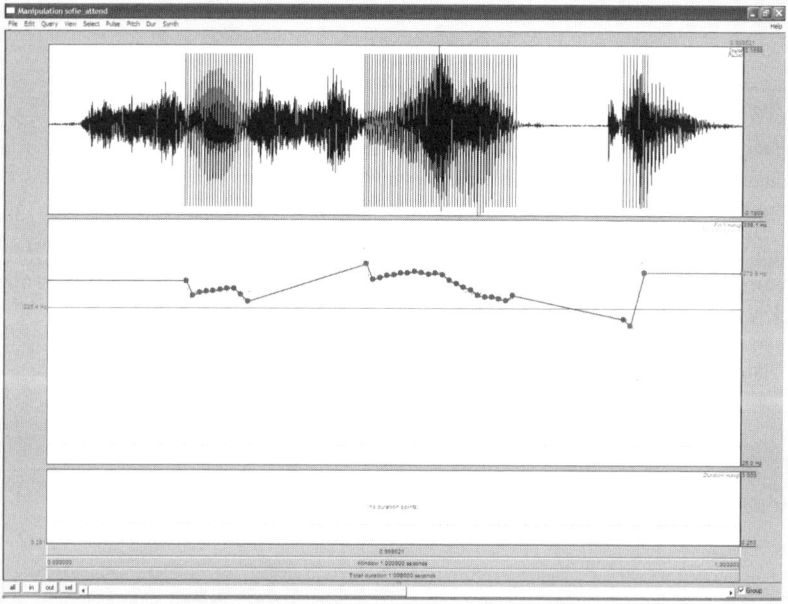

Abb. 44: „Sophie attend." im Fenster *Manipulation*

Manipulation der Grundfrequenz (*Pitch*; mittlerer Bereich)

- Grundfrequenzkurve stilisieren: *Pitch* > *Stylize pitch*
- Grundfrequenzpunkte löschen: Ausschnitt auswählen, *Pitch* > *Remove pitch point(s)*

3 Manipulationen gesprochener Sprache werden häufig in der perzeptiven Phonetik eingesetzt (vgl. Kapitel 3.3).

- Grundfrequenzpunkte hinzufügen: *Pitch > Add pitch point at cursor*
- *Pitch*-Punkte manuell verschieben: auf einen grünen Punkt klicken (wird rot) und mit gedrückter Maustaste bewegen

Manipulation der Dauer (*Dur*, unterer Bereich)
- Dauer-Punkte einfügen: *Dur > Add duration point at cursor*
- Dauer-Punkte löschen: *Dur > Remove duration point(s)*
- Eingefügte Dauer-Punkte manuell verschieben: Punkte nach oben verschieben, um die Dauer zu verlängern, nach unten, um sie zu verkürzen

ÜBUNG 4
Laden Sie Ihre Datei „Sophie_attend" in das *Manipulation*-Fenster und erzeugen Sie eine stilisierte steigende, eine stilisierte fallende und eine völlig gleichbleibende Intonationskurve. Wie hören sich die Ergebnisse an? Verlangsamen Sie anschließend die Realisierung von *Sophie* und beschleunigen Sie die von *attend*.

3.3 Perzeption

Die perzeptive Phonetik untersucht die **Wahrnehmung der Lautsprache**. Grundlage dafür sind Kenntnisse über die Anatomie des Ohrs und den Prozess des Hörens sowie der Verarbeitung der Lautsprache im Gehirn.

Im **Ohr** werden Schallwellen, also Luftdruckschwankungen, zunächst in Bewegungen von Lymphflüssigkeit und schließlich in Nervensignale umgewandelt. Dabei dienen das äußere Ohr (mit der von außen sichtbaren Ohrmuschel) sowie das Mittelohr im Wesentlichen der Verstärkung und Weiterleitung des Signals, während der eigentliche Hörvorgang im Innenohr stattfindet. Die Anatomie des Ohrs ist in Abb. 45 schematisch dargestellt.

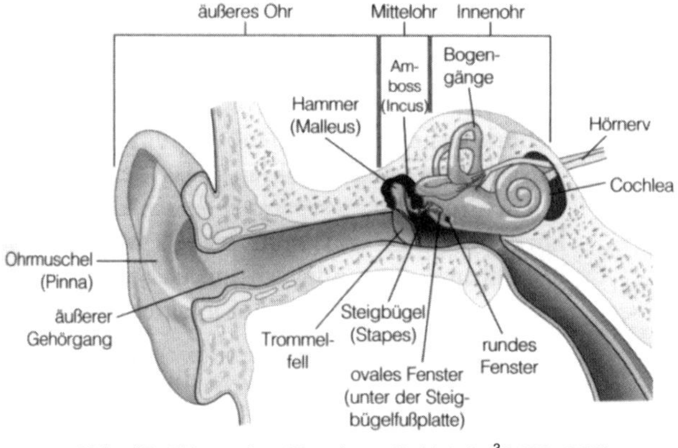

Abb. 45: Skizze des Ohrs (aus Goldstein [3]2008: 267)

Von besonderer Bedeutung für die perzeptive Phonetik ist die **Psychoakustik**. Sie befasst sich mit dem Zusammenhang zwischen physikalischen und perzeptiven Größen, z.B. zwischen 'objektiv' gemessener Lautstärke und 'subjektiv' wahrgenommener Lautheit, 'objektiver' Tonhöhe und 'subjektiver' Tonheit. Dies betrifft zum einen die Hörkapazität an sich: So hören Menschen unter 20 Hz (Infraschall) und über 20 000 Hz (Ultraschall) überhaupt nicht – im Gegensatz zu Tierarten wie Fledermäusen oder Delphinen, die den Ultraschallbereich zur Kommunikation nutzen. Auch in Bezug auf die Lautstärke ist die Wahrnehmung begrenzt: Eine Sinuskurve von 1 000 Hz wird etwa nur zwischen einem Schalldruck von 0 und 120 dB gehört (vgl. Abb. 47). Zum anderen entsprechen auch die wahrgenommenen Lautstärkeverhältnisse nicht eins zu eins den akustischen Schallereignissen: Beispielsweise wird ein Sinuston von 4 000 Hz nur als doppelt so hoch empfunden wie ein Ton von 1 000 Hz, obwohl er die vierfache Frequenz hat.

Solche Zusammenhänge können nicht logisch abgeleitet, sondern nur empirisch ermittelt und dann möglicherweise physiologisch erklärt werden. Dazu müssen wahrnehmende Subjekte befragt werden – was meist in Experimenten mit künstlichen Stimuli erfolgt, da hierbei die jeweils untersuchte Variable isoliert werden kann. Dieser Zweig der Phonetik ist relativ jung, da er stark von den technischen Möglichkeiten der Sprachsynthese, aber auch von den Erkenntnissen und Untersuchungsmethoden der Gehirnforschung abhängt. Mit Hilfe von Programmen wie PRAAT (vgl. Kapitel 3.2) lässt sich heute jedoch mit relativ geringem Aufwand das nötige Material für einfache Experimente vorbereiten. Die Wahrnehmung natürlicher Sprache in ihrer gesamten Komplexität ist allerdings erst in Ansätzen erforscht.

Akustik		**Perzeption**	
Größe	**Einheit**	**Größe**	**Einheit**
Schalldruck	Dezibel (dB)	Lautheit	sone
Tonhöhe	Hertz (Hz)	Tonheit	mel
Dauer	Sekunden (s)	subjektive Dauer	dura

Abb. 46: Akustische und perzeptive Größen

Die Tabelle in Abb. 46 gibt den Zusammenhang zwischen akustischen und perzeptiven Größen wieder – allerdings nur vereinfacht, denn sie berücksichtigt nicht den Zusammenhang dieser Faktoren. So hängt insbesondere die Wahrnehmung der Lautstärke von der Frequenz des Signals ab. Sehr tiefe Schallereignisse etwa werden erst wahrgenommen, wenn sie relativ laut sind, z.B. wird die E-Saite eines Kontrabasses mit ca. 41 Hz erst bei ca. 50 dB gehört. Am sensibelsten ist das Ohr dagegen um 3 000 Hz – in genau diesem Bereich schreien Babys. Dieser Zusammenhang zwischen Schalldruck und Tonhöhe bei der Wahrnehmung wird in so genannten **Kurven gleicher Lautheit** visualisiert (vgl. Abb. 47). Auch Hörschwelle (gerade wahrnehmbarer Schalldruck) und Schmerzgrenze lassen sich nur durch die Kombination dieser beiden Faktoren bestimmen. Das Frequenz-Amplituden-

Diagramm, das auf diese Weise entsteht, nennt man **Hörfläche** (vgl. Abb. 47). Die Lautsprache spielt sich im Bereich zwischen 100 und 4 000 Hz ab.

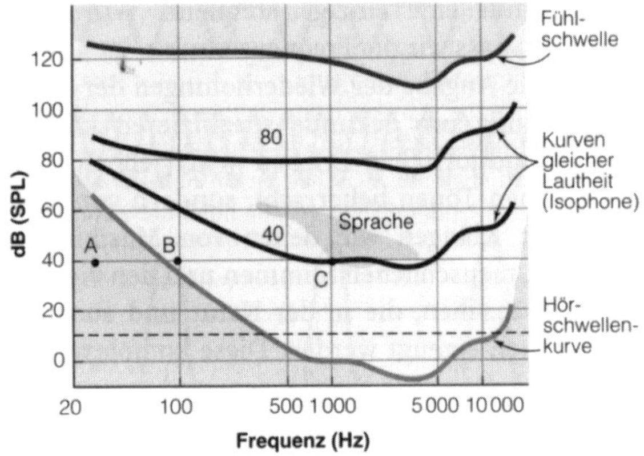

Abb. 47: Hörfläche (aus Goldstein [3]2008: 263)

Doch nicht nur die Anatomie und die Physiologie des Ohres sorgen dafür, dass der Mensch den auf ihn einströmenden Schall nicht eins zu eins wahrnimmt, sondern auch das Gehirn. So kann man sich beispielsweise bei Partys auf das konzentrieren, was das Gegenüber sagt und dabei alle irrelevanten Hintergrundgeräusche (wie Gespräche oder Musik in der direkten Umgebung) ausblenden. Dieses Phänomen des **selektiven Hörens** wird daher auch **Cocktailparty-Effekt** genannt. Stellt man in derselben Umgebung ein Mikrophon auf, wird es sämtliche Schallereignisse in gleicher Weise aufzeichnen, weswegen man das besagte Gespräch kaum mehr verstehen wird. Zudem abstrahieren Menschen beim Hören von den individuellen Sprecheigenheiten des Gegenübers: So stellt es für das Verständnis etwa kein Problem dar, wie hoch die Stimme des Sprechers ist, ob er heiser ist oder lispelt.

Im Gegenzug ergänzt der Mensch bei der Wahrnehmung ganz unbewusst fehlende Informationen. So wird etwa beim **Telefonieren** lediglich ein kleiner Teil des Sprachsignals gesendet, um mit möglichst geringen Übertragungskapazitäten auszukommen (300–3 400 Hz). Die Grundfrequenz fehlt also in der Regel und muss vom Empfänger aus dem oberen Frequenzbereich rekonstruiert werden. Zudem können [s] und [f], die sich nur in den höheren Bereichen voneinander unterscheiden, nicht auseinandergehalten werden. Da aber in der Regel durch den Zusammenhang klar ist, ob etwa fr. *sous* oder *fou* bzw. dt. *reißen* oder *Reifen* gemeint ist, fällt dies den meisten Sprechern gar nicht auf.

Das Filtern des akustischen Signals ist eine wesentliche Voraussetzung für das Funktionieren der Lautsprache. Während die akustische – und artikulatorische – Realität kontinuierlich ist, nimmt der Mensch diskrete Kategorien wahr (wie sie auch durch die Lautschrift und die Alphabetschrift festgehalten werden). So kann man beispielsweise mit den Lippen oder der Zunge an jedem Punkt zwischen den Lippen und dem Zäpfchen einen Verschluss bilden. Trotzdem hören wir entweder [b], [d] oder [g], jedoch keine Zwischenlaute.

Zur Untersuchung dieses Phänomens wurde ein mittlerweile berühmtes Experiment mit 13 synthetischen Stimuli durchgeführt, die in gleichmäßigen Abständen dem Kontinuum von der bilabialen zur velaren Artikulationsstelle entsprechen. Erreicht wurde ein solches Sample durch die Manipulation des zweiten Formanten des Folgevokals, an dessen Beginn sich die Artikulationsstelle des Plosivs nach der Verschlusslösung manifestiert (im vorliegenden Fall das englische [æ]): Dieser steigt nach [b] (Stimulus 1 in Abb. 48), bleibt in etwa gleich nach [d] und fällt nach [g] (Stimulus 13 in Abb. 48).

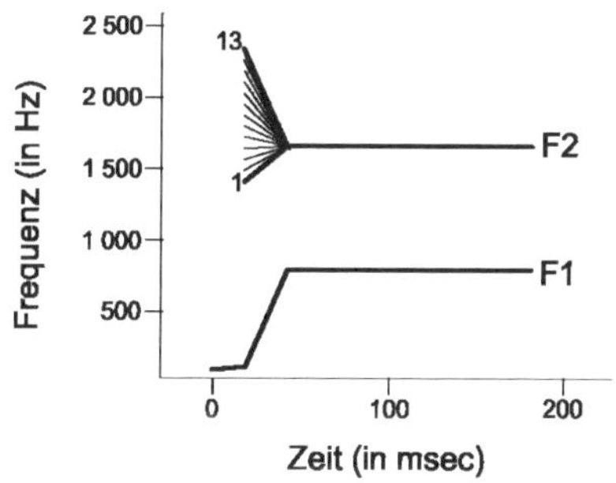

Abb. 48: 13-stelliges Artikulationsstellen-Kontinuum der Plosive durch Variation des Beginns von F2 des Folgevokals (nach Pompino-Marschall ^{3}2009: 163)

Mit diesen akustisch gleich weit voneinander entfernten 13 Stimuli wurden zwei Arten von Tests durchgeführt: Bei einem Identifikationstest wurde den Hörern jeweils ein einzelner Stimulus vorgespielt, der als [bæ], [dæ] oder [gæ] identifiziert werden sollte. Bei einem Diskriminationstest wurden den Hörern zwei Stimuli präsentiert, und sie sollten entscheiden, ob es sich dabei zweimal um den gleichen Laut oder aber um zwei unterschiedliche Laute handelte (zur Methode vgl. auch Kapitel 1.4). Die Ergebnisse dieses Experiments sind in Abb. 49 dargestellt: Beim Identifikationstest wurden die Stimuli 1 bis 3 eindeutig als [bæ], die Stimuli 5 bis 9 als [dæ] und die Stimuli 11 bis 13 als [gæ] identifiziert; bei den Stimuli an den Kategoriengrenzen, 4 und 10, erfolgte die Zuordnung dagegen mit ca. 50% rein zufällig. Das Ergebnis des Diskriminationstests deckt sich damit: Hier wurden genau jene Stimuli, die auch beim Identifikationstest verschiedenen Kategorien zugeordnet wurden, als unterschiedlich eingeschätzt.

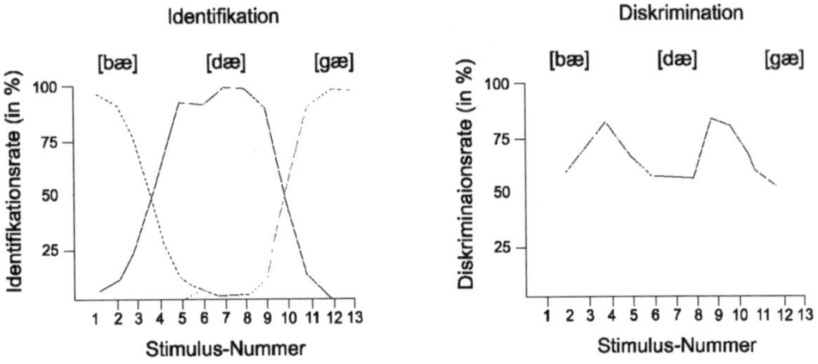

Abb. 49: Testergebnisse Konsonantenperzeption (nach Pompino-Marschall ^{3}2009: 163)

Diese Ergebnisse zeigen, dass bei den Konsonanten eine **kategoriale Wahrnehmung** vorliegt: Die Hörer ordnen die Stimuli klar einer der Kategorien zu und nehmen keine Zwischenstufen wahr; an den Kategoriengrenzen ist die Zuordnung vollkommen zufällig. Dieser Effekt konnte nicht nur beim Artikulationsort, sondern auch bei den anderen Parametern der Konsonantenartikulation festgestellt werden, insbesondere bei der Stimmbeteiligung. Hier zeigt sich zudem, dass die Kategoriengrenzen sprachspezifisch sind: So ist etwa die Wahrnehmung von stimmhaften und stimmlosen Plosiven bei deutsch- und französischsprachigen Hörern unterschiedlich (vgl. Kapitel 5.2).

Bei den Vokalen dagegen ist die Zuordnung weniger klar. Hier liegt eher eine **kontinuierliche Wahrnehmung** vor – auch wenn diese längst nicht so kontinuierlich ist wie die akustische und artikulatorische Realität. So wird beispielsweise ein Vokal zwischen [a] und [e] als Zwischenstufe wahrgenommen und nicht einfach einem der beiden zugeordnet.

Zusammenfassung

Phonetische Kenntnisse sind die Grundlage fast jeder phonologischen Beschreibung und Analyse. Während traditionell die artikulatorische Klassifikation der Sprachlaute im Mittelpunkt stand und durch die verbesserten technischen Möglichkeiten in neuerer Zeit die Akustik ins Blickfeld gerückt ist (die den universitären Phonetikunterricht in der Tat revolutioniert), ist die für die Phonologie wichtigste Unterdisziplin eigentlich die perzeptive Phonetik, die allerdings noch weniger ausgereift ist. Sie stellt den Zusammenhang zwischen dem kontinuierlichen Sprachsignal und der diskreten – je nach sprachlichem System verschiedenen – menschlichen Kategorisierung her. So kann beispielsweise ein französischer L1-Sprecher in einem Laut ein /p/ hören, der von einem deutschen L1-Sprecher als /b/ wahrgenommen wird.

Weiterführende Literatur: Eine allgemeine Einführung in die Phonetik geben Catford 1988 (auf Englisch) sowie Pompino-Marschall ^{3}2009 und Reetz 2003 (auf Deutsch). Ladefoged/Maddieson 1996 enthalten eine detaillierte Präsentation der artikulatorischen und akustischen Aspekte der Laute in den Sprachen der Welt. Kohler ^{2}1995 bietet einen guten Überblick über die Phonetik des Deutschen. Eine französischsprachige Einführung in die Phonetik liefert Vaissière 2006.

Übungsaufgaben

1. **Welches IPA-Zeichen haben folgende Laute?**

   a) velarer Nasal
   b) stimmloser labio-dentaler Frikativ
   c) labio-palataler Approximant
   d) halb-offener vorderer ungerundeter Oralvokal

2. **Beschreiben Sie folgende Laute artikulatorisch:**

   a) [z]
   b) [m]
   c) [w]
   d) [ɛ̃]

3. **Welches Merkmal haben die Laute in den folgenden Reihen jeweils gemeinsam?**

   a) [ʁ] – [ʃ] – [v]
   b) [d] – [s] – [l]
   c) [y] – [ø] – [ɔ̃]
   d) [ɛ] – [ʁ] – [ŋ]

4. Welches der folgenden Sonagramme entspricht *achat*, *auto*, *ici* und *épi*?

a)

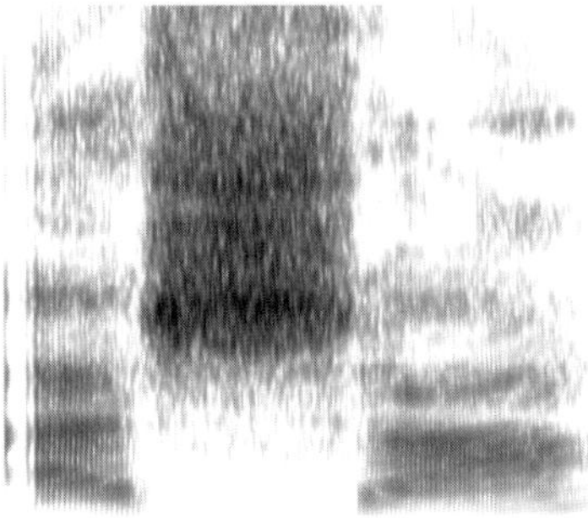

b)

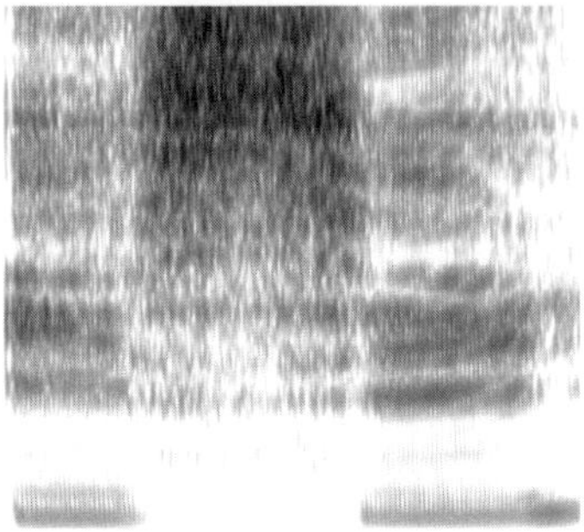

c)

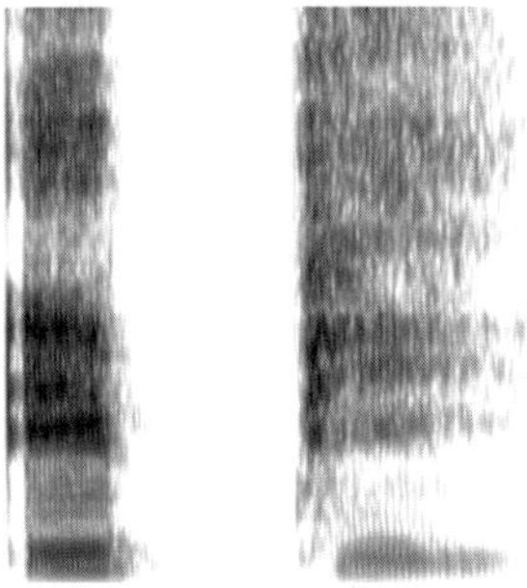

d)

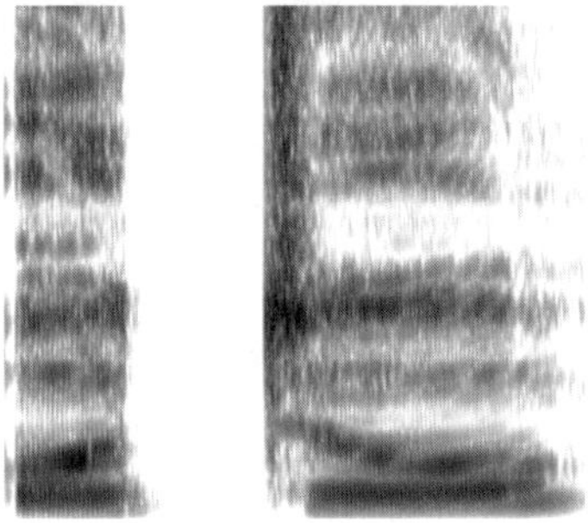

5. Nehmen Sie folgende Frikative mit PRAAT auf: [f], [s], [ʃ], [ç] und [χ]. Was fällt Ihnen auf?

6. Transkribieren Sie folgenden Text:

Le corbeau a-t-il une mémoire d'éléphant?
Il est bien connu que l'éléphant n'oublie ni un compliment ni, surtout, un affront. Qu'il sait mémoriser ses pistes de déplacement et les endroits où il peut au mieux se nourrir en fonction des conditions climatiques. (…) Mais l'expression „avoir une mémoire d'éléphant", qui veut dire avoir une très bonne mémoire, est tout à fait injuste pour de nombreuses autres espèces animales. Car beaucoup ont des capacités de mémorisation étonnantes qui dépassent, et de loin, ce que l'on a coutume d'appeler le simple instinct ou l'action des réflexes.

(*Le Figaro* vom 14.10.2008)

4. Theorien

Da die Phonologie vom Strukturalismus geradezu 'erfunden' wurde – ihr Name genauso wie ihre Aufgaben als linguistische Disziplin (vgl. Kapitel 1.2) –, wurde *Phonologie* lange Zeit mit *strukturalistischer Phonematik*, also der Lehre von den **Systemen bedeutungsunterscheidender Einheiten**, gleichgesetzt. In der Regel ist die Erstellung eines Phoneminventars auch heute noch einer der ersten Schritte bei der phonologischen Beschreibung einer Sprache. Doch die moderne Phonologie interessiert sich für viel mehr. Ihr Hauptaugenmerk gilt heute nicht mehr dem Status von Einzellauten, sondern den so genannten **phonologischen Prozessen**, die möglichst natürliche regelmäßige Verbindungen zwischen den verschiedenen Realisierungen eines Wortes herstellen (sowohl synchron als auch diachron). So leitet man beispielsweise die Aussprache [ʃv̥al] für *cheval* von einer abstrakten Repräsentation /ʃəval/[1] ab, deren Schwa nicht realisiert wird (> [ʃval]; vgl. Kapitel 10) und deren [v] sich anschließend an die Stimmlosigkeit des vorangehenden [ʃ] assimiliert (> [ʃv̥al]; vgl. Kapitel 8.1). Mit Hilfe phonologischer Theorien kann also die schier unendliche Variation der Aussprache ökonomisch dargestellt und dadurch z.T. auch erklärt werden (z.B. die Elision des Schwa oder die Assimilation des [v] durch die 'artikulatorische Faulheit' des Sprechers).

Phonologische Prozesse setzen **Repräsentationen** und **Realisierungen** miteinander in Verbindung, weswegen sich die Phonologie auch mit der genauen Beschaffenheit der Repräsentationen befassen muss. Im Laufe der Zeit ist man allerdings davon abgekommen, die phonologischen Regelmäßigkeiten einer gesamten Sprache, z.B. 'des' Französischen, untersuchen zu wollen. Eine historische Sprache wird vielmehr als ein Komplex sprachlicher Systeme angesehen, d.h. von Varietäten oder gar von Idiolekten[2]. Im strengen Sinne können nur diese einzelnen Systeme – nicht aber die Zusammenhänge zwischen ihnen – Gegenstand phonologischer Forschung sein. Die Regularitäten dieser Systeme werden allerdings nicht für sich betrachtet, sondern mit sprachlichen und phonetischen Universalien in Zusammenhang gesetzt. Außerdem entfernt man sich zunehmend von abstrakten Idealisierungen und untersucht auf der Basis von Korpora Variation und Wandel im Detail. Dabei wird die Phonologie nicht mehr isoliert betrachtet, sondern auch in Interaktion mit den anderen Ebenen der Sprache (Morphologie, Syntax, Lexi-

---

1 Alternativ ist auch eine Repräsentation /ʃ{ə}val/ mit einem so genannten 'schwebenden' Segment /{ə}/ denkbar (vgl. dazu Kapitel 10.6).

2 Unter einem *Idiolekt* versteht man die Sprache eines einzelnen Sprechers in einer bestimmten Situation und einem bestimmten Register.

kon etc.) sowie der Graphie (vgl. Kapitel 2), womit an die Tradition der historischen Lautlehre angeknüpft wird.

Auch wenn phonologische Theorien in der Regel als Reaktionen aufeinander entstehen, lassen sich alle hier präsentierten Ansätze auch komplementär nutzen. Denn eine einzige Theorie, die alle erwähnten Aspekte – u.a. Einzellaute, Prozesse und Repräsentationen – berücksichtigt, existiert bis heute nicht. In diesem Kapitel sollen einige ausgewählte Theorien relativ abstrakt und anhand einiger Beispiele aus verschiedenen Sprachen der Welt dargestellt werden. Anwendungen auf das Französische finden sich in den Kapiteln für die entsprechenden Phänomene, insbesondere in Kapitel 5 (Segmente) zum Strukturalismus sowie in den Kapiteln 9 (Liaison) und 10 (Schwa) zu den übrigen im Folgenden vorgestellten Ansätzen. Doch sollten die Theorien auf keinen Fall als optionale Vertiefung der deskriptiven Phonologie, d.h. der reinen Beschreibung der Aussprache, angesehen werden. Um Sprache – in diesem Fall Aussprache – zu beschreiben, braucht man immer ein Begriffsinventar, und dieses ist notgedrungen theoriebasiert. Man hat also lediglich die Wahl, Theorien entweder unreflektiert oder bewusst anzuwenden. Theoriefreie Phonologie gibt es nicht.

4.1 Strukturalismus

Der Strukturalismus gilt als Grundlage der modernen Linguistik, da er zu einer Zeit, in der die historisch-vergleichende Sprachwissenschaft dominierte, die synchrone Beschäftigung mit sprachlichen Systemen in den Vordergrund rückte. Als Grundlage der strukturalistischen Linguistik gilt der *Cours de Linguistique Générale* (CLG), eine Vorlesung des Sprachwissenschaftlers Ferdinand de Saussure, deren Mitschriften 1916 postum von seinen Schülern veröffentlicht wurden. Ihre Prinzipien wurden in der Nachfolge Saussures anhand der Phonologie entwickelt, der damals federführenden sprachwissenschaftlichen Disziplin, und waren dort sicherlich auch am erfolgreichsten. Das Hauptwerk der strukturalistischen Phonologie sind die **1939** erschienenen ***Grundzüge der Phonologie*** von **Nikolaus Trubetzkoy**. Die Bedeutung des Strukturalismus geht jedoch weit über die Linguistik hinaus – über Märcheninterpretationen bis hin zur Psychoanalyse.

Die strukturalistische Phonologie interessiert sich in erster Linie für die Frage, welche Einzellaute (**Phone**) **bedeutungsunterscheidend (distinktiv)** sind, also in **Opposition** zueinander stehen. Diese nennt man **Phoneme**. Um herauszufinden, ob es sich bei zwei Lauten um Phoneme handelt, hilft eine **Kommutationsprobe**, bei der man die betreffenden Laute austauscht. Ergibt sich dabei ein **Minimalpaar**, d.h. ein Paar aus zwei Wortformen, die sich nur durch einen einzigen Laut unterscheiden, so ist der Lautunterschied distinktiv. Beispielsweise unterscheiden sich *chou* [ʃu] 'Kohl' und *joue* [ʒu] 'Wange' allein durch den Konsonanten am Wortanfang; /ʃ/ und /ʒ/ sind daher Phoneme des Französischen. Die Anzahl der Minimalpaare für eine Opposition bestimmt den Grad der **funktionalen Auslastung**: Manifestiert sich eine phonologische Opposition in vielen Minimalpaaren, ist die funktionale Auslastung hoch, existieren dagegen nur wenige, ist sie gering. Eine geringe funktionale Auslastung wird oft als Grund für den Verlust des Phonemstatus eines Lautes genannt, da die Opposition(en), in denen er steht, für die tatsächliche Unterscheidung von Bedeutungen kaum eine Rolle spielt bzw. spielen. Dieses Argument sollte jedoch nicht überbewertet werden. In der Tat tolerieren Sprachen in hohem Maße, dass unterschiedliche Wörter gleich klingen. Dies gilt ganz besonders für das Französische (vgl. z.B. fr. *vert* – *ver* – *vers* – *verre* – *vair* 'Eichhörnchenpelz'; alle: [vɛʁ]).

Doch die Phoneme definieren sich nicht nur in Opposition zueinander, sondern auch über ihre lautliche Substanz. Diese lässt sich als **Bündel distinktiver Merkmale** beschreiben, die meist **binär** sind, d.h. zwei Ausprägungen haben, '+' und '–', z.B. [± stimmhaft]. Zwei Phoneme unterscheiden sich mindestens durch ein distinktives Merkmal. /ʒ/ beispielsweise ist [+ stimmhaft] und /ʃ/ [– stimmhaft]. Während die Merkmale bei Trubetzkoy **artikulatorisch** definiert waren, wurden bei Jakobson/Fant/Halle 1952 auch **akustische** Merkmale miteinbezogen, z.B. [± schrill][3]; in der generativen Phonologie sind die Merkmale wiederum artikulatorisch definiert (vgl. Kapitel 4.2).

Neben den Phonemen fördert die phonologische Analyse eines sprachlichen Systems auch Varianten von Phonemen, so genannte **Allophone,** zu Tage. Das sind phonetisch ähnliche[4] Laute, die nicht bedeutungsunterscheidend sind. Man unterscheidet zwei Typen von Allophonen. **Freie oder fakultative Varianten** können in allen sprachlichen Kontexten auftauchen und hängen von außersprachlichen Faktoren ab, wie z.B. der sozialen oder regionalen Herkunft des Sprechers. So existieren im Französischen beispielsweise zahlreiche Varianten für das Phonem /r/: [ʁ] ist die am meisten verbreitete Aussprache, [r] trifft man vorwiegend bei älteren Personen aus ländlichen Gegenden Südfrankreichs und der Bourgogne sowie aus dem kanadischen Montréal an, und [ʀ] ist die traditionelle Variante der Pariser Arbeiterklasse, wie sie in den Chansons von Edith Piaf verewigt ist. Auch im Deutschen existieren in den verschiedenen Varietäten unterschiedliche /r/-

[3] Das Merkmal [± schrill] (engl. *strident*) dient u.a. der Unterscheidung von /s/ und /θ/, z.B. in engl. *sin* /sin/ vs. *thin* /θin/: Frikative, die wie /s/ das Merkmal [+ schrill] besitzen, weisen unregelmäßige Wellenbewegungen im akustischen Signal auf, Frikative, die wie /θ/ [– schrill] sind, dagegen nicht.

[4] Aufgrund des graduellen Charakters der phonetischen Ähnlichkeit kann dieses Kriterium problematisch sein. Ein klarer Fall liegt sicherlich bei [h] und [ŋ] im Deutschen vor: Diese beiden Laute kontrastieren zwar nicht miteinander, da [h] nur im Anlaut und [ŋ] dort nie vorkommt, dennoch würde man aufgrund ihrer Verschiedenheit gar nicht erst auf die Idee kommen, sie einem Phonem zuzuordnen. Denn diese beiden Laute unterscheiden sich sowohl im Artikulationsort (glottal vs. velar), in der Artikulationsart (Frikativ vs. Nasal) als auch in der Stimmbeteiligung (stimmlos vs. stimmhaft).

Varianten: neben dem unmarkierten [ʁ] das diatopisch markierte [r] (Süddeutschland bzw. Schleswig-Holstein) und das u.a. diaphasisch markierte [ʀ] (z.B. in emphatischem *„Raus!“*).

Dagegen stehen im Spanischen zwei /r/-Laute in Opposition zueinander: das einfach geschlagene /ɾ/ in *pero* ‘aber’ und das ‘gerollte’ /r/ in *perro* ‘Hund’ (Tap vs. Trill; vgl. IPA-Tabelle in Kapitel 2.3). In diesem Fall handelt es sich also nicht um Allophone eines Phonems, sondern um zwei eigenständige Phoneme. Im Japanischen indessen sind sogar [r] und [l] Allophone eines einzigen Phonems, weswegen Japaner diese beiden Laute in Fremdsprachen häufig verwechseln. Auch französischsprachigen Kindern fällt zu Beginn des Spracherwerbs diese Unterscheidung schwer, weswegen sie beispielsweise *carotte* als *[kalɔt] statt [kaʁɔt] realisieren. Gelegentlich können solche Verwechslungen auch bei älteren Sprechern mit der Variante [r] beobachtet werden. Da heute in der Phonologie in der Regel nicht mehr Sprachen an sich, sondern Produktionsgrammatiken von Individuen analysiert werden, bezieht sich der Begriff der freien bzw. fakultativen Variante nur mehr auf die inhärente Variation. Damit bezeichnet man jene Variation, die bleibt, wenn man alle sprachlichen und außersprachlichen Faktoren ausgeschaltet hat, z.B. wenn ein und derselbe Sprecher in derselben Sprechsituation einmal *allait* mit [ɛ] ausspricht und einmal mit [e] (vgl. Kapitel 5.1).

Anders ist die Lage bei den **kombinatorischen Varianten**. Diese befinden sich in **komplementärer Distribution**, d.h. in bestimmten sprachlichen Kontexten taucht nur die eine, in anderen nur die andere Variante auf. So hängt etwa der Artikulationsort von Konsonanten von dem der umgebenden Vokale ab, z.B. wird ein /k/ vor /u/ weiter hinten als vor /i/ artikuliert (Koartikulation: z.B. fr. *cou* vs. *qui*; vgl. Kapitel 3.1), und streng genommen müsste man im letzten Fall ein palatales [c] transkribieren (vgl. IPA-Tabelle in Kapitel 2.3). Ein bekannteres Beispiel sind der ‘*ich*-Laut’ und der ‘*ach*-Laut’ des Deutschen: Das Graphem <ch> wird nach vorderen Vokalen als palatales [ç] und nach den übrigen Vokalen als uvulares [χ] realisiert, z.B. in *ich* [ɪç] vs. *ach* [aχ].[5] Nach den höheren Vokalen [ɔ], [o] und [u] wird zudem die velare Zwischenvariante [x] produziert, z.B. in *och* [ɔx].[6]

Der Austausch von Allophonen führt zwar nicht zu Bedeutungsunterschieden, dennoch ist die Wahl der Variante nicht egal: [r] ist sowohl im Deutschen als auch im Französischen im Gegensatz zu [ʁ] diatopisch markiert, und *[aç] statt [aχ] würde zwar nicht mit einer anderen Bedeutung assoziiert, aber dennoch als nicht deutsch identifiziert werden. Wenn also die Wahl der Varianten zwar auf der Ebe-

---

5 [a] wird im Deutschen mit mittlerer Zungenlage artikuliert (vgl. Kapitel 2.3).

6 [ç] tritt nicht nur nach vorderen Vokalen, sondern auch morpheminitial auf. Lässt man die Morphemgrenzen außer Acht, ergibt sich das Minimalpaar *Kuchen* [kuːxn̩] vs. *Kuh+chen* [kuːçn̩].

ne der *langue* irrelevant ist, so ist sie dennoch auf der Ebene der Norm nicht beliebig (vgl. Kapitel 1.1).

Existiert eine phonologische Opposition in einer bestimmten Umgebung nicht, spricht man von einer **Neutralisierung**. Dies ist beispielsweise im Französischen bei den mittleren Vokalen in geschlossener Silbe der Fall: Hier kann in der Regel nur [ɛ], [ɔ] und [œ] stehen, z.B. *père* [pɛʁ], *port* [pɔʁ], *peur* [pœʁ]; den Silben *[peʁ], *[poʁ] oder *[pøʁ] hört man dagegen geradezu an, dass sie 'unfranzösisch' klingen (zu den Details vgl. Kapitel 5.1). Ein anderes Beispiel ist die deutsche Auslautverhärtung: Im Deutschen sind stimmhafte und stimmlose Plosive und Frikative distinktiv, z.B. /d/:/t/ in dt. *baden* [ˈbadn̩] vs. *baten* [ˈbatn̩] (3. Person Plural Präteritum von *bitten*); diese Opposition ist allerdings in der Silbenkoda[7] aufgehoben. Dt. *Bad* und *bat* (1. Person Singular Präteritum von *bitten*) sind also homophon: [bat]. In der strukturalistischen Phonologie spricht man in einem solchen Fall von einem **Archiphonem** und notiert dies in Großbuchstaben. Ein Archiphonem wird durch jene distinktiven Merkmale definiert, die zwei Phonemen in einem Neutralisierungskontext gemein sind, z.B. steht /T/ für einen alveolaren Plosiv im Kontext der Auslautverhärtung, unabhängig vom Merkmal [± stimmhaft]. In prozessphonologischen Ansätzen wird alternativ eine Ableitung der stimmlosen Variante aus der stimmhaften angenommen, d.h. /bad/ > [bat] (vgl. Kapitel 4.2).

Die Neutralisierung darf nicht mit der **Entphonologisierung** einer Phonemopposition, d.h. ihrem völligen Verschwinden in sämtlichen Umgebungen, verwechselt werden. Eine Entphonologisierung hat im 20. Jahrhundert in der französischen Norm sowie in einigen Varietäten bei den Oppositionen /a/:/ɑ/ und /ɛ̃/:/œ̃/ stattgefunden. Dort sind *patte* und *pâte* zu [pat] sowie *brin* und *brun* zu [bʁɛ̃] zusammengefallen (vgl. Lyche/Østby 2009, Lyche 2010). Im Fremdsprachenunterricht brauchen daher /ɑ/ und /œ̃/ nicht mehr erlernt zu werden. Die Oppositionen existieren allerdings noch in zahlreichen Varietäten: /a/:/ɑ/ u.a. im Québec-Französischen, /œ̃/:/ɛ̃/ im Südfranzösischen (vgl. Kapitel 11).

Aber auch die umgekehrte Entwicklung, die **Phonologisierung**, kann beobachtet werden. So sind beispielsweise im Altfranzösischen die nasalierten Vokale durch den Einfluss der nachfolgenden Nasalkonsonanten zunächst als Allophone und schließlich als eigene Phoneme entstanden. Neue Phoneme können aber auch durch **Phonementlehnung** in eine Sprache gelangen, wenn gemeinsam mit neuen Wörtern auch neue Phoneme übernommen werden. Zum Beispiel wurden zwischen dem 5. und dem 16. Jahrhundert aus verschiedenen germanischen Sprachen Wörter mit initialem /h/ entlehnt. Dieses wird heute zwar nicht mehr ausgesprochen, aufgrund seines besonderen Verhaltens jedoch *h aspiré* genannt (vgl. Kapitel 9.4).

---

7 Die Konsonanten, die innerhalb einer Silbe auf einen Vokal folgen, bilden die Silbenkoda (vgl. Kapitel 6.1).

Ein anderes Beispiel ist das Phonem /ŋ/, das im 19. und 20. Jahrhundert aus dem Englischen ins Französische gelangt ist.[8] Es findet sich zwar nur im Morphem *-ing* wieder, allerdings auch in französischen Neubildungen nach englischem Muster, z.B. *footing* [futiŋ] (< engl. *foot* 'Fuß'; engl. *jogging*). Daneben taucht es auch vereinzelt in Lehnwörtern aus anderen Sprachen auf, z.B. in *riesling* [ʁisliŋ] aus dem Deutschen, *viking* [vikiŋ] aus den skandinavischen Sprachen oder *ginseng* [ʒinsɛŋ]/[ʒɛ̃sɛŋ] aus dem Chinesischen. Mit *shopping* /ʃɔpiŋ/ vs. *chopine* 'Bierflasche' /ʃɔpin/ gibt es sogar ein Minimalpaar. Zudem ist der Laut ein Allophon von /g/ und /k/, das durch progressive Assimilation nach nasalierten Vokalen entsteht, z.B. *subjonctif* [sybʒɔ̃ŋtif] neben [sybʒɔ̃ktif].

Die strukturalistische Phonologie bleibt bis heute ein wichtiger begrifflicher Rahmen für die Beschreibung der Aussprache, auch wenn einzelne Konzepte überdacht oder in ihrer Bedeutung relativiert wurden (u.a. *funktionale Auslastung*, *freie Variante* und *Archiphonem*; s.o.). Allerdings gerieten viele ihrer Errungenschaften, u.a. die Verbindung des Segmentalen (Phoneme) mit dem Subsegmentalen (Merkmale) und dem Suprasegmentalen (Silbe), für einige Jahrzehnte in Vergessenheit und mussten erst mühsam wiederentdeckt werden.

4.2 Generativismus

Die generative Phonologie verfolgt ein völlig anderes Interesse als die strukturalistische Phonologie. Nicht mehr das System der Einzellaute, sondern die phonologischen Prozesse stehen im Vordergrund. Ziel jeder generativen Theorie ist es, auf möglichst ökonomische Weise aus einer Menge von Repräsentationen und Regeln alle beobachtbaren Phänomene – und zwar nur diese – zu erzeugen. Das Hauptinteresse der generativen Linguistik liegt bis heute im Bereich der Syntax. Das phonologische Hauptwerk ist ***The Sound Pattern of English*** **(SPE)** von **Noam Chomsky** und **Morris Halle**, das **1968** publiziert wurde, nachdem es bereits mehrere Jahre als Manuskript zirkuliert war. Auch wenn diese Theorie im Bereich der Phonologie schnell Widerspruch fand und heute – zumindest in ihrer ursprünglichen Version – nicht mehr angewendet wird, gilt sie als Dreh- und Angelpunkt in der Geschichte der Phonologie.

Im Gegensatz zum Strukturalismus betrachtet der Generativismus nicht eine Sprache 'an sich' (die nur in der Sprachgemeinschaft existierende *langue*; vgl. Kapitel 1.2), sondern die **Kompetenz** des Sprechers, d.h. individuelles Wissen. Dieses setzt sich aus einer **angeborenen Universalgrammatik (UG)** und beim Spracherwerb verinnerlichten Parametern einer Einzelsprache zusammen. Doch nicht

8 In früheren Entlehnungen wurde engl. [ŋ] noch oft zu fr. [n] angeglichen, was sich zunächst auch in der Graphie widerspiegelte, z.B. <chelin> für *shilling* (1558) oder <mitine> für *meeting* (1733).

real existierende Sprecher werden visiert, sondern ein **idealer Sprecher-Hörer** (auch wenn es sich in der Praxis – zumindest in der Anfangsphase – meist um die Kompetenz des Linguisten selbst handelte, der seine Analysen auf Basis seiner eigenen **Grammatikalitätsurteile** durchführte). Während sich die Linguistik zur Zeit des Strukturalismus auf der Schnittstelle zwischen Sozial- und Kognitionswissenschaft befand, wird sie nun endgültig zur reinen **Kognitionswissenschaft**. In der generativen Linguistik ist der **Begriff der *Grammatik*** – und damit auch der *Phonologie* – absichtlich zweideutig: Er bezeichnet gleichzeitig die Theorie des Linguisten über eine Sprache und die Kompetenz des idealen Sprecher-Hörers. Die Theorie des Linguisten ist also eine Modellierung der Kompetenz des Sprechers. Diese Auffassung wird bis heute beibehalten, hat aber häufig Anlass zu Kritik gegeben, da eine wissenschaftliche Theorie möglichst ökonomisch sein soll, im Gehirn des Sprechers aber Raum für Redundanz ist.

Mit der Ablösung der *langue* als Forschungsgegenstand durch die Kompetenz des idealen Sprecher-Hörers bleibt die generative Phonologie sehr **abstrakt**. Sie interessiert sich nun aber über das Bedeutungsunterscheidende hinaus für alles Regelhafte und Vorhersehbare. Die zentrale Neuerung ist die Tatsache, dass es sich um ein **derivationelles Modell** handelt, mit dem aus der morphosyntaktischen Struktur, den zugrunde liegenden lexikalischen Repräsentationen sowie den phonologischen Regeln die Oberflächenrealisierungen abgeleitet werden.

Die **Repräsentationen**, die als eine ungeordnete Liste im mentalen Lexikon abgelegt sind, bestehen aus Aneinanderreihungen von Bündeln distinktiver Merkmale und morphosyntaktischen Grenzsymbolen. Dabei gelten die in Abb. 50 aufgeführten Konventionen.

	Konvention	**Beispiel:** *vous écriviez*
Morphosyntaktische Grenzen	Morphemgrenze: +	##vuz[9]#ekʁiv+i+ez##
	schwache Wortgrenze: #	
	starke Wortgrenze: ##[10]	
Zugrunde liegende Repräsentationen	zwischen Schrägstrichen	/vuzekʁivie/
Oberflächen-realisierungen	in eckigen Klammern	[vuzekʁ̥ivje]

Abb. 50: Graphische Konventionen in der generativen Phonologie

9 In der SPE-Phonologie haben die Liaison-Konsonanten noch keinen besonderen Status in den Repräsentationen. In neueren Ansätzen werden sie meist als 'schwebende' Segmente modelliert, z.B. *vous* /vu{z}/ (vgl. Kapitel 9.8).

10 Schwache Wortgrenzen stehen grob gesagt zwischen syntaktisch eng zusammengehörigen Wörtern, starke zwischen syntaktisch weiter voneinander entfernten.

Die zugrunde liegenden Repräsentationen sind oft weit von der Oberflächenrealisierung entfernt, z.B. *vous* /vuz/ (das meist [vu] – ohne [z] – ausgesprochen wird), *écriviez* /ekʁiviez/ (immer [ekʁivje] – mit [j] statt mit [i] und ohne [z]) oder auch *petite* /pətitə/ ([ptit] oder [pətit], nie mit finalem [ə]). Dafür ähneln sie der Graphie (<vous> mit finalem <s>, <écriviez> mit <i> und <z>, <petite> mit <e>) – und damit meistens früheren Sprachzuständen (vgl. Kapitel 2). Das ist für die Kompetenz eines realen Sprechers wenig plausibel, für den graphiebasierten Fremdsprachenunterricht dagegen äußerst nützlich.

In der generativen Phonologie haben nur die **distinktiven Merkmale** einen theoretischen Status, nicht aber die Phoneme. Zum Beispiel ist /i/ lediglich eine bequeme Abkürzung für ein Merkmalsbündel wie in Abb. 51.

+ vokalisch
– konsonantisch
+ hoch
– hinten
– gerundet
etc.

Abb. 51: Merkmalsbündel für /i/

Auf der Basis der Merkmale [± vokalisch] und [± konsonantisch] lassen sich die Phoneme in vier **Oberklassen** einteilen (vgl. Abb. 52): Obstruenten (Plosive und Frikative), Liquide (/r/- und /l/-Laute), Gleitlaute und Vokale.

	Obstruenten	Liquide	Gleitlaute	Vokale
vokalisch	–	+	–	+
konsonantisch	+	+	–	–

Abb. 52: Oberklassen der Phoneme nach dem SPE

Der generativen Phonologie liegt also ein **segmentales Modell** zugrunde: Auch wenn das Phonem keinen theoretischen Status hat, sind alle Merkmale aneinander gekoppelt (im Gegensatz zur autosegmentalen Phonologie; vgl. Kapitel 4.3). Die Repräsentationen bestehen also aus klar voneinander abgegrenzten Einheiten, die eher der Graphie entsprechen als der lautlichen Realität (vgl. Kapitel 3.2).

Die phonologischen Prozesse werden in Form von **Regeln** dargestellt, die ganz abstrakt formuliert wie folgt aussehen:

X → Y / A __ B
(wird gelesen als: „X wird zu Y im Kontext zwischen A und B.“)

So kann beispielsweise die **deutsche Auslautverhärtung** als ein Prozess interpretiert werden, bei dem ein zugrunde liegender stimmhafter Obstruent an der Morphemgrenze stimmlos wird (z.B. *Bad*: /bad/ → [bat]). Formal kann dies in folgender Regel ausgedrückt werden:

$$\begin{bmatrix} -\text{vokalisch} \\ +\text{konsonantisch} \end{bmatrix} \rightarrow [-\text{stimmhaft}] \;/\; \_\_ +$$

(„Obstruenten werden stimmlos vor einer Morphemgrenze.“)

Die **Derivation** für dt. *Bad* aus der zugrunde liegenden Form /+bad+/ zur Oberflächenrealisierung [bat] sieht dann wie folgt aus:

/+bad+/
↓ Regel Auslautverhärtung
[bat]

Gegenüber der strukturalistischen Analyse als Archiphonem (vgl. Kapitel 4.1) hat diese Analyse zum einen den Vorteil, dass auf der Ebene der Repräsentationen die Einheit der Wortfamilie hergestellt wird (z.B. *Bad* /bad/, *baden* /badən/). Zum anderen kann der Produktivität des Prozesses Rechnung getragen werden, der bei deutschen L1-Sprechern auch in Fremdsprachen aktiv ist und zu Aussprachefehlern führt (z.B. fr. *rouge* *[ʁuʃ] statt [ʁuʒ]).

Diese Analyse kann allerdings die Realität nicht vollständig abbilden: In der Tat findet die Auslautverhärtung nämlich nicht an der Morphem-, sondern an der Silbengrenze statt (vgl. *les+bar* [les.b̥aː][11] mit [s] vs. *les+en* [le.zn̩] mit [z]). Auf das Konzept der Silbe wird im Rahmen des SPE jedoch völlig verzichtet – wie auf eine suprasegmentale Hierarchisierung generell (vgl. Kapitel 6 und 7). Es handelt sich also um ein **uni-lineares Modell**. Dieser Punkt hat große Kritik hervorgerufen. Dagegen ist es das Verdienst dieser Theorie, dass Phänomene in das Blickfeld der Phonologie gerückt sind, die im Rahmen des Strukturalismus ignoriert wurden, im Französischen insbesondere die Auslautkonsonanten, das Schwa und die Liaison. Insbesondere die Analyse der Liaison wurde durch die Berücksichtigung von **Morphologie** und **Syntax** geradezu revolutioniert. Aber hier stößt das Modell auch an seine Grenzen, da es nicht nur die Prosodie, sondern auch den Sprachgebrauch, insbesondere die Frequenz von Wörtern und Konstruktionen, unberücksichtigt lässt (vgl. Kapitel 4.5 und 9).

[11] Durch den Prozess der progressiven Assimilation der Stimmbeteiligung wird das /b/ anschließend durch das vorangehende /s/ entstimmt (vgl. Kapitel 8.1).

4.3 Autosegmentale Phonologie

Die autosegmentale Phonologie geht im Wesentlichen auf die Dissertation von **John Goldsmith** aus dem Jahr **1976** (publiziert 1979) zurück, in der er das Verhalten von Tönen, v.a. in afrikanischen Sprachen, untersucht. In **Tonsprachen** ist die Höhe und/oder der Verlauf der Grundfrequenz auf Wortebene bedeutungsunterscheidend, z.B. bedeutet im Chinesischen *ma* mit hohem Ton 'Mutter', mit steigendem Ton 'Hanf', mit fallend-steigendem Ton 'Pferd' und mit fallendem Ton 'schimpfen'; ohne Ton stellt es eine Fragepartikel dar. Die Intonation dagegen bezieht sich auf größere Einheiten als das Wort und drückt beispielsweise den Satzmodus (z.B. Frage- vs. Aussagesatz) oder Emotionen aus (vgl. Kapitel 7.3).

Zahlreiche Phänomene zeigen, dass sich **Töne autonom** von den anderen segmentalen Merkmalen verhalten, weswegen man sie als **Autosegmente** modellieren sollte. Am leichtesten nachzuvollziehen ist folgendes Beispiel: Bei einem Sprachspiel in der Bantusprache Bakwiri (Kamerun) werden – ähnlich wie im französischen *verlan* (vgl. Kapitel 6.5) – die Silben zweisilbiger Wörter vertauscht, nicht aber die Töne, z.B. [k^{w}é.lì] → [lí.k^{w}è] 'fallend'. Dieses Verhalten kann durch zwei getrennte Schichten, eine Tonschicht und eine Segmentschicht, die durch Assoziationslinien verbunden sind, dargestellt werden. Dabei steht H (engl. *high*) für einen Hochton (im IPA mit [´] transkribiert) und L (engl. *low*) für einen Tiefton ([`]); diese können sich wiederum zu komplexeren Tönen verbinden (LH/[ˇ]: steigender Ton, HL/[ˆ]: fallender Ton etc.).

(Hall 2000: 156f.)

Ein weiteres Argument für die Existenz einer unabhängigen Tonschicht ist die Stabilität von Tönen. Wenn ein Vokal elidiert wird, verschwindet sein Ton nämlich nicht automatisch mit. Dies kann durch folgendes Beispiel aus der Bantusprache Lomongo (Kongo) illustriert werden: /bálòngó bǎkáé/ → [bálòngáˇ káé] 'sein Buch'. Das [o] des ersten und das [b] des zweiten Wortes werden elidiert, der Hochton auf dem [o] verschwindet jedoch nicht, sondern verbindet sich mit dem fallend-steigenden Ton des darauffolgenden [a] zu einer komplexen steigend-fallend-steigenden Kontur:

(Goldsmith 1979: 33)

Damit setzt die autosegmentale Phonologie sowohl der Linearität als auch der Segmentalität der **Repräsentationen** ein Ende. Zum einen sind die Merkmale nicht mehr nur auf einer Linie angeordnet, sondern es gibt neben der Segmentschicht eine zusätzliche Tonschicht (**multi-lineares Modell**). Zum anderen kann das Verbreitungsgebiet eines Merkmals größer oder kleiner sein als ein Segment – wenn nämlich ein Ton mit mehreren tontragenden Einheiten (z.B. Vokalen oder Silben) assoziiert wird oder aber mehrere Töne mit einer tontragenden Einheit.

Was phonologisch erst einmal kompliziert wirkt (da es sich vom uns so vertrauten uni-linearen Modell der Alphabetschrift entfernt), ist aus Sicht der artikulatorischen Phonetik (vgl. Kapitel 3.1) selbstverständlich: Zahlreiche Muskeln bewegen sich unabhängig voneinander, und die Bündelung artikulatorischer Gesten ist eine Abstraktionsleistung, die in einer konkreten Sprache möglich sein kann, aber nicht vollkommen naturgegeben ist. In diesem Punkt unterscheiden sich auch die Sprachen voneinander: Während in einer Sprache beispielsweise die Frequenz der Stimmlippenschwingung (die sich in der Tonhöhe manifestiert) mit weiteren Gesten gekoppelt sein kann, ist sie in anderen autonom. Um die Kompetenz des Sprechers zu modellieren, verfährt der Phonologe also ähnlich wie das Kind beim Spracherwerb: Er abstrahiert, soweit es geht, indem er artikulatorische Gesten zu möglichst wenigen autonomen Schichten zusammenfasst und Prinzipien aufstellt, nach denen die Assoziationen zwischen den Elementen der unterschiedlichen Schichten funktionieren.

Durch die Vielzahl der Schichten und durch die Assoziationen zwischen ihnen haben die Repräsentationen in der autosegmentalen Phonologie deutlich an Komplexität gewonnen. Dafür liefern sie aber nicht mehr nur eine reine Beschreibung der Aussprache, sondern erklären diese auch, u.a. indem sie einen Bezug zur Realität der Artikulation herstellen. Gleichzeitig haben sich die **Prozesse** stark vereinfacht. Die Beziehung zwischen zugrunde liegenden Repräsentationen und Oberflächenrealisierungen ist nicht mehr durch eine Fülle von Regeln und Derivationen bestimmt, sondern durch einige wenige **Wohlgeformtheitsbeschränkungen** (engl. *well formedness constraints*) bezüglich der Oberflächenrealisierungen, z.B. „Alle Vokale sind mindestens mit einem Ton assoziiert und alle Töne mindestens mit einem Vokal.“. Die durch Wortspiele, Aneinanderreihung von Wörtern etc. entstehenden Formen unterliegen diesen Constraints und werden daher quasi automatisch angepasst.

Was das Französische betrifft, ist die autosegmentale Phonologie insbesondere für die Modellierung der Intonation (vgl. Kapitel 7.3) sowie der Liaison (vgl. Kapitel 9.8) und des Schwa (vgl. Kapitel 10.6) von Bedeutung.

4.4 Optimalitätstheorie

Die Optimalitätstheorie (OT) wurde **1993** von **Alan Prince** und **Paul Smolensky** im Manuskript „Optimality Theory – Constraint Interaction in Generative Grammar" begründet und über das Internet verbreitet (Version von 2002 auf der Website http://roa.rutgers.edu/). Erst 2004 wurde es in Buchform publiziert. Ursprünglich für die Phonologie entwickelt, wurde die Theorie anschließend auch in anderen Bereichen der Linguistik angewandt, insbesondere in der Syntax und Morphologie.

Im Gegensatz zur generativen Phonologie (vgl. Kapitel 4.2) werden die Realisierungen in der OT nicht aus zugrunde liegenden Repräsentationen durch sprachspezifische Regeln abgeleitet, sondern ergeben sich aus den universellen **Wohlgeformtheitsbeschränkungen** und deren Stellenwert in der jeweiligen Sprache.

Man kann sich die OT als eine Art Schönheitswettbewerb vorstellen. Angenommen, die Attraktivität gallischer Männer würde nach folgenden Kriterien bemessen: 1) Schlankheit, 2) Zöpfe, 3) Kampfeslust und Stärke (wobei diese am größten sind, wenn der Betreffende als Kind in den Zaubertrank gefallen ist) und 4) Macht. Im gallischen Dorf ist kein Mann im Hinblick auf diese vier Ideale perfekt (das ist schon deshalb unmöglich, weil der Zaubertrank dick macht). Dennoch ist sich die Mehrheit der Frauen einig, dass Asterix der Attraktivste im Dorf ist. Dies erklärt sich dadurch, dass die vier Kriterien nicht gleichwertig sind: Am wichtigsten ist den Frauen die Schlankheit, weswegen Obelix, der zwar Zöpfe trägt und als Kind in den Zaubertrank gefallen ist, völlig chancenlos ist. Das gleiche gilt für Majestix, den Häuptling, obwohl dieser als einziger Macht hat. Gegenüber anderen schlanken Männern im Dorf (Miraculix, Methusalix etc.) behauptet sich Asterix über die Kampfeslust und Stärke. In dieser Hinsicht übertrumpft ihn nur Obelix, der aber aufgrund des Schlankheitskriteriums bereits ausgeschieden ist. Die Attraktivitätskriterien haben allerdings nicht für alle Frauen den gleichen Stellenwert. So hat bei Gutemine beispielsweise das Kriterium Macht die höchste Priorität, weswegen für sie Majestix der Attraktivste im Dorf ist.

Die Constraints stehen also grundsätzlich in **Konflikt** zueinander: Wer als Kind in den Zaubertrank gefallen ist, kann zum Beispiel nicht gleichzeitig schlank sein, da der Zaubertrank dick macht. Es können also niemals alle Constraints gleichzeitig erfüllt werden. Die Constraints sind dementsprechend prinzipiell **verletzbar**. Welches Constraint erfüllt wird und welches nicht, gibt Auskunft über ihren Stellenwert in der jeweiligen Gemeinschaft. Dieses Ranking der Constraints wird im Laufe der Sozialisation verinnerlicht. An einem Ort kann es beispielsweise wichtiger sein, schlank zu sein, an einem anderen dagegen, Macht zu haben. Dies wird im Formalismus der OT wie folgt notiert:

Kleines gallisches Dorf: Schlankheit » Kampfeslust & Stärke » Zöpfe » Macht

Lutetia: Macht » Schlankheit » Kampfeslust & Stärke, Zöpfe

Dabei werden höher angeordnete Constraints von niedrigeren durch ein '»' getrennt und gleich wichtige durch ein Komma.

In der Optimalitätstheorie wird dieser 'Schönheitswettbewerb' folgendermaßen formalisiert: Als neo-generative Theorie geht die OT genauso wie das SPE von einer allen Menschen angeborenen **Universalgrammatik (UG)** aus. Diese beinhaltet neben einer **Menge Constraints CON** eine **Generator-Funktion GEN**, die für jeden **Input** aus dem sprachspezifischen Lexikon unendlich viele Aussprachemöglichkeiten (**Kandidaten**) generiert. Darüber hinaus existiert eine **Evaluator-Funktion EVAL**, die für einen gegebenen Input gemäß dem sprachspezifischen Constraint-**Ranking** die optimale Form auswählt, die dann an der phonetischen Oberfläche erscheint (**Output**).

Übertragen auf den Schönheitswettbewerb im gallischen Dorf bedeutet dies: Den Gallierinnen sind bestimmte Attraktivitätsvorstellungen angeboren (CON). Um festzustellen, welcher Mann der attraktivste ist, muss Idefix (GEN) sämtliche Kandidaten auf dem Dorfplatz versammeln. Kleopatra als externe Gutachterin (EVAL) ordnet die Kandidaten nun in Bezug auf den Stellenwert der Schönheitsideale im Dorf (der z.B. durch eine demokratische Abstimmung unter den Frauen ermittelt wurde) und ruft Asterix zum Sieger aus (Output).

Die Ermittlung des Outputs wird in der Optimalitätstheorie üblicherweise in einem **Tableau** dargestellt, wie es in Abb. 53 vereinfacht für den gallischen Schönheitswettbewerb abgedruckt ist. Das Symbol '*' bedeutet hierbei, dass ein Kandidat ein Constraint verletzt und '!', dass er deshalb disqualifiziert ist. (Der Formalismus der OT wird weiter unten noch einmal ausführlich erklärt.)

	Schlankheit	Kampfeslust & Stärke	Zöpfe	Macht
☞ a. Asterix			*	*
b. Obelix	* !			* !
c. Majestix	* !	*		
d. Miraculix		* !	*	*
e. Methusalix		* !	*	*

Abb. 53: Vereinfachtes OT-Tableau für den gallischen Schönheitswettbewerb

Wie sieht nun ein solcher 'Schönheitswettbewerb' in Bezug auf die Aussprache aus? Bei der Aussprache von *je pense* beispielsweise möchte der Sprecher möglichst wenige Laute artikulieren und von einem Laut zum anderen seine Muskeln möglichst wenig bewegen; der Hörer soll aber trotzdem das, was er sagen möchte, verstehen (CON). Für einen Input /ʒəpɑ̃s/ kann man sich nun verschiedenste Aussprachemöglichkeiten ausdenken (GEN), von der Eins-zu-eins-Übertragung [ʒəpɑ̃s] über [ʒpɑ̃s] und [ʃpɑ̃s] bis hin zu völlig abwegigen Kandidaten wie [ʃɑ̃] oder [papa]. Jetzt gilt es abzuwägen, welcher am besten den oben genannten

Constraints entspricht (EVAL): [ʃɑ̃] und [papa] werden abgelehnt, da sie völlig unverständlich sind und man *je pense* nicht mehr dahinter erkennen kann, aber auch [ʒəpɑ̃s] und [ʒpɑ̃s] erhalten keine gute Bewertung, da sie der 'Faulheit' des Sprechers entgegenstehen: Dieser möchte möglichst wenig Laute realisieren (also lieber ein [ə] weniger) und inmitten einer Obstruentenfolge nicht die Stimmbeteiligung wechseln (also eher das komplett stimmlose [ʃp] aussprechen als ein stimmhaftes [ʒ] und danach ein stimmloses [p]; vgl. auch Kapitel 8.1). Der Sprecher realisiert also [ʃpɑ̃s] (= Output) (vgl. auch Abb. 55 auf S. 89).

Die Constraints spiegeln also **zwei entgegengesetzte Tendenzen der Sprache** wider: **Markiertheits-Constraints** beziehen sich auf die artikulatorische Einfachheit, **Treue-Constraints** auf die effiziente Vermittlung von Bedeutung. Sie geben also den ganz grundsätzlichen Konflikt wieder, der zwischen Phonetik und Semantik bzw. zwischen Sprecher und Hörer besteht: Wenn der Sprecher einen immer geringeren artikulatorischen Aufwand betreibt (also Laute zunehmend 'nuschelt' und 'verschluckt'), wird es für den Hörer immer schwieriger, die Bedeutung zu verstehen. Umgekehrt ist verständliches Sprechen anstrengend. Im Gegensatz zur SPE-Phonologie mit ihren nicht unabhängig motivierten Regeln knüpft die OT also an allgemeine Prinzipien an, die in der Phonologie schon lange bekannt sind (z.B. das 'Prinzip des geringsten Aufwands'), und ist damit nicht nur beschreibend, sondern auch erklärend. Es wird nicht jedes Phänomen jeder Sprache einzeln dargestellt, sondern Sprachspezifisches wird mit Universalien in Verbindung gesetzt, und die unterschiedlichen phonologischen Phänomene einer Sprache werden miteinander verknüpft. Außerdem findet keine schrittweise Ableitung nach in einer bestimmten Reihenfolge angeordneten Regeln statt. Die Constraints wirken vielmehr alle gleichzeitig. Neben den Segmenten beinhalten die Repräsentationen auch suprasegmentale Informationen (z.B. Silbengrenzen) und multilineare Elemente (z.B. 'schwebende' Liaison-Konsonanten; vgl. Kapitel 9.8).

Der Begriff der **Markiertheit** stammt bereits aus der Zeit des Strukturalismus. Er wurde in Bezug auf Aussprachephänomene entwickelt und anschließend auf andere Bereiche der Sprache übertragen. Generell gelten natürlichere und einfachere sprachliche Strukturen als unmarkiert im Vergleich zu weniger natürlichen und weniger einfachen Strukturen, die wiederum als markiert bezeichnet werden. Markierte Strukturen haben folgende Eigenschaften:

- Sie kommen in weniger Sprachen vor.
- Sie implizieren die Existenz ihrer unmarkierten Gegenstücke.
- Sie werden beim kindlichen Spracherwerb später erworben und beim aphasischen[12] Sprachverlust früher verloren.
- Sie sind historisch instabiler.

---

[12] Unter *Aphasie* versteht man eine nach abgeschlossenem Spracherwerb auftretende Sprachstörung aufgrund einer Schädigung des Gehirns (z.B. durch einen Unfall oder einen Tumor).

So sind beispielsweise nasalierte Vokale markierter als orale: Sie haben im Französischen Phonemstatus, nicht aber im Deutschen, Englischen oder Spanischen. Jeder französische nasalierte Vokal besitzt ein orales Pendant (/ɛ̃/ vs. /ɛ/, /ɔ̃/ vs. /ɔ/, /ɑ̃/ vs. /a/; vgl. Kapitel 3.1). Kinder lernen die nasalierten Vokale erst spät und ersetzen sie zunächst durch die entsprechenden Oralvokale (z.B. *manteau* [ato] statt [mɑ̃to]). Ihre historische Instabilität zeigt sich etwa in der Tatsache, dass sie erst im Altfranzösischen aus Folgen von Oralvokalen und Nasalkonsonanten entstanden sind (z.B. lat. NOMEN > afr. [nɔm] > [nɔ̃m] > nfr. [nɔ̃]; vgl. Kapitel 8.1) und heute wieder abgebaut werden (z.B. Entphonologisierung von /ɛ̃/:/œ̃/; vgl. Kapitel 4.1). Diese Markiertheitsrelationen betreffen aber nicht nur Einzellaute, sondern auch die Silbenstruktur: Geschlossene Silben etwa sind markierter als offene[13] (vgl. Kapitel 6.1). Dementsprechend besagen die **Markiertheits-Constraints**, dass an der phonetischen Oberfläche (Output) möglichst unmarkierte Strukturen vorkommen sollen. Zum Beispiel besagt STIMMSTIMM, dass keine Folgen von Obstruenten unterschiedlicher Stimmbeteiligung auftreten sollen.

Der 'artikulatorischen Faulheit' dient auch das **Ökonomieprinzip *STRUKTUR**, das sich gegen komplexe Strukturen wendet und vereinfacht gesprochen 'weniger ist besser' besagt. Entsprechende Reduktionsprozesse können aber wiederum zu markierteren Silbenstrukturen führen, z.B. bei *je pense* [ʒə.pɑ̃s] CV.CVC vs. [ʃpɑ̃s] CCVC mit einem Silbenanlaut aus zwei Konsonanten (vgl. Kapitel 6.1).

Im Widerspruch zu den Markiertheits-Constraints stehen auch die **Treue-Constraints**. Sie spiegeln die Tendenz zum Erhalt des lexikalischen Kontrasts und zur Einheit der Wortfamilien innerhalb einer Sprache wider: Verschiedene Wörter sollen auch verschieden realisiert werden, damit sie auseinander gehalten werden können, z.B. wird das Schwa in *belon* [bəlɔ̃] 'flache Auster (typischerweise aus dem bretonischen Fluss Belon)' nicht elidiert und damit die Homophonie mit *blond* [blɔ̃] vermieden. Zudem soll der Wortstamm möglichst nicht verändert werden, damit der Zusammenhang zu den anderen Wörtern der Wortfamilie klar bleibt, was bei der Aussprache von *blond* [blɔ̃] und *blondir* [blɔ̃diʁ] durch das /d/ nur eingeschränkt der Fall ist. Die phonetischen Oberflächenrepräsentationen (Output) sollen also möglichst identisch mit den zugrunde liegenden Repräsentationen (Input) sein bzw. die verschiedenen Outputs sollen sich soweit wie möglich ähneln.

Im Gegensatz zu den Markiertheits-Constraints, die sich nur auf den Output beziehen, betreffen die Treue-Constraints also auch das Verhältnis von Input und Output. Sie besagen etwa, dass der Output im Vergleich zum Input keine zusätzlichen Segmente enthalten soll, also keine Epenthesen ('Einfügungen') stattfinden sollen (man nennt diesen Constraint DEP-IO: 'dependency between input and output'). Ein anderes Beispiel wäre, dass alle Segmente des Inputs erhalten werden sollen, also keine Elisionen ('Auslassungen') stattfinden sollen (MAX: 'maximal representation of input segments in the output'). Dementsprechend wären

[13] Offene Silben enden auf Vokal, geschlossene auf Konsonant (vgl. Kapitel 6.1).

beispielsweise [ʒəps] und [ʒəpɑ̃] schlechte Kandidaten für *je pense*. Dabei kann es sein, dass die Elision bestimmter Segmente weniger gravierend ist als die anderer. Zum Beispiel ist die Elision eines Schwa vertretbarer als die anderer Vokale, weswegen [ʒəps] ein schlechterer Kandidat ist als [ʒpɑ̃s]. Dementsprechend kann man den Constraint MAX in MAX (V) für die Vollvokale und MAX(ə) für das Schwa unterteilen. Dabei gilt: MAX (V) » MAX(ə). Daneben gibt es auch Constraints, die die identische Ausprägung eines bestimmten Merkmals in Input und Output fordern: IDENT-IO 'correspondent segments in input and output have identical values for…'. Dementsprechend verletzt die Entstimmung des /ʒ/ in [ʃpɑ̃s] den Constraint IDENT-IO(STIMM).

Gäbe es nur Markiertheits-Constraints, hätten die Sprachen der Welt gerade einmal drei Wörter, nämlich Wörter aus zwei identischen Silben aus je einem stimmlosen Plosiv [p], [t] oder [k] und einem offenen Vokal [a] – das sind nämlich die unmarkiertesten Wort- und Silbenstrukturen sowie Sprachlaute. Interessanterweise handelt es sich dabei um Wörter wie fr. *papa* oder *caca*, die zu den ersten Wörtern im kindlichen Spracherwerb gehören.[14] Gäbe es dagegen nur Treue-Constraints, wäre dies artikulatorisch sehr 'unbequem': Man müsste stets den Input identisch wiedergeben und dürfte Laute weder weglassen noch aneinander angleichen.

Während die Constraints selbst angeboren und dementsprechend in allen Sprachen der Welt dieselben sind, ist ihr Ranking von Sprache zu Sprache, von Varietät zu Varietät bzw. von Idiolekt zu Idiolekt verschieden und wird beim Spracherwerb verinnerlicht. In einem System kann es beispielsweise wichtiger sein, möglichst wenige Silben auszusprechen, in einem anderen, keine Vokale zu elidieren.

Die Constraints werden im OT-Tableau in der ersten Zeile rechts vom Input nach abnehmender Wichtigkeit aufgelistet (vgl. Abb. 54). Zwei Constraints, die gleich wichtig sind, werden durch eine gestrichelte Linie getrennt. Unter dem Input stehen die Output-Kandidaten. Verletzungen von Constraints werden mit Sternchen ('*') markiert (eines pro Verletzung) und, wenn diese das Ausscheiden eines Kandidaten bedingen, zusätzlich durch ein Ausrufezeichen ('!'). Der realisierte Kandidat ist der, der als letzter übrig bleibt. Er ist also meist nicht perfekt in Bezug auf alle Constraints, sondern lediglich am wenigsten schlecht, d.h. optimal, weswegen die Theorie auch **Optimalitätstheorie** heißt. Dieser Output wird durch eine Hand mit ausgestrecktem Zeigefinger ('☞') markiert. Die Zellen, die aufgrund einer Entscheidung irrelevant werden, sind grau gefärbt.

[14] Das Wort dt. *Mama* bzw. fr. *maman* – mit nasalem Verschlusslaut – dagegen geht vermutlich auf ein Schmatzgeräusch zurück. Es signalisiert häufig zunächst Bedürfnisse (insbesondere Hunger und Durst), bevor es auf die Mutter übertragen wird (die übergangsweise ebenfalls als *papa* bezeichnet werden kann; vgl. Jakobson 1959).

/Input/	Constraint 1	Constraint 2	Constraint 3	Constraint 4
☞ a. Kandidat A				*
b. Kandidat B			* !	
c. Kandidat C	* !			
d. Kandidat D		* !		

Abb. 54: Schematisches optimalitätstheoretisches Tableau

Für das oben beschriebene Beispiel *je pense* ergibt sich das Tableau in Abb. 55 (weitere Anwendungen der OT finden sich in Kapitel 9.8 und 10.6).

/ʒəpɑ̃s/	MAX(V,C)	DEP-IO	STIMM STIMM	*STRUKTUR	MAX(ə)	IDENT-IO (STIMM)
a. [ʒəpɑ̃s]				* !		
b. [ʒpɑ̃s]			* !		*	
☞ c. [ʃpɑ̃s]					*	*
d. [ʃɑ̃]	****!					*
e. [papa]	*****!	****!				

Abb. 55: Optimalitätstheoretisches Tableau für *je pense* in der Nähesprache

Eine Bevorzugung von [ʒəpɑ̃s] gegenüber [ʃpɑ̃s] in einer Situation kommunikativer Distanz lässt sich ganz einfach durch eine Vertauschung der Constraints *STRUKTUR und MAX(ə) im Ranking modellieren: Während in der Nähesprache eher der 'artikulatorischen Faulheit' die Priorität gegeben wird, ist es in der Distanzsprache die Verständlichkeit.

Die Optimalitätstheorie hat in der synchronen Prozessphonologie das generative Modell des SPE so gut wie abgelöst. Sie besitzt den Vorteil, die Phänomene innerhalb eines Systems, aber auch die Gemeinsamkeiten und Unterschiede zwischen verschiedenen Systemen auf allgemeine Prinzipien zurückführen und damit erklären zu können. Problematisch an ihr ist allerdings, dass die Anzahl der Constraints theoretisch unbegrenzt ist und viele Phonologen dazu neigen, bei jedem neuen Problem einfach ein weiteres Constraint zu erfinden. Die Constraints können zudem zu sehr viel mehr Rankings kombiniert werden als in den Sprachen der Welt tatsächlich attestiert sind. Die Optimalitätstheorie ist also weniger eine sprachwissenschaftliche Theorie als vielmehr eine Metatheorie, mit deren Hilfe man sprachwissenschaftliche Theorien formulieren kann.

Außerdem bleiben viele Fragen im Bereich der Repräsentationen offen: Woher weiß man beispielsweise, dass der Input von *je pense* /ʒəpɑ̃s/ und nicht /ʃpɑ̃s/ ist? Wie berücksichtigt man, dass bei bestimmten Wörtern auch in der Distanzsprache ausschließlich die Form ohne Schwa auftaucht, z.B. *qu'est-c(e) que* [kɛskə]? Und wie erklärt man entsprechende diachrone Prozesse, die sich in der synchronen Variation niederschlagen? Diesen Fragen widmet sich die exemplaristische Phonologie, die im folgenden Abschnitt vorgestellt wird.

4.5 Exemplarismus

Auch wenn die Ideen der exemplaristischen Phonologie bereits auf Hermann Paul 1880 zurückgehen, ist die Theorie erst in den 1980er Jahren in der Phonetik ausgearbeitet worden. Zwei Jahrzehnte später ist sie schließlich mit den Ansätzen von **Joan Bybee 2001** und **Janet Pierrehumbert 2001** in die Phonologie eingezogen. Sie situiert sich im Rahmen der **kognitiven Linguistik**, die als Gegenmodell zur generativen Linguistik angesehen wird, und räumt der kognitiven Plausibilität einen größeren Stellenwert ein als der Ökonomie der Beschreibung. Der ideale Sprecher-Hörer wird durch die **realen Sprecher** großer Korpora abgelöst, und das Interesse verlagert sich von der abstrakten *langue* oder Kompetenz auf den **Sprachgebrauch**, der nicht nur ein Produkt der Grammatik ist, sondern aus dem selbst Grammatik entsteht.

Im Gegensatz zu den vorhergehenden Theorien stellt das Lexikon in der exemplaristischen Phonologie keine 'Restkategorie' für all das dar, was nicht in Regeln oder Constraints gefasst werden kann. Die phonologischen Repräsentationen bilden keine unstrukturierte Liste, sondern sind Teil eines komplexen **Netzwerks**, in dem sie mit phonetischen, morphologischen und syntaktischen sowie mit pragmatischen und soziolinguistischen Faktoren verknüpft sind. So ist es zum Beispiel von Belang, dass ein Wort wie *je* besonders häufig zusammen mit bestimmten Verbformen auftritt (z.B. *pense*, *crois*, *trouve*), mit denen es zum Teil feste **Konstruktionen** bildet, die als Gesamtheit im Gehirn abgespeichert sind (z.B. /ʃpɑ̃s/) und nicht mehr in jedem Fall einzeln aus ihren Bestandteilen zusammengesetzt werden.

Dieses kognitive Netzwerk ist ständig in Bewegung, denn jede Realisierung eines Wortes hat Auswirkungen auf dessen Repräsentation. Jedes wahrgenommene *token* wird möglichst einem Exemplar in den Repräsentationen zugeordnet. Diese Exemplare sind in einem **Cluster** um einen oder mehrere (vom sprachlichen und außersprachlichen Kontext abhängige) Prototypen herum organisiert, die sich mit dem Sprachgebrauch ständig wandeln können. Exemplare, deren Entsprechungen im Sprachgebrauch häufig vorkommen, gewinnen an lexikalischer Stärke, werden also zentral (d.h. sie sind schneller abrufbar und diachron stabiler), die Exemplare seltenerer *tokens* dagegen werden marginal.

So spricht man beispielsweise in Südfrankreich *je pense* [ʒəpɑ̃s] (bzw. traditioneller [ʒəpansə]) aus, da hier insgesamt mehr Schwas ausgesprochen werden als in der Norm (vgl. Kapitel 11.2). Im Kontakt mit nordfranzösischen Varietäten imitieren Südfranzosen aber auch die Realisierung [ʃpɑ̃s] – je intensiver der Kontakt, desto mehr. In der exemplaristischen Phonologie gibt es für solche frequenten Konstruktionen eigene Repräsentationen. Die Repräsentation von *je pense* erhält durch den Kontakt neben /ʒəpɑ̃s/ einen weiteren Prototyp, nämlich /ʃpɑ̃s/. Dadurch entsteht die Suppletionsform /ʒəpɑ̃s/~/ʃpɑ̃s/ (vgl. Abb. 56).

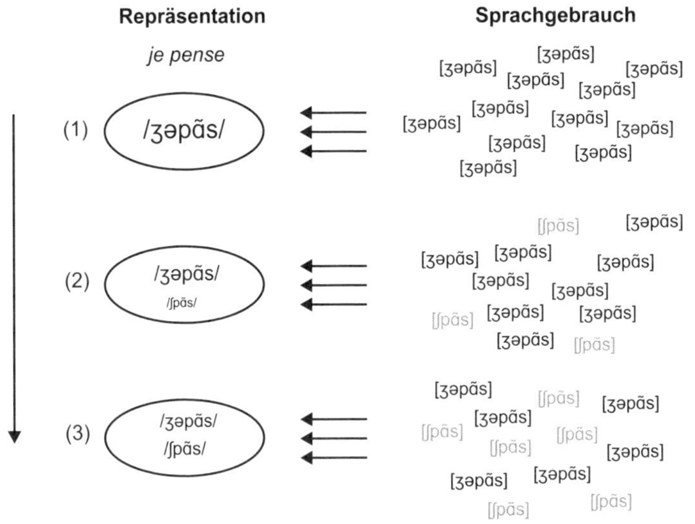

Abb. 56: Auswirkungen des Sprachgebrauchs auf die Repräsentation von *je pense*

Wenn nicht nur in einem Einzelfall, sondern in mehreren ähnlichen Fällen Suppletionen vorliegen, kann daraus wieder eine Generalisierung abgeleitet werden, z.B. die Instabilität des Vokals in *je*. Man spricht in einem solchen Fall von der **Emergenz eines Schemas** (vgl. Abb. 57). Im Gegensatz zu den Regeln des SPE oder den Constraints der OT sind solche Schemata nicht Teil einer angeborenen Universalgrammatik, sondern entstehen aus dem Sprachgebrauch selbst, der wiederum völlig anderen Regularitäten (z.B. pragmatischen) folgt.

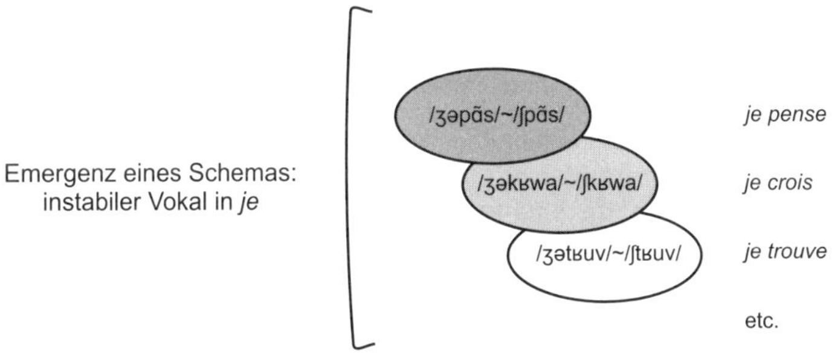

Abb. 57: Emergenz des Schemas eines instabilen Vokals in *je*

Die exemplaristische Phonologie folgt also dem Trend der Sprachwissenschaft, die strikte Saussuresche Trennung zwischen Synchronie und Diachronie sowie zwischen *langue* und *parole* aufzugeben, und betrachtet die **Variation** zu einem

Zeitpunkt als einen Reflex des ständig ablaufenden **Wandels**. In der Tat ist es so, dass in manchen Fällen Komplexität ökonomischer beschrieben und plausibler erklärt werden kann, wenn man eine diachrone Perspektive einnimmt. Dies lässt sich an einem Beispiel aus der Biologie gut nachvollziehen: den Termitenhügeln. Es ist sehr schwierig, die Komplexität dieser beeindruckenden Bauten mit ihren Säulen, Bögen, Kammern und Gängen zu beschreiben, die – wie eine 'natürliche Klimaanlage' Temperatur und Luftfeuchtigkeit konstant halten. Viel einfacher ist es dagegen, ihr Zustandekommen nachzuvollziehen: Jede einzelne blinde Arbeiterin formt Kugeln aus Erde, die sie mit Duftstoffen tränkt. Diese Kugeln werden zunächst willkürlich ausgebreitet. Anschließend werden an den Stellen, an denen bereits Kugeln liegen, an denen es also besonders stark riecht, weitere Kugeln zu Säulen aufgetürmt, die sich anschließend zu Bögen verbinden. Dadurch ergibt sich Stück für Stück die komplexe Struktur des Hügels. Auch die Sprache ist synchron betrachtet oft sehr komplex und voller Ausnahmen. Die Prozesse, die diesen Zustand herbeigeführt haben, sind möglicherweise aber viel einfacher zu beschreiben und zu erklären.

Dies ist etwa bei der **lexikalischen Diffusion** der Fall: Lautwandel findet nämlich nicht zwangsläufig bei allen Wörtern gleichzeitig statt, sondern kann sich auch in Form einer S-Kurve durch das Lexikon verbreiten (vgl. Abb. 58). Wandelprozesse, die durch die 'artikulatorische Faulheit' motiviert sind, werden von häufig verwendeten Wörtern angeführt. So wird das *e muet* beispielsweise in sehr frequenten Wörtern wie *qu'est-c(e) que* [kɛskə] nie ausgesprochen, in sehr seltenen Wörtern wie *f<u>e</u>naison* [fənɛzɔ̃] dagegen immer (vgl. Kapitel 10.4). Dabei spielt auch die Frequenz in bestimmten sprachlichen und außersprachlichen Kontexten eine Rolle. So wirkt sich etwa die Tendenz zur Elision postkonsonantischer finaler Liquide besonders stark auf Wörter aus, die häufig am Phrasenende stehen wie *peut-être*, das demzufolge auch in anderen Kontexten [pøtɛt] – d.h. ohne /ʁ/ – realisiert wird. Da in Situationen der kommunikativen Nähe Reduktionen besonders häufig sind (vgl. Kapitel 4.4), wird beispielsweise das Exemplar ohne /l/ für *tabernacle* im Québec-Französischen besonders gestärkt, da das Wort hier nicht nur in religiösen Kontexten, sondern auch als Schimpfwort vorkommt.

Der Vorteil der exemplaristischen Phonologie ist also, dass sie mehr und z.T. auch komplexere – da widersprüchliche – empirische Daten erfasst als die (neo-)generativen Phonologien (u.a. die Optimalitätstheorie). Dazu gehören insbesondere frequenzbedingte lexikalische Unterschiede, die Variation und Wandel widerspiegeln.[15] Ihre Repräsentationen sind sehr reichhaltig und miteinander vernetzt. Dadurch geraten allerdings universelle phonologische Tendenzen in den Hintergrund. Insofern sollte dieser Ansatz nicht als Ersatz für die Prozessphonologien, sondern als Ergänzung betrachtet werden.

15 Um dieser Realität der *parole* Rechnung zu tragen, wurden im Rahmen der Optimalitätstheorie inzwischen stochastische Modelle entwickelt (z.B. Boersma/Hayes 2001).

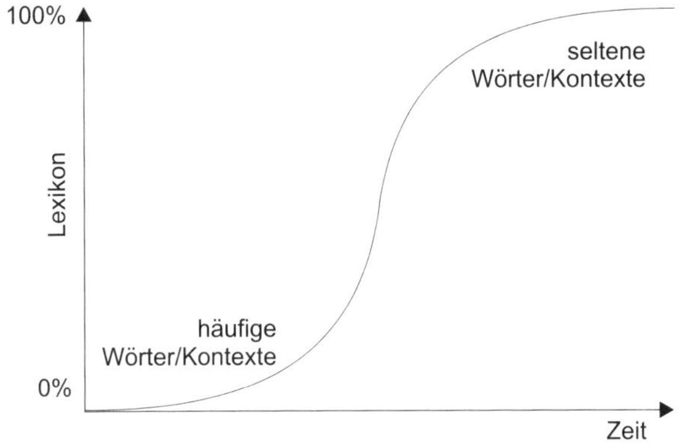

Abb. 58: S-Kurve der lexikalischen Diffusion

Zusammenfassung

Phonologische Theorien stellen oft weniger Alternativen zueinander dar, sondern unterscheiden sich zunächst einmal in den Phänomenen und Fragestellungen, die sie als untersuchenswert einstufen: Während sich der Strukturalismus dafür interessiert, zu welchen Systemen sich die Laute einer Sprache organisieren lassen, beschäftigen sich neuere Theorien mit den Zusammenhängen zwischen abstrakten Repräsentationen und konkreten Realisierungen einzelner Sprecher bzw. den Realisierungen untereinander. Generative, autosegmentale und optimalitätstheoretische Ansätze visieren dabei vornehmlich die groben Regelmäßigkeiten eines synchronen Schnitts, die exemplaristische Phonologie dagegen betrachtet auch die Details im Datenmaterial und bezieht Variation und Wandel mit ein.

Weiterführende Literatur: Eine Übersicht über die wichtigsten phonologischen Theorien liefern Hall 2000 (auf Deutsch) sowie Brandão de Carvalho/Nguyen/Wauquier 2010 (auf Französisch). Im Bereich der strukturalistischen, autosegmentalen und exemplaristischen Phonologie sind außerdem die Originaltexte sehr lesenswert, d.h. Trubetzkoy 1939, Goldsmith 1979 und Bybee 2001. Für die generative Phonologie liegen mit Dell 1973, für die Optimalitätstheorie mit Tranel 2000 allgemeine Einführungen mit einer Anwendung auf französische Phänomene vor.

Übungsaufgaben

1. **Suchen Sie Minimalpaare für die Oppositionen /ɛ/:/ɛ̃/ und /ɥ/:/w/.**

2. **Beschreiben Sie die Tatsache, dass im Französischen stimmlose Obstruenten vor stimmhaften Obstruenten ebenfalls stimmhaft werden (z.B. *arc de triomphe* /aʁkdətʁiɔ̃f/ → [aʁk̬dətʁiɔ̃f]; vgl. Kapitel 8.1) mit Hilfe einer generativen Regel.**

3. **Zeichnen Sie zwei OT-Tableaus für fr. *louer* /lue/, eines für den eher distanzsprachlichen Output [lu.e] und eines für den nähesprachlicheren Output [lwe] (vgl. Kapitel 5.3, 8.5).**

4. **Untersuchen Sie anhand ausgewählter Aufnahmen aus dem Projekt *Phonologie du Français Contemporain* (www.projet-pfc.net), inwiefern die Aussprache von [e] oder [ɛ] in offener Endsilbe (z.B. in *est*, *mais*, *poulet*) lexikalisch bedingt ist.**

5. **Transkribieren Sie folgenden Text:**

   Le goût du poisson pas né
   Ce poisson-là est certainement le plus exotique que la mer ait jamais porté. Rectangulaire, il n'a ni queue ni tête. Il est orange. Mieux, ou pire, il ne sent même pas le poisson. A midi, malgré tout, comme sept Français sur dix, vous croquerez peut-être avec appétit dans la chair à demi-fraîche du bâtonnet de surimi. Plus qu'une révolution de palais, l'invention de cette nouvelle espèce, au début des années 1990, fut d'abord un formidable coup de marketing. Et si les consommateurs avaient alors timidement mordu à l'hameçon, l'habileté des industriels a depuis permis de les ramener dans leurs filets.

   (*Sud-Ouest* vom 24.07.2006)

5. Segmente

Das folgende Kapitel gibt einen Überblick über die Laute des Französischen, sowohl aus phonetischer als auch aus phonologischer Sicht (zu den Grundbegriffen der strukturalistischen Phonematik vgl. Kapitel 4.1). Ein besonderes Augenmerk liegt dabei auf den Unterschieden zum Deutschen, da diese eine mögliche Fehlerquelle für den Französischlernenden darstellen: Zum einen muss beim Fremdsprachenerwerb die Aussprache unbekannter Laute besonders geübt werden, zum anderen muss vermieden werden, dass nur in der L1 existierende Phoneme oder Details der Realisierung auf die L2 übertragen werden.

5.1 Vokale[1]

Das deutsche Vokalsystem ist mit neun Elementen durchschnittlich groß, das französische mit 14 eher umfangreich (vgl. Abb. 59). Zum Vergleich: Die Sprachen der Welt verfügen über drei bis 46 Vokale, im Schnitt acht. Sowohl das Deutsche als auch das Französische besitzen Phoneme, die ansonsten relativ selten sind. So bereiten die vorderen gerundeten Vokale /y/ und /ø/ beispielsweise englischen oder spanischen L1-Sprechern beim Lernen beider Sprachen Probleme.

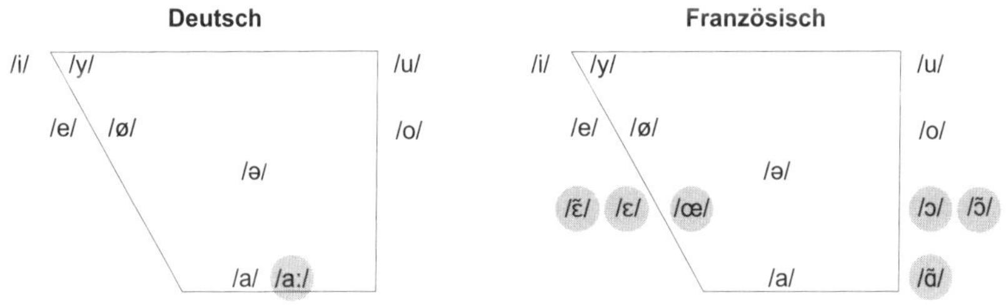

Abb. 59: Die deutschen und französischen Vokalphoneme[2]

1 Die in älteren Lehrwerken noch auftauchenden Phoneme /ɑ/ und /œ̃/ bleiben hier unberücksichtigt, da sie nach aktuellem Stand der Forschung nicht mehr der Norm angehören (vgl. Kapitel 4.1).

2 Die Vokalphoneme, die nur in einer der beiden Sprachen vorkommen, sind mit grau gefüllten Kreisen unterlegt.

Die Systeme des Deutschen und Französischen unterscheiden sich aber auch in einer Reihe von Punkten. Das Französische besitzt im Gegensatz zum Deutschen drei nasalierte Vokale, /ɛ̃/, /ɑ̃/ und /ɔ̃/. Das Deutsche verfügt im Gegenzug über die Diphthonge /a͡ʊ/, /a͡ɪ/ und /ɔ͡ʏ/, z.B. in *Haus* [ha͡ʊs], *Ei* [a͡ɪ] und *Leute* [lɔ͡ʏtə]. Das 'Lehrer-Schwa' [ɐ] – z.B. im Wort *Lehrer* [leʁɐ] – ist ein Allophon von /r/ (bzw. /ər/) und wird daher in Kapitel 5.2 zu den Konsonanten behandelt. Beide Sprachen besitzen sowohl halb-offene als auch halb-geschlossene Vokale. Während diese im Französischen in phonologischer Opposition zueinander stehen, die allerdings in bestimmten Kontexten neutralisiert ist, handelt es sich im Deutschen um Allophone, wie wir weiter unten noch genauer sehen werden.

Außerdem unterscheidet sich die Aussprache vieler Phoneme, die beide Sprachen gemein haben, im Detail. Die hohen Vokale liegen im Französischen etwas höher als im Deutschen, dafür liegen die halb-offenen Vokale [ɛ] und [ɔ] tiefer (vgl. Abb. 41 in Kapitel 3.2). Auch der Schwalaut wird nicht identisch artikuliert. Zudem werden silbenanlautende betonte Vokale im Deutschen mit einem Glottisschlag eingeleitet. Auf diese beiden Punkte gehen wir später noch genauer ein.

Das Französische besitzt im Gegensatz zum Deutschen drei **nasalierte Vokalphoneme** /ɛ̃/, /ɑ̃/ und /ɔ̃/. Diese sind für deutsche L1-Sprecher in der Regel schwer zu artikulieren. Ersatzweise wird oft ein Oralvokal, eventuell gefolgt von einem Nasalkonsonanten produziert, also z.B. [a] oder [am] anstelle von [ɑ̃] in *campagne* (wie im Südfranzösischen; vgl. Kapitel 11.2). Diese Aussprache findet sich auch in deutschen Lehnwörtern aus dem Französischen wieder, z.B. dt. *Champagner* [ʃamˈpanjɐ], *Balkon* [balˈkɔŋ] (neben [balˈkoːn]). Sprechern aus Süddeutschland müsste die Aussprache der nasalierten Vokale allerdings weniger schwer fallen. Diese sind nämlich in manchen dortigen Dialekten – wie im Altfranzösischen – Resultat eines Assimilationsprozesses (vgl. Kapitel 8.1) und tauchen als Allophone der oralen Vokale vor Nasalkonsonant auf, wobei letztere zum Teil elidiert werden, z.B. in *Bahnhof* [bɑ̃ːhof] (Aussprache in Altbayern). Orale Vokale werden zudem in der Umgebung von Nasalkonsonanten meist automatisch leicht und kurz nasaliert (Koartikulationserscheinung; vgl. Kapitel 3.1). Dies kann man testen, indem man sehr schnell Folgen von Nasalkonsonanten und Vokalen ausspricht, z.B. *mamamamama*. Wer sich nicht vorstellen kann, dass er fähig ist, nasalierte Vokale zu artikulieren, kann sich vom Gegenteil überzeugen, indem er einen beliebigen Vokal ausspricht und dabei den Kopf in den Nacken neigt: Dadurch öffnet sich zwangsläufig der Durchgang zwischen Zäpfchen und Rachen, und die Luft entweicht nicht nur durch den Mund, sondern zusätzlich durch die Nase.

Eine weitere Schwierigkeit für deutsche L1-Sprecher besteht darin, die verschiedenen nasalierten Vokale, insbesondere /ɔ̃/ und /ɑ̃/, zu unterscheiden. Dies wird zusätzlich dadurch erschwert, dass sich die französischen Varietäten in Bezug auf die Zungenlage der Vokale stark unterscheiden. Zudem rücken speziell im Pariser Französisch /ɔ̃/ und /ɑ̃/ immer näher aneinander. Das klarste Unterscheidungskriterium bleibt die Lippenrundung: /ɔ̃/ ist gerundet, /ɑ̃/ ungerundet (vgl. Abb. 29 in

Kapitel 3.1). Ihre Klangfarbe kann man sich bewusst machen, indem man – zur Kontrolle der Lippenrundung am besten vor dem Spiegel – Folgen von oralen und nasalierten Vokalen artikuliert, also insbesondere [ɔ.ɔ̃.ɔ.ɔ̃.ɔ.ɔ̃] und [ɑ.ɑ̃.ɑ.ɑ̃.ɑ.ɑ̃].

Die Oppositionen zwischen den **mittleren Vokalen**, d.h. zwischen den halb-offenen und den halb-geschlossenen Vokalen, also /e/:/ɛ/, /o/:/ɔ/ und /ø/:/œ/, sind im Französischen in zahlreichen Positionen neutralisiert. In unbetonter Silbe liegt in allen drei Fällen meist entweder eine freie Variation vor (z.B. *police* [polis]/[pɔlis]; vgl. auch dt. *Polizei* [poliˈts͡aɪ]/[pɔliˈts͡aɪ]), oder es werden mittlere Varianten produziert (d.h. [po̞lis]) – tendenziell mit halb-offener Realisierung (d.h. [pɔlis]) –, oder aber es wird der Vokalharmonie gefolgt (d.h. [polis] wegen hohem /i/ in der betonten Silbe; vgl. Kapitel 8.1). In den Transkriptionen in diesem Buch wird hier der Einfachheit halber in der Regel [ɛ], [ɔ] bzw. [œ] notiert. Nur bei den Graphien <au> und <ô> wird in offener Silbe stets [o] und bei <eu> [ø] gesprochen – und dementsprechend auch transkribiert (z.B. *beaucoup* [boku], *heureux* [øʁø]).

Bei den betonbaren Endsilben ist die Lage komplizierter und jede der drei Oppositionen verhält sich anders. Die Opposition **/e/:/ɛ/** kann im Normfranzösischen durch Minimalpaare wie *épée* /epe/ vs. *épais* /epɛ/, *et* [e] vs. *est* [ɛ] oder *aller* /ale/ vs. *allait* /alɛ/ nachgewiesen werden. Sie hat aufgrund der hohen Frequenz der Wörter *et* und *est* sowie der Verbalendungen eine hohe funktionale Auslastung. Allerdings existiert die Opposition nur in offener Silbe (vgl. Abb. 60). In geschlossener Silbe ist sie zu Gunsten von /ɛ/ neutralisiert, z.B. *père* [pɛʁ]. Ein Wort wie *[peʁ] klingt dagegen unfranzösisch (vgl. Kapitel 4.1).

	[e]		[ɛ]
offene Silbe	*épée* [epe], *et* [e], *aller* [ale] etc.	⇦	*épais* [epɛ], *est* [ɛ], *allait* [alɛ] etc.
geschlossene Silbe	---		*mer/mère* [mɛʁ] etc.

Abb. 60: Distribution von [e] und [ɛ] im Normfranzösischen

Aber auch in offener Silbe lässt sich eine wachsende Tendenz zur Neutralisierung feststellen, hier aber zu Gunsten von [e], z.B. in *poulet* [pule] statt [pulɛ]. Die einzige Ausnahme ist die Futurendung *-ai* (ursprünglich [e]), die mit der Konditionalendung *-ait* [ɛ] homophon wird. Aktuell ist in Nordfrankreich die individuelle und lexikalisch bedingte Variation in diesem Bereich sehr groß. Derselbe Sprecher kann beispielsweise *mais* mit [e] aussprechen, aber *très* mit [ɛ]. Auch die Aussprache ein und desselben Wortes kann variieren, wobei dies z.T. auf die Frequenz fester Konstruktionen zurückgeführt werden kann (z.B. *je sais pas* [ʃepa], aber *je sais* [ʒəsɛ]). Umgekehrt existiert u.a. in der diastratisch hoch markierten Varietät von Paris (vgl. Kapitel 11.1) sowie im belgischen Französisch (vgl. Kapitel 11.3) eine Tendenz zur Generalisierung von [ɛ], insbesondere in den Determinanten *les*, *des*, *mes* etc. Diese Aussprache hört man auch bei afrikanischen und antillischen Sprechern, die sich bemühen, besonders normkonform zu sprechen.

Die Opposition **/o/:/ɔ/** kann durch Minimalpaare wie *paume* /pom/ vs. *pomme* /pɔm/, *saule* /sol/ vs. *sol* /sɔl/ oder *nôtre* /notʁ/ vs. *notre* /nɔtʁ/ belegt werden. Sie ist im Normfranzösischen in drei Kontexten neutralisiert: In offener Silbe wird immer [o] ausgesprochen (z.B. in *peau* [po] – ein Wort wie *[pɔ] klingt unfranzösisch), in geschlossener Silbe [o] vor [z] und [ɔ] vor [ʁ] (vgl. Abb. 61). In geschlossener Silbe ist [ɔ] häufiger; [o] wird v.a. als Entsprechung der Graphien <ô> und <au> realisiert, z.B. in *nôtre* [notʁ] oder *paume* [pom], daneben aber auch in *zone* [zon].

	[o]		[ɔ]	
offene Silbe	*peau* [po]		---	
geschlossene Silbe	*paume* [pom] *saule* [sol] *nôtre* [notʁ̥]		*pomme* [pɔm] *sol* [sɔl] *notre* [nɔtʁ̥]	
	--- (vor [ʁ])	*pause* [poz]	*port/pore* [pɔʁ]	--- (vor [z])

Abb. 61: Distribution von [o] und [ɔ] im Normfranzösischen

Ein ähnliches Bild ergibt sich bei der Opposition **/ø/:/œ/**, die sich in den Minimalpaaren *jeûne* /ʒøn/ vs. *jeune* /ʒœn/ und *veule* /vøl/ vs. *veulent* /vœl/ manifestiert; sie ist allerdings nicht sehr ausgelastet. Die Opposition ist in offener Silbe zu Gunsten von [ø] neutralisiert, in geschlossener Silbe zu Gunsten von [ø] vor [z] und zu Gunsten von [œ] vor [ʁ] (vgl. Abb. 62).

	[ø]		[œ]	
offene Silbe	*jeu* [ʒø]		---	
geschlossene Silbe	*jeûne* [ʒøn]		*jeune* [ʒœn]	
	--- (vor [ʁ])	*coiffeuse* [kwaføz]	*coiffeur* [kwafœʁ]	--- (vor [z])

Abb. 62: Distribution von [ø] und [œ] im Normfranzösischen

Das Südfranzösische verhält sich in dieser Hinsicht viel regelmäßiger. Dort werden in offenen Silben ausschließlich die halb-geschlossenen Vokale [e], [o] und [ø] realisiert, z.B. in *mais* [me]. Die halb-offenen Vokale [ɛ], [ɔ] und [œ] dagegen tauchen nur in geschlossenen Silben sowie in Silben vor einer Silbe mit Schwa als Silbenkern auf, z.B. in *mer* [mɛʁ] oder *mère* [mɛʁ]/[mɛ.ʁə]. Es liegt also eine komplementäre Distribution vor (vgl. Abb. 63). Man spricht in diesem Fall auch von der *loi de position*, um hervorzuheben, dass es sich um eine klare Regel handelt, im Gegensatz zum Normfranzösischen, wo sich lediglich Tendenzen in diese Richtung abzeichnen.

	halb-geschlossene Vokale [e], [o], [ø]	**halb-offene Vokale [ɛ], [ɔ], [œ]**
offene Silbe	*épée/épais* [epe] etc. *peau* [po] etc. *jeu* [ʒø] etc.	---
geschlossene Silbe + offene Silbe vor Schwa-Silbe	---	*mer* [mɛʁ], *mère* [mɛʁ(ə)], *paume/pomme* [pɔm(ə)], *jeûne/jeune* [ʒœn(ə)] etc.

Abb. 63: Komplementäre Distribution der mittleren Vokale im Südfranzösischen

Die Graphiken in Abb. 60 bis 63 veranschaulichen noch einmal den Unterschied zwischen Neutralisierung und komplementärer Distribution (vgl. Kapitel 4.1): Existiert eine Opposition nur in einem Kontext nicht, ist sie neutralisiert; sind die Vorkommensumgebungen zweier Laute dagegen komplementär, handelt es sich nicht um Phoneme, sondern um Allophone eines Phonems.

Auch im Deutschen stehen halb-offene und halb-geschlossene Vokale in komplementärer Distribution: [e], [o] und [ø] tauchen nur als Langvokale auf, [ɛ], [ɔ] und [œ] dagegen nur als Kurzvokale, z.B. in *Beet* [beːt] vs. *Bett* [bɛt], *wohne* [woːnə] vs. *Wonne* [wɔnə], *Höhle* [høːlə] vs. *Hölle* [hœlə]. Dies betrifft hier allerdings auch die hohen Vokale (*Miete* [miːtə] vs. *Mitte* [mɪtə] etc.; vgl. Kapitel 2.3). [ɪ], [ʏ] und [ʊ] werden nämlich in denselben Kontexten realisiert wie [ɛ], [ɔ] und [œ]: In betonter Silbe tauchen sie bei so genanntem *scharfen Silbenschnitt* auf, der etwa durch einen graphischen Doppelkonsonanten wie dem <tt> in *Mitte* angezeigt wird; in unbetonter Silbe herrscht dagegen dieselbe Tendenz wie im Französischen: gespannter Vokal in offener Silbe (z.B. *Musik* [mu.ziːk]), ungespannter in geschlossener Silbe (z.B. *Muskel* [mʊs.kl̩]). Daher haben deutsche L1-Sprecher mit der Aussprache der mittleren Vokale im Französischen in der Regel keine Probleme. Allerdings übertragen sie die beschriebene Tendenz fälschlicherweise auch auf die hohen Vokale und realisieren beispielsweise *muscle* *[mʏskl] statt [myskl] (vgl. auch Québec-Französisch; Kapitel 11.4). Um dies zu vermeiden, hilft es, zur Übung die französischen Vokale zunächst lang (und damit automatisch gespannt) auszusprechen und sie dann zunehmend zu verkürzen, z.B. *vite* erst *[viːt] und dann [vit], aber nicht *[vɪt].[3]

Im Gegensatz zum Französischen wird im Deutschen den silbenanlautenden betonten Vokalen oft der **glottale Plosiv [ʔ]** vorgeschaltet (z.B. in dt. *Apfel* [ˈʔapfl̩]). Dieser wird im Französischen nur zu expressiven Zwecken eingesetzt (vgl. Kapitel 7.1), also viel seltener. Deutsche L1-Sprecher müssen daher darauf achten, im Französischen diesen Laut nicht automatisch vor jedem silbenanlautenden Vokal zu artikulieren. Dieses Problem stellt sich allerdings meist gar nicht erst, wenn kor-

3 Im Französischen ist die Längung von Vokalen auf der Ebene der Satzprosodie anzusiedeln (vgl. Kapitel 7.1).

rekt syllabiert wird. Aufgrund des *enchaînement consonantique*[4] kommen in der Tat kaum initiale Vokale vor, z.B. *petite amie* [pə.ti.ta.mi], und nicht *[pə.tit.ʔa.mi].

Sowohl im Deutschen als auch im Französischen ist der Phonemstatus des **Schwa** umstritten. Im Französischen fehlt es an wirklichen Minimalpaaren, denn Oppositionen wie *fris-le* /fʁilə/ vs. *frileux* /fʁilø/ oder *sans que* /sɑ̃kə/ vs. *sans queue* /sɑ̃kø/ unterscheiden sich auch prosodisch. Zudem ähnelt das *e muet* in seiner Realisierung /œ/ und /ø/ sehr, u.a. weil es im Gegensatz zum phonetischen Neutralvokal gerundet artikuliert wird. Das deutsche Schwa bewegt sich dagegen bei besonders deutlicher Aussprache in Richtung [ɛ]. Dieser Unterschied zeigt sich, wenn ein Frankophoner etwa dt. *bitte* [ˈbɪtə] mit französischem Akzent als *[biˈtø] ausspricht. Da sich das französische Schwa in seinem Verhalten jedoch stark von /œ/ und /ø/ unterscheidet (vgl. Kapitel 10), ist es sowohl theoretisch also auch fremdsprachendidaktisch sinnvoll, ein eigenes Phonem zu postulieren.

5.2 Konsonanten[5]

Bei der Anzahl der Konsonantenphoneme liegen Französisch und Deutsch mit je 18 im durchschnittlichen Bereich (die Sprachen der Welt besitzen zwischen sechs und 95 Konsonanten, im Schnitt 23). Das Französische verfügt im Prinzip über keine dem Deutschen unbekannten Konsonantenphoneme (vgl. Abb. 64). Aufgrund phonetischer Details, unterschiedlicher Distribution und phonologischer Prozesse kommt es dennoch zu einer Reihe von Schwierigkeiten.

	bilabial	labio-dental	alveo-lar	post-alveolar	palatal	velar	uvular	glottal
Plosive	p b		t d			k g		
Nasale	m		n		ɲ	ŋ		
Frikative		f v	s z	ʃ ʒ		x		h
Liquide			l				ʁ[6]	

Abb. 64: Die deutschen und französischen Konsonantenphoneme[7]

4 *Enchaînement consonantique* nennt man die Realisierung wortfinaler Konsonanten zu Beginn der ersten Silbe eines mit Vokal anlautenden Folgewortes (vgl. Kapitel 6.4).

5 Die in der Phonetik als *Approximanten* bezeichneten Laute [j], [w] und [ɥ] werden aus phonologischen Gründen in einem eigenen Kapitel (5.3) zu den Gleitlauten behandelt.

6 /ʁ/ ist zwar phonetisch ein Frikativ, phonologisch verhält es sich jedoch oft wie /l/, weshalb diese Laute zu den Liquiden zusammengefasst werden (vgl. Kapitel 3.1, 6.1 und 8).

7 Die französischen Konsonantenphoneme, die das Deutsche nicht besitzt, sind fett gedruckt, die deutschen Phoneme, die dem Französischen unbekannt sind, grau.

Das Phonem **/ɲ/** sollte deutschen Lernern keine Sorgen bereiten, da ein Großteil der Franzosen es zu Gunsten von /n/ (z.B. in *baignoire* [bɛnwaʁ] statt [bɛɲwaʁ]) bzw. einer Folge von /n/ und /j/ (z.B. in *agneau* [anjo] statt [aɲo]) aufgegeben hat. Die Realisierung des **/ʒ/** ist aus Fremdwörtern wie dt. *Garage* oder *Genie* bekannt, bereitet aber trotzdem vielen Deutschen Probleme und wird durch sein stimmloses Pendant /ʃ/ ersetzt. Beim Üben dieser Unterscheidung kann man mit der Hand am Kehlkopf die Vibration der Stimmlippen kontrollieren.

Dagegen besitzt das Deutsche zwei Konsonantenphoneme, die im französischen Phonemsystem nicht vorkommen: /h/ sowie /x/. Beide bereiten L1-Sprechern des Französischen beim Deutschsprechen beachtliche Schwierigkeiten. Im Falle von **/x/** (mit den komplementär verteilten Varianten [ç], [x] und [χ]; vgl. Kapitel 4.1) liegt dies u.a. an der Graphie <ch>, die im Französischen einem [ʃ] entspricht, weswegen typischerweise dt. *ich liebe dich* als [iʃlibədiʃ] realisiert wird. Phonetisch existieren diese beiden Laute allerdings im Französischen: Sie tauchen nach hohen Vokalen vor Pause auf (z.B. in *merci* [mɛʁsiç], *oui* [wiç]) bzw. als entstimmte Variante von /ʁ/ (z.B. in *artiste* [aχtist], *quatre* [katχ]; vgl. Kapitel 8.1). **[h]** dagegen ist im Französischen tatsächlich inexistent. Die einzige Aussprachefalle für Deutsche stellt in diesem Zusammenhang das Graphem <h> dar, von dem man wissen muss, dass es grundsätzlich nicht realisiert wird, allerdings in manchen Fällen die Aussprache des vorangehenden Wortes beeinflusst (*h aspiré*; vgl. Kapitel 9.4).

Daneben unterscheidet sich die Aussprache der deutschen und französischen Konsonanten oft im Detail. Die größten Probleme bereitet sicherlich die **Stimmbeteiligung**. Zwar stehen in beiden Sprachen stimmhafte und stimmlose Obstruenten in Opposition zueinander (/p/:/b/, /t/:/d/, /k/:/g/ etc.); jedoch kann es wegen der verschiedenen Realisierungen zu Verwechslungen kommen: Ein französisches /p/ hört sich in der Tat fast so an wie ein deutsches /b/. Die phonologische Zweiteilung [± stimmhaft] entspricht phonetisch nämlich einem Kontinuum, der ***voice onset time* (VOT)**, d.h. der Zeitspanne zwischen der Verschlusslösung des Konsonanten (im Onset; vgl. Kapitel 6.1) und dem Stimmeinsatz des nachfolgenden Vokals. Danach unterscheidet man stimmhafte Plosive (z.B. [b]), bei denen die Stimmlippen bereits vor der Verschlusslösung schwingen (Wellenlinien in Abb. 65), stimmlose Plosive (z.B. [p]), bei denen die Stimme kurz nach der Verschlusslösung einsetzt, und aspirierte Plosive (z.B. [p^{h}]), bei denen zwischen Verschlusslösung und Stimmeinsatz eine mindestens 30 Millisekunden lange Phase der Friktion erfolgt (vgl. Abb. 66). Daneben existieren auch partiell stimmhafte Plosive (z.B. [b̥]), bei denen die Stimmlippenschwingung kurz vor der Verschlusslösung beginnt. Dies kann u.a. das Ergebnis einer partiellen Entstimmung sein; Entstimmungen können aber auch total sein und zu stimmlosen Plosiven führen.

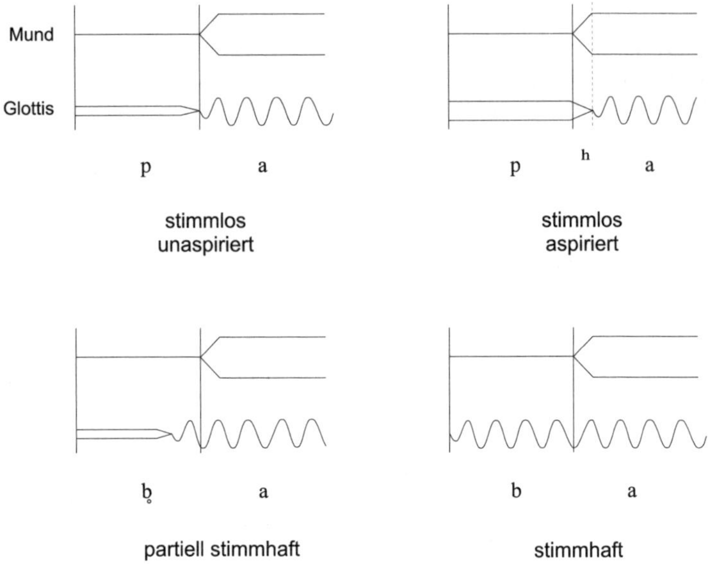

Abb. 65: Verschlussphase und Stimmlippenschwingung bei den Plosiven (nach Hall 2000: 20)

Das artikulatorische und akustische Kontinuum der *voice onset time* (VOT) wird in den Sprachen der Welt an verschiedenen Stellen unterteilt. Im Deutschen verläuft die Trennlinie zwischen aspiriertem [p^h] und partiell stimmhaftem [b̥], im Französischen dagegen zwischen stimmlosem [p] und stimmhaftem [b] (vgl. Abb. 66). Der Unterschied zwischen [b̥] und [p] ist minimal: Bei [p] ist der Luftdruck im Mund etwas größer als bei [b̥]. Man hört also (fast) keinen Unterschied zwischen Sätzen wie *vous l'ach(e)tez* [vulaʃte] und *vous la j(e)tez*? [vulaʒ̊te]. Aufgrund dieses Unterschiedes sollten deutsche L1-Sprecher darauf achten, dass der Plosiv in fr. *par* eher wie der in dt. *Bar* als wie jener in dt. *Paar* ausgesprochen wird. Zudem ist der Plosiv in fr. *bar* viel stimmhafter als der in dt. *Bar*. Daher können L1-Sprecher des Deutschen perzeptiv auch leicht die stimmhaften und stimmlosen Plosive des Französischen verwechseln. Aspirationen sind im Französischen allerdings nicht vollkommen unbekannt. Sie treten insbesondere zur zusätzlichen Markierung eines emphatischen Initialakzents auf (vgl. Kapitel 7.1).

VOT	IPA-Symbol	deutsche Phoneme	französische Phoneme
VOT = 0 ms	[b]	---	/b/, z.B. in *bar*
0 ms < VOT < 30 ms	[p], [b̥]	/b/, z.B. in *Bar*	/p/, z.B. in *par*
VOT > 30 ms	[pʰ]	/p/, z.B. in *Paar*	---

Abb. 66: VOT und Stimmbeteiligungsopposition im Deutschen und Französischen

Ein weiteres großes Problem im Bereich der Stimmbeteiligung ist die **deutsche Auslautverhärtung**. Im Deutschen ist nämlich die Opposition zwischen stimmhaften und stimmlosen Obstruenten in der Silbenkoda zu Gunsten des stimmlosen Lautes neutralisiert: *Bad* und *bat* beispielsweise werden homophon als [bat] ausgesprochen (vgl. auch Kapitel 4.1 und 4.2). Im Französischen stehen die beiden Phoneme dagegen auch in finaler Position in Opposition zueinander (vgl. Abb. 67). Deutsche L1-Sprecher begehen also typischerweise den Fehler, auch im Französischen in finaler Position automatisch einen stimmlosen Obstruenten auszusprechen, z.B. *rouge* *[ʁuʃ] statt [ʁuʒ]. Die richtige Aussprache kann man wieder einmal trainieren, indem man durch Anlegen der Hand an den Kehlkopf die Stimmbeteiligung beim Sprechen kontrolliert.

Opposition	Minimalpaar			
/p/:/b/	/kap/:/kab/	*cap* (‘Kap’)	vs.	*cab* (‘Cabriolet’)
/t/:/d/	/kɔt/:/kɔd/	*cote* (‘Kurs’)	vs.	*code* (‘Kode’)
/k/:/g/	/bak/:/bag/	*bac* (‘Abitur’)	vs.	*bague* (‘Ring’)
/f/:/v/	/sof/:/so:v/	*sauf* (‘unversehrt’)	vs.	*sauve* (‘unversehrt’, f.)
/s/:/z/	/bas/:/ba:z/	*basse* (‘tief’, f.)	vs.	*base* (‘Basis’)
/ʃ/:/ʒ/	/buʃ/:/bu:ʒ/	*bouche* (‘Mund’)	vs.	*bouge* (< *bouger* ‘bewegen’)

Abb. 67: Französische Stimmbeteiligungsopposition in finaler Position

Ein weiteres Problem ist, dass im Hochdeutschen die Opposition **/z/:/s/** (z.B. *Muse* /mu:zə/ vs. *Muße* /mu:sə/) am Morphemanfang zu Gunsten von /z/ neutralisiert ist, z.B. *Sonne* [zɔnə] (vgl. Kapitel 2.4).[8] In süddeutschen Varietäten existiert indessen lediglich ein Phonem /s/; hier spricht man *Sonne* [sɔnə] aus. Im Französischen stehen die beiden Laute dagegen auch in dieser Position in Opposition zueinander, z.B. *selle* /sɛl/ ‘Sattel’ vs. *zèle* /zɛl/ ‘Eifer’. Deutsche realisieren beim Französischsprechen also typischerweise nur einen der beiden Laute am Morphemanfang. Zur Unterscheidung kann man sich an graphische Kriterien halten (vgl. Kapitel 2.4).

Ein weiterer Unterschied in der Artikulation der Konsonanten besteht darin, dass im Französischen die Artikulationsorgane nach der Realisierung des Konsonanten

[8] Lediglich in einigen Fremdwörtern tritt im Hochdeutschen initiales /s/ auf, z.B. in *Sex*, *Skat* oder *Sound*.

zurück in die Ruheposition gelangen, was durch ein kurzes Schwa hörbar wird, das nur in enger Transkription notiert wird, z.B. in *dame* [damᵊ]. Dieses Phänomen nennt man ***détente consonantique***. Im Deutschen verharren die Artikulationsorgane indessen in ihrer Position, d.h. bei dt. *Damm* [dam] zum Beispiel bleiben die Lippen geschlossen. Dies kann zu Problemen bei der Wahrnehmung des Französischen führen, da der Deutsche möglicherweise ein Schwa hört, wo der Frankophone nur einen Konsonanten artikulieren wollte.

Ein feiner Unterschied liegt zudem im **Artikulationsort von /t/, /d/, /s/ und /z/** (vgl. Kapitel 3.1). Diese Laute werden von den meisten L1-Sprechern des Deutschen mit der Zungenspitze am Zahndamm artikuliert (apiko-alveolar), von den meisten L1-Sprechern des Französischen dagegen mit dem Bereich zwischen Zungenspitze und Zungenblatt an den Zähnen (apikal/laminal und dental). Da aber auch die jeweils anderen Kombinationen vorkommen, besteht keine Notwendigkeit für Deutsche, ihre Aussprache im Französischen anzupassen.

Ein häufiger und sehr auffälliger Aussprachefehler ist auf den deutschen Prozess der **Vokalisierung von silbenfinalem /r/ (bzw. /ər/) zum so genannten 'Lehrer-Schwa' [ɐ]** zurückzuführen, z.B. in *Lehr<u>er</u>* [leʁɐ]. L1-Sprecher des Deutschen müssen streng darauf achten, diesen beim Französischsprechen zu unterdrücken, um beispielsweise nicht fr. *or* [ɔʁ] genauso wie dt. *Ohr* [ʔɔɐ] auszusprechen.

5.3 Gleitlaute

Die französischen Phoneme /j/ ('yod'), /ɥ/ ('ué') und /w/ ('oué') nehmen eine Zwischenstellung zwischen Vokalen und Konsonanten ein, weswegen sie häufig auch als *Halbvokale* oder *Halbkonsonanten* bezeichnet werden. Um sie keiner der beiden Kategorien näher zu stellen, wird in diesem Buch die Bezeichnung *Gleitlaut* verwendet, die auf ihre Epenthese ('Einschub') zwischen Vokalen verweist (vgl. Kapitel 8.5).

Phonetisch ähneln die Gleitlaute den Vokalen: Sie werden **fast wie die hohen Vokale /i/, /y/ und /u/ artikuliert**, mit dem kleinen Unterschied, dass zwischen Zunge und Gaumen etwas weniger Platz bleibt, allerdings noch so viel, dass keine Friktion entsteht (vgl. Abb. 68). Im Internationalen Phonetischen Alphabet (vgl. Kapitel 2.3) werden diese Laute den Approximanten zugerechnet, wobei sich [ɥ] und [w] aufgrund der Lippenrundung – wie bei [y] und [u] – durch eine doppelte Artikulation (labio-palatal bzw. labio-velar) auszeichnen (vgl. Kapitel 3.1). Da sie außerdem oft mit den entsprechenden Vokalen ausgetauscht werden können (z.B. *louer* [lu.e]/[lwe]; vgl. Kapitel 8.5), könnte man auf die Idee kommen, es handele sich um Allophone der hohen Vokale. Dagegen sprechen aber Minimalpaare wie *abeille* /abɛj/ 'Biene' vs. *abbaye* /abɛi/ 'Abtei' oder *paye* /pɛj/ 'Lohn' vs. *pays* /pɛi/ 'Land'. Zudem ist der Austausch nicht immer möglich, z.B. *roi* [ʁwa], *[ʁu.a]; *nuit* [nɥi], *[ny.i]. Die Silbengrenzen zeigen bereits, dass sich die drei Laute phonologisch **wie Konsonanten** verhalten: Sie bilden nämlich **keinen Silbenkern** (vgl. Kapitel 6.1) und können im Gegensatz zu Vokalen nicht beliebig gelängt werden (vgl. z.B. *c'est toi* [sɛtwaaaaa], *[sɛtwwwwwa]).

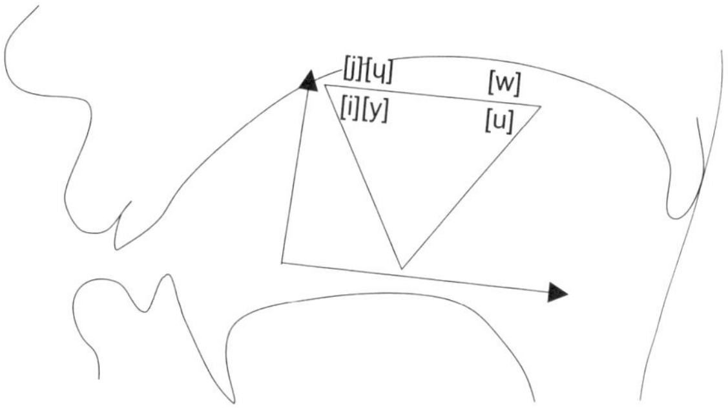

Abb. 68: Die Gleitlaute des Französischen und die ihnen entsprechenden Vokale

Im Französischen muss man zwischen Fällen unterscheiden, in denen die Gleitlaute in ihrem Verhalten mehr den Vokalen ähneln und solchen, in denen sie den Konsonanten näher sind. Dies zeigt sich insbesondere im Zusammenhang mit Elision und Liaison. So sind beispielsweise die Wörter *watt* und *ouate* segmental identisch: [wat]. Das [w] in *watt* verhält sich allerdings wie ein Konsonant (z.B. in *le watt*), das in *ouate* wie ein Vokal (z.B. in *l'ouate*[9]). Dies lässt sich am besten über die Silbenstruktur erklären: Verhält sich der Gleitlaut wie ein Konsonant, gehört er zum Onset, verhält er sich wie ein Vokal, ist er Teil des Silbenkerns. Im Französischen wird allerdings auch im letzteren Fall von einer Gleitlaut-Vokal-Sequenz und nicht von einem Diphthong gesprochen (vgl. Kapitel 6.1).

Der Laut [j] ist in den Sprachen der Welt sehr verbreitet und existiert auch im Deutschen (z.B. in *ja* [ja]). [w] findet sich zumindest im Englischen wieder (z.B. in engl. *west* [wɛst]), ist also deutschen Lernern in der Regel nicht unbekannt. [ɥ] ist dagegen sehr spezifisch für das Französische (der Laut kommt in keiner anderen europäischen Sprache vor) und bereitet deutschen L1-Sprechern häufig große Schwierigkeiten, weswegen sie ihn typischerweise durch [w] ersetzen (wie im belgischen Französisch; vgl. Kapitel 11.3). Zur Verbesserung der Aussprache ist es dienlich, sich die Nähe zu [y] bewusst zu machen. Zur Abgrenzung von [w] können Wortpaare wie *louer* und *luer* zunächst in zwei Silben und dann mit immer kürzer werdendem [u] bzw. [y] produziert werden, bis diese nicht mehr silbisch sind: *louer* [lu.e] > [lwe], *luer* [ly.e] > [lɥe].

9 Daneben ist auch *la ouate* möglich, wenn auch seltener (vgl. TLF*i*).

Zusammenfassung
Die Aussprache der französischen Einzellaute birgt einige Tücken für deutsche L1-Sprecher, die aber durch gezieltes Training zu bewältigen sind. Im vokalischen Bereich muss vor allem die Nasalierung, insbesondere die Unterscheidung von /ɔ̃/ und /ɑ̃/, geübt werden (z.B. durch die Aussprache von Lautketten wie [ɔ.ɔ̃.ɔ.ɔ̃.ɔ.ɔ̃]). Bei den Konsonanten liegt die Hauptschwierigkeit im Merkmal [± stimmhaft], das im Deutschen in zahlreichen Kontexten neutralisiert ist (Auslautverhärtung, Neutralisierung von /s/:/z/ am Wortanfang). Dank der graphischen Form ist zumindest theoretisch klar, ob der stimmhafte oder der stimmlose Konsonant artikuliert werden soll. Beim praktischen Aussprachetraining kann die Vibration der Stimmlippenschwingung dann mit dem Finger am Kehlkopf erfühlt und kontrolliert werden. Unter den Gleitlauten bereitet v.a. das in den Sprachen der Welt seltene [ɥ] Probleme. Hier hilft es, sich die Nähe zum entsprechenden hohen Vokal [y] klarzumachen (z.B. *luer*: erst [ly.e], dann [lɥe]).

Weiterführende Literatur: Einen Überblick über die französischen Segmente liefern Meisenburg/Selig 1998, über die deutschen Kohler ^{2}1995 und Maas ^{2}2006. Verschiedene Studien zu phonetischen Details der deutschen und französischen Vokale finden sich in Delattre 1965. In Bezug auf die Gleitlaute informieren Girard/Lyche 1997 und Durand/Lyche 1999.

Übungsaufgaben

1. **Sprechen Sie die Minimalpaare *son-sang*, *long-lent* und *don-dent* einem Kommilitonen so lange vor, bis er den Unterschied hört. Achten Sie dabei besonders auf die Lippenrundung.**

2. **Sprechen Sie die Minimalpaare *chou-joue*, *cousin-coussin* und *bac-bague* und kontrollieren Sie dabei die Stimmbeteiligung durch Berühren des Kehlkopfes.**

3. **Versuchen Sie, in PRAAT ein stimmhaftes französisches [d], ein stimmloses [t] bzw. [d̥] sowie ein aspiriertes [tʰ] zwischen zwei [a]-Lauten aufzunehmen. Messen Sie die VOT.**

4. **Suchen Sie die zehn Fehler in der Transkription des folgenden Textes:**

   Le piment commun compte 25 espèces dont 5 ont été domestiquées et diversifiées en de nombreuses variétés (près de 140) par les peuples amérindiens. Né apparemment en Amérique latine, peut-être en Bolivie, il était cultivé dès 7 000 ans av. J.-C. C'est Christophe Colomb qui le ramena en Europe dès son premier voyage en 1493. (…) C'est aujourd'hui l'épice la plus consommée au monde.

(*Le Figaro* vom 04.06.2008)

[ləpimɔ̃kɔmɛ̃ | kɔ̃tvɛ̃tsɛ̃kɛspɛs | dɔ̃sɛ̃k | ɔ̃tetedɔmɛstike |
edivɛʁzifje | ɑ̃dənɔ̃bʁøzvaʁjete ‖ pʁɛdəsɑ̃kaʁɑ̃t ‖
paʁlepœplameʁɛndjɛ̃ ‖ neapaʁamɑ̃ | ɑ̃nameʁiklatin ‖
pøtɛtʁɑ̃bɔlivi ‖ iletɛkultive | dɛsɛtmilɑ̃ | avɑ̃ʒezykʁi ‖
sɛkʁistɔfkɔlɔ̃ | kiləʁamɛnʁa | ɑ̃nøʁop | dɛsɔ̃pʁəmjevojaʒ |
ɑ̃katɔʁzəsɑ̃katʁəvɛ̃tʁɛz ‖ sɛtoʒuʁdwi | lepis | laplykɔ̃sɔmeomɔ̃t]

5. **Analysieren Sie folgende Karikaturen des deutschen Akzents im Französischen aus den Comics *Astérix le Gaulois* und *La serpe d'or* (vgl. Marxgut 1988):**

   a) „Pon, pon! On s'en fa!" – „Mais addentzion, on refiendra!"
   b) „Soyez les pienfenus!"
   c) „Et où fous allez gomme tza?" – „Aaah! Ludetze!"
   d) „Pon foyatge!"
   e) „Fou troufez za gorrekt, fous?" – „Ap – zo – lu – ment – bas!"

6. **Transkribieren Sie folgenden Text:**

   Salaire minimum pour les stages
   A partir du mois de février, effectuer un stage de six mois et quitter l'entreprise sans un sous en poche, mais seulement avec les compliments du patron, ne sera plus possible. (…) Les étudiants seront au moins rémunérés 380 € par mois, soit 30% du Smic. Mais cette révolution dans l'entreprise (…) a provoqué la colère des principaux intéressés. (…) „Avec 380 € par mois, pas de quoi payer un loyer. (…)", regrette (…) Julien, porte-parole de Génération précaire (…). „Il est toujours légal de remplacer un salarié par un stagiaire."

   (*Le Figaro* vom 31.01.2008)

6. Silbe

Jedes Kind kann Silben intuitiv klatschen, z.B. beim Singen: *Frère Jacques, dormez-vous?* [fʁɛ.ʁə.ʒa.kə.dɔʁ.me.vu]. Dennoch ist das Konzept der Silbe **in der Phonetik umstritten**, denn auf Sonagrammen und anderen Darstellungen von Signalen sind weder Silbengrenzen noch die innere Struktur der Silbe zu erkennen (vgl. Kapitel 3.2). Es scheint zwar nur natürlich, dass sich bei der Artikulation Öffnungs- und Schließbewegungen abwechseln; dies könnte man aber auch einfach als Abfolge von Vokalen und Konsonanten beschreiben. Die **Nützlichkeit der Silbe für die Phonologie** ist dagegen evident: Unzählige Regelmäßigkeiten können mit ihrer Hilfe ökonomischer beschrieben und besser erklärt werden. Dazu gehören im Französischen u.a. die *loi de position* (vgl. Kapitel 5.1) und das Verhalten des Schwa (vgl. Kapitel 10), im Deutschen die Auslautverhärtung (vgl. Kapitel 4.1 und 4.2) und die Distribution des Glottisschlags [ʔ] (vgl. Kapitel 5.1). Außerdem stellt die Silbe die Basiseinheit der Prosodie dar, auf der höhere Ebenen wie die des Fußes aufbauen (vgl. Kapitel 7).

Weitere Hinweise für die Existenz der Silbe ergeben sich aus der Morphologie der Reduplikation (Verdoppelung, z.B. in französischen Kosenamen wie *sosso* oder *fifi* für *Sophie*) sowie aus Sprachspielen (u.a. aus der Silbenvertauschung im *verlan*, z.B. *cité* > *téci*; vgl. Kapitel 6.5), die ebenfalls eine intuitive Kenntnis der Silbe voraussetzen. Schließlich existieren auch Graphiesysteme (vgl. Kapitel 2.1), die nicht wie unsere Alphabetschrift Einzellaute, sondern Silben abbilden (Silbenschrift), etwa die Keilschrift oder einige relativ neue Schriftsysteme für indigene Sprachen Nordamerikas (u.a. Cherokee, Inuktitut). Auch für die phonetische Transkription sind segmentale Systeme (wie das IPA) nicht die einzige Möglichkeit: In der Tat schlug der indische Grammatiker Panini im 5./6. Jahrhundert v. Chr. ein silbisches Transkriptionssystem vor. Letztlich kommen Silben auch bei der Spracherkennung und -synthese zum Einsatz.

6.1 Silbenstruktur

Es gibt gute Gründe, der Silbe (abgekürzt mit Sigma: σ) eine hierarchische Struktur zuzusprechen. Wie der **Silbenbaum** für *place* in Abb. 69 illustriert, wird die Silbe in **Onset bzw. Silbenkopf** (hier /pl/), **Nukleus bzw. Silbenkern** (im Französischen immer ein Vokal; hier /a/) und **Koda bzw. Silbenauslaut** (hier /s/) unterteilt. Nukleus und Koda können wiederum zum **Reim** zusammengefasst werden (hier /as/). Dieser ist aus der Poesie wohl bekannt (z.B. reimen sich *place* [plas] und *tasse* [tas]). Auch Versprecher wie *[manite] für fr. *matiné* [matine], bei denen die beiden Onsets /n/ und /t/ vertauscht werden, sind ein Argument dafür, dass der Onset eine vom Reim getrennte Einheit darstellt.

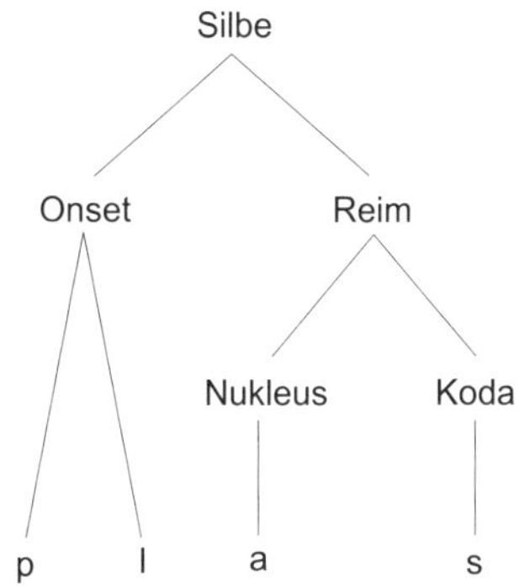

Abb. 69: Silbenstruktur von *place* [plas]

Eine Silbe enthält immer einen Nukleus. Abhängig davon, ob Onset und Koda gefüllt sind, unterscheidet man folgende Fälle: Eine Silbe mit leerer Koda heißt **offen**, im gegenteiligen Fall **geschlossen**; eine Silbe mit leerem Onset nennt man **nackt**, ansonsten **bedeckt** (vgl. Beispiele in Abb. 70 und 71).

		Koda	
		offen	**geschlossen**
Onset	**nackt**	*a* [a]	*âme* [am]
	bedeckt	*rat* [ʁa]	*rame* [ʁam]

Abb. 70: Beispiele für Silben mit und ohne Onset bzw. Koda

Die drei Konstituenten der Silbe können **einfach** sein, d.h. aus einem Element bestehen, oder aber **verzweigt**, d.h. aus mehreren Elementen zusammengesetzt sein. So besitzt beispielsweise die Silbe *rame* [ʁam] 'Ruder' (vgl. Abb. 71) nur einfache Konstituenten, die Silbe *cloître* [klwatʁ] 'Kloster' dagegen nur verzweigte (vgl. Abb. 72).

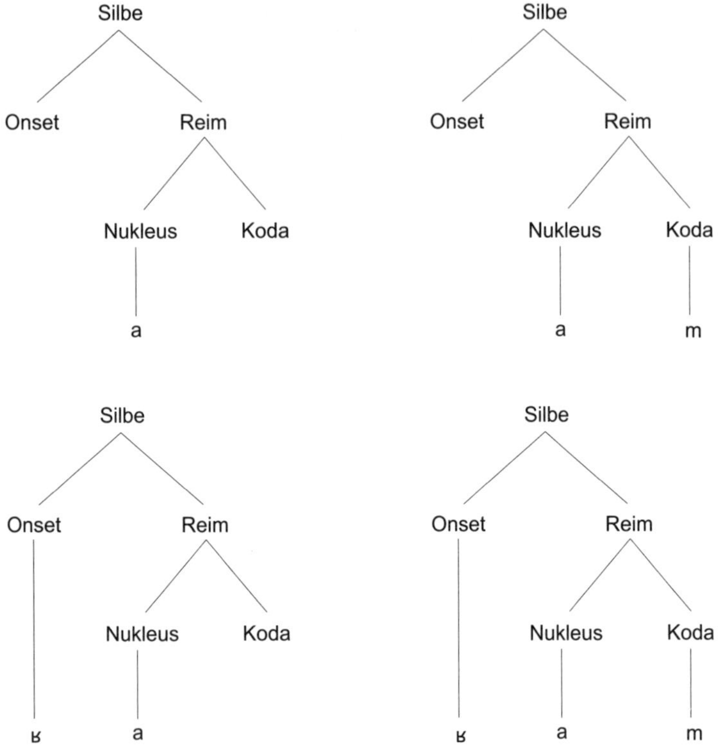

Abb. 71: Silbenstruktur von *a* [a], *âme* [am], *rat* [ʁa] und *rame* [ʁam]

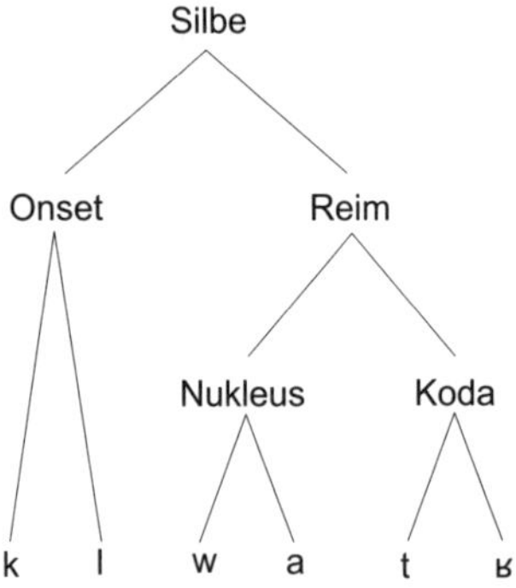

Abb. 72: Silbenstruktur von *cloître* [klwatʁ]

Auf den Reim bezieht sich auch eine weitere suprasegmentale Einheit: die **More**. Auf dieser basiert etwa die Katakana-Schrift des Japanischen und die Zuweisung des Wortakzents im Lateinischen (Dreisilbengesetz; vgl. Kapitel 7.2). Allerdings existiert für die More keine universelle Definition. Für das Lateinische gilt: Besteht der Reim einer Silbe lediglich aus einem einfachen kurzen Vokal (V), besitzt sie eine More; in diesem Fall spricht man von einer *leichten* Silbe. Enthält ihr Reim dagegen einen Langvokal (V:), einen Diphthong (VV) oder Konsonanten in der Koda (VC etc.), besitzt sie zwei Moren; die Silbe wird dann als *schwer* bezeichnet (vgl. Abb. 73).

Reim	Morenzahl	Silbengewicht	lateinisches Beispiel
V	1	leicht	lat. *fácĕre*
V:			lat. *cantáre*
VV	2	schwer	lat. *amóenus* 'lieblich'
VC			lat. *argéntum*

Abb. 73: Reimkonstituenz, Morenzahl und Silbengewicht im Lateinischen

Im Französischen lassen sich die Sprachlaute in zwei Gruppen einteilen: Jene, die Silbenkerne bilden können, nennt man Vokale ('Selbst-Laute'), jene, die dies nicht können, Konsonanten ('Mit-Laute'; vgl. Kapitel 3.1).[1] Diese Zweiteilung ist jedoch nicht universell gültig. In vielen Sprachen der Welt können auch Konsonanten als **Silbenkerne** auftreten. Dies ist etwa im Deutschen nach einer Schwa-Elision bei Nasalen und Liquiden der Fall, z.B. in dt. *haben* /ˈha.bən/ > [ˈha.bm̩][2], *reden* [ˈʁe.dn̩], *denken* [ˈdɛŋ.kŋ̍], *Esel* [ˈʔe.zl̩], *Vater* [ˈfa.tɐ] (mit vokalisiertem /r/) und bei der Interjektion *pst!* [ps̩t] sogar bei einem Frikativ (das IPA-Zeichen [̩] markiert die Silbizität des Konsonanten). Im Berber-Dialekt Imdlawn Tashilhiyt (Marokko) können sogar Obstruenten als Silbenkerne fungieren, z.B. in [tf̩tk̩t] 'du hast dich verstaucht' oder [tm̩sx̩t] 'du hast verwandelt'. Es existiert allerdings keine Sprache auf der Welt, in der ausschließlich Obstruenten und/oder Sonoranten Silbenkerne bilden könnten, Vokale aber nicht. Es gilt vielmehr folgende Implikation: Wenn eine Sprache Obstruenten als Silbenkerne zulässt, dann lässt sie auch Sonoranten zu; wenn sie Sonoranten zulässt, dann lässt sie auch Vokale zu.

Dieselbe Ordnung der Lautklassen findet sich beim **Aufbau der Silbe** wieder: Ganz am Rand stehen die Obstruenten, dann folgen die Sonoranten und in der Mitte befinden sich die Vokale. (Zudem können auch zwei Laute derselben Klasse ne-

---

1 Einige Autoren nehmen an, dass auch im Französischen durch eine Schwa-Elision ein silbisches /ʁ/ entstehen kann, z.B. in *quatre* [ka.tʁ̩] (vgl. Grammont 1914, Pustka 2007).

2 Der Nasal assimiliert sich an den Konsonanten, neben dem er sich nach der Schwa-Elision wiederfindet, d.h. in dt. *haben* wird /n/ nach /b/ zu [m], und in *denken* wird /n/ nach /k/ als [ŋ] realisiert.

beneinander stehen, z.B. zwei Obstruenten wie in fr. *acte* [akt] oder dt. *Akt* [ʔakt].) Die Reihenfolge, in der die Laute in einer Silbe vorkommen, stimmt also mit ihrer zunehmenden Fähigkeit überein, in den Sprachen der Welt Silbenkerne zu bilden. Diese beiden Regelmäßigkeiten werden in der erstmals von Eduard Sievers 1881 vorgeschlagenen **Sonoritätshierarchie** zusammengefasst.

Es herrscht Konsens darüber, dass Vokale als am sonorsten aufzufassen sind, Obstruenten als am wenigsten sonor, und dass Sonoranten dazwischen anzusiedeln sind. Dagegen ist umstritten, ob Frikative sonorer sind als Plosive, stimmhafte Obstruenten sonorer als stimmlose, stimmlose Frikative sonorer als stimmhafte Plosive oder umgekehrt, ob Nasale und Liquide zusammengefasst werden dürfen und wie die Gleitlaute einzuordnen sind. Aus diesem Grund konkurrieren heute **verschiedene Sonoritätshierarchien** miteinander (vgl. Abb. 74), wobei generell noch nicht geklärt ist, ob eine einzige universelle Sonoritätshierarchie oder verschiedene einzelsprachliche angenommen werden sollten.

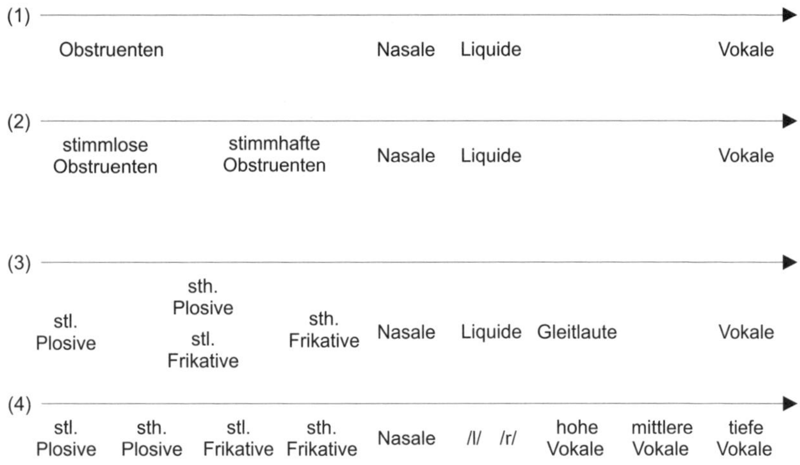

Abb. 74: Verschiedene Sonoritätshierarchien (mit steigender Sonorität in Pfeilrichtung)

Abb. 75 illustriert den Sonoritätsverlauf in fr. *problème* nach der für das Französische üblicherweise angenommenen Hierarchie (Abb. 74.3). Sie zeigt, dass die Sonorität abwechselnd steigt und fällt, wobei die Maxima den Silbenkernen entsprechen.

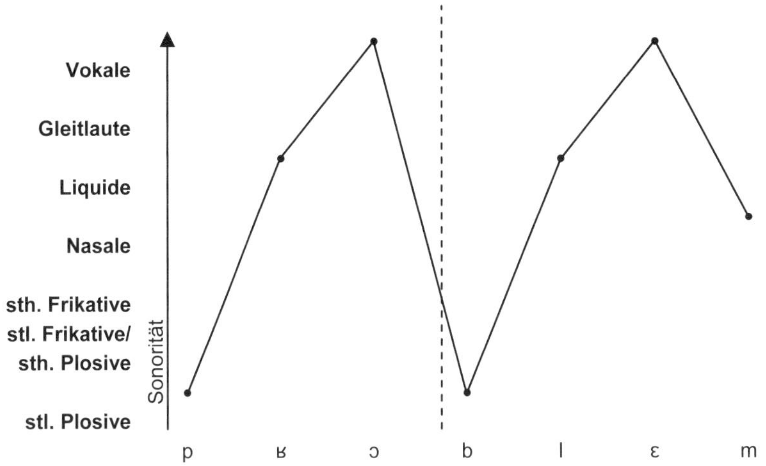

Abb. 75: Sonoritätsverlauf in *problème*

Solche Diagramme veranschaulichen auch, wo **ungünstige Sonoritätsverläufe** vorliegen, die durch phonologische Prozesse wie Elisionen ('Auslassungen') oder Epenthesen ('Einfügungen') 'optimiert' werden können (vgl. Kapitel 4.4 und 8).

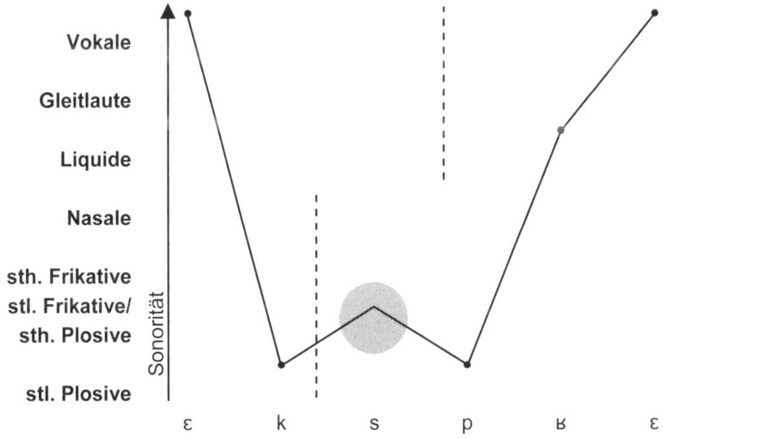

Abb. 76: Sonoritätsverlauf in *exprès* mit nicht-silbischem lokalem Sonoritätsmaximum (durch den Kreis markiert)

Einen solchen ungünstigen Sonoritätsverlauf besitzt zum Beispiel das Wort *exprès* [ɛkspʁɛ]. Abb. 76 zeigt, dass das /s/ hier ein **lokales Sonoritätsmaximum** bildet, das aber keinem Silbenkern entspricht; man bezeichnet solche Konsonanten als **extrasilbisch**. Wie die beiden gestrichelten Linien andeuten, bestehen hier zwei Möglichkeiten der Syllabierung: [ɛks.pʁɛ] oder [ɛk.spʁɛ]. Solch ungünstige Sonoritätsverläufe werden im Französischen gerne vermieden – in der Nähesprache mehr als in der Distanzsprache –, entweder durch die Elision des /k/ ([ɛs.pʁɛ]) oder die Epenthese eines Schwa ([ɛk.sə.pʁɛ]). Allerdings sind die oben genannten Realisierungen [ɛks.pʁɛ] und [ɛk.spʁɛ] ebenfalls möglich.

Initiale nicht-silbische lokale Sonoritätsmaxima wie das [s] in [ɛk.spʁɛ] werden im modernen Französischen generell toleriert (vgl. z.B. *splendide*, *strict*, *ski*) – im Gegensatz etwa zum Altfranzösischen (vgl. z.B. vlat. **stabula* > afr. *estable* > nfr. *étable* 'Stall'; vgl. Kapitel 8.5) und zum Spanischen (vgl. z.B. *espléndido*, *estricto*, *esquí*). Durch phonologische Prozesse entstehen solche nicht-silbischen Sonoritätsmaxima sogar zusätzlich (z.B. durch die Elision des [ɛ] in *c'est-à-dire* [sta.diʁ]; vgl. Kapitel 8.2). Deswegen könnte man die Gültigkeit der angewandten Sonoritätshierarchie für das Französische in Frage stellen; dann wären aber die beobachtbaren Elisionen und Epenthesen gar nicht mehr erklärbar. Im Rahmen eines optimalitätstheoretischen Ansatzes (vgl. Kapitel 4.4) wären solche Widersprüche allerdings unproblematisch: Je nach Varietät hätte die Vermeidung nicht-silbischer Sonoritätsmaxima (Markiertheits-Constraint) oder aber die Übereinstimmung mit dem Input (Treue-Constraint) Vorrang. Beim Vorlesen verhindert zudem die visuelle Präsenz der Graphemfolge <ksp> die Anwendung der genannten Prozesse.

Nicht-silbische Sonoritätsmaxima tauchen auch bei den postkonsonantischen Liquiden auf, die sich wegen der Nicht-Realisierung des *e muets* am Wortende in finaler Position befinden, z.B. in *quatre* /katʁ/, *table* /tabl/ (vgl. Abb. 77).

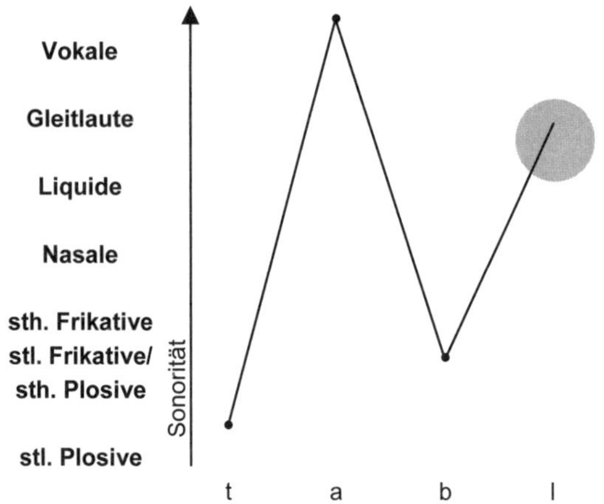

Abb. 77: Sonoritätsverlauf in *table* mit nicht-silbischem Sonoritätsmaximum (Kreis)

Hier bestehen drei Aussprachemöglichkeiten: [tabl̥], wobei die Entstimmung zu [l̥] den Sonoritätskontrast verringert[3], [tab] mit elidiertem Liquid und [ta.blə] mit epenthetischem Schwa[4] (vgl. Kapitel 8.2 und 8.5).

Das Konzept der Sonorität ermöglicht es also, zahlreiche phonologische Prozesse zu erklären. Ein großes Problem stellt jedoch seine **mangelnde phonetische Fundierung** dar. In der Tat ist es bis heute nicht gelungen, Sonorität artikulatorisch über den Öffnungsgrad, akustisch als 'Schallfülle' über die Intensität oder perzeptiv als 'Wahrnehmungsgüte' zu definieren. Die beobachtbaren phonotaktischen Regularitäten lassen sich also nicht aus der Phonetik ableiten und dadurch erklären. Sie geben vielmehr rein phonologische Markiertheitsrelationen wieder.

Diese Markiertheitsrelationen zwischen Silbentypen lassen sich in **Silbenstruktur*präferenzen*** (vgl. Hooper 1976, Vennemann 1988, Restle/Vennemann 2001) zusammenfassen. Dabei haben nicht-präferierte Strukturen die Eigenschaft, diachron wie synchron durch phonologische Prozesse häufig in präferierte Strukturen überführt zu werden (vgl. Kapitel 8). Für die drei Silbenkonstituenten, Onset, Nukleus und Koda, werden u.a. folgende Präferenzen angenommen:

Onsetgesetz:[5]
Ein Onset ist umso besser, ...
(1) ... je näher die Anzahl seiner Elemente bei eins liegt.
(2) ... je geringer die Sonorität des ersten Sprachlauts ist.
(3) ... je stärker die Sonorität vom ersten Sprachlaut auf den folgenden Nukleus zunimmt.

Punkt (1) entsprechend werden CV-Silben gegenüber V- oder CCV-Silben präferiert, CCV gegenüber CCCV etc. So wird beispielsweise zur Vermeidung von vokalischen Anlauten im Deutschen in der Regel ein glottaler Plosiv vor Vokalen artikuliert (z.B. in dt. *Apfel* [ˈʔapfl̩]; vgl. Kapitel 5.1). Im Französischen überführt das *enchaînement consonantique* zahlreiche vokalische in konsonantische Anlaute (vgl. z.B. *amie* [a.mi] vs. *petite amie* [pə.ti.ta.mi]; vgl. Kapitel 6.4). Umgekehrt

3 Bei /ʁ/ ließe sich das Sonoritätsproblem umgehen, indem man es als Frikativ auffassen würde. Eine solche Analyse hätte allerdings den Nachteil, dass nicht mehr erklärt werden könnte, warum im Französischen keine anderen Frikative (außer /s/) in silbenfinaler postkonsonantischer Position stehen können, aber der Liquid /l/, und warum /ʁ/ häufig elidiert wird oder ihm ein Schwa folgt.

4 Im Normfranzösischen werden bei mehrsilbigen Wörtern generell keine finalen Schwas in den Repräsentationen angenommen, auch wenn in der Graphie ein finales <e> vorliegt (vgl. Kapitel 10.3).

5 Die Präferenzgesetze von Vennemann 1988 werden hier leicht vereinfacht abgedruckt. So wurden sie etwa dahingehend umformuliert, dass nicht auf das Konzept der konsonantischen Stärke, sondern auf sein Gegenstück, die Sonorität, Bezug genommen wird.

werden Onsets mit mehr als einem Konsonanten verkürzt, z.B. in der nordfranzösischen Nähesprache *plus* [py] statt [ply]. Punkt (2) manifestiert sich etwa darin, dass Kinder typischerweise zunächst Wörter wie *papa* oder *caca* lernen und erst später Silben artikulieren, die mit Sonoranten beginnen (zum Spezialfall *Mama* bzw. *maman* vgl. Fußnote 14 in Kapitel 4.4). Ein Beispiel für Punkt (3) ist schließlich die Tatsache, dass /pl/ sowohl im Deutschen als auch im Französischen ein möglicher Silbenanlaut ist (z.B. in fr. *place*, dt. *Platz*), nicht aber */ml/ (Ausnahme: *melon* [mlɔ̃] nach Schwa-Elision).

Kodagesetz:
Eine Koda ist umso besser, ...
(1) ... je geringer die Anzahl ihrer Sprachlaute ist.
(2) ... je stärker die Sonorität vom Nukleus auf den letzten Sprachlaut abnimmt.

Punkt (1) besagt, dass CV-Silben gegenüber CVC-Silben präferiert werden, CVC gegenüber CVCC etc. Damit lässt sich beispielsweise die Elision finaler Konsonanten im Mittelfranzösischen erklären, z.B. GUSTUS > afr. *goust* > nfr. *goût* [gu] (vgl. Kapitel 2.5), aber auch die Elision postkonsonantischer finaler Liquide im Neufranzösischen, z.B. *quatre* /katʁ/ > [kat]. Außerdem sorgt das *enchaînement consonantique* dafür, dass Konsonanten, die im isolierten Wort in der Koda stehen würden, in der zusammenhängenden Rede in den Onset des Folgewortes gelangen. Punkt (2) äußert sich beispielsweise darin, dass in zahlreichen französischen Varietäten Silbenauslaute aus zwei stimmlosen Plosiven reduziert werden, z.B. *intact* /ɛ̃takt/ > [ɛ̃tak].

Nukleusgesetz:
Ein Nukleus ist umso besser, ...
(1) ... je näher die Anzahl seiner Elemente bei eins liegt.
(2) ... je höher die Sonorität seiner Elemente ist.

Punkt (1) erklärt beispielsweise Monophthongierungen, z.B. afr. [ow] > [u] wie in *moudre* 'mahlen', wo der Diphthong noch in der Graphie erhalten ist (vgl. Kapitel 8.1). Ein weiterer Fall, in dem diese Präferenz zum Tragen kommt, ist die Integration von Fremdwörtern: Hier wird der Gleitlaut [w] als dem Onset zugehörig interpretiert und nicht als Teil eines verzweigten Nukleus, z.B. *watt* 'Watt' (vs. *ouate* 'Watte'; vgl. Kapitel 6.2). Punkt (2) ist dadurch bezeugt, dass in allen Sprachen der Welt Vokale als Silbenkerne möglich sind (im Französischen sogar nur diese), Sonoranten nur in eingeschränktem Maße und Obstruenten sehr selten.

Zusammenfassend ergibt sich aus diesen Präferenzen, dass die in den Sprachen der Welt präferierte Silbe, d.h. die **unmarkierte Silbe**, aus einer Folge eines einzigen Konsonanten und eines einzigen Vokals (**CV**) besteht (zum Konzept der Markiertheit vgl. Kapitel 4.4). Dabei handelt es sich im optimalen Fall um einen Konsonanten minimaler Sonorität (z.B. /p/, /t/ oder /k/) und einen Vokal maximaler Sonorität (z.B. /a/) – also um einen größtmöglichen Kontrast. Aus diesen Silben bestehen interessanterweise auch die ersten Wörter im Spracherwerb, z.B. fr. *papa*, *caca* (s.o.).

Im Französischen zeigt sich die Präferenz der CV-Silbe besonders deutlich. Die Statistik über die Häufigkeit der Silbentypen (vgl. Abb. 78) zeigt, dass hier offene Silben ganz klar bevorzugt werden, insbesondere CV-Silben, wohingegen im Deutschen geschlossene CVC-Silben am frequentesten sind. Das ließe sich optimalitätstheoretisch damit erklären, dass im Deutschen die Morphologie einen höheren Stellenwert hat, im Französischen dagegen die Phonologie (was u.a. zum *enchaînement* führt; vgl. Kapitel 6.4). So werden im Deutschen etwa an Morphemgrenzen auch Silbengrenzen realisiert (z.B. dt. *ver+eisen* [fɛɐ.ˈʔa͡ɪ.zn̩]), wohingegen im Französischen CV-Silben über die Morphemgrenzen hinweg gebildet werden (z.B. *sur+estimer* [sy.ʁɛ.sti.me]).

	CV	CVC	CCV	VC
Französisch	55%	17%	14%	2%
Deutsch	29%	38%	3%	10%

Abb. 78: Die häufigsten Silbentypen im Französischen und Deutschen[6]

Gleichzeitig entstehen aber nicht-präferierte Silbenstrukturen durch Schwa-Elisionen, z.B. *je pense* [ʒə.pɑ̃s] CV.CVC vs. [ʃpɑ̃s] CCVC (vgl. Kapitel 10). Der Tendenz zu unmarkierten Silbenstrukturen steht hier also das Ökonomieprinzip entgegen (vgl. Kapitel 4.4).

6.2 Phonotaktik

Die Phonotaktik (vgl. gr. *phōnē* 'Laut', *(téchne) taktike* '(Kunst des) Anordnens') beschäftigt sich mit den möglichen und unmöglichen Distributionen von Lauten in Silben, Morphemen und Wörtern. Dies betrifft zum einen deren **Kombination** (z.B. ist */tttt/ weder im Deutschen noch im Französischen möglich), zum anderen deren **Auftreten in bestimmten Positionen** (z.B. kommen im Französischen /w/ und /ɥ/ nur direkt vor Vokal vor).

Die **minimale Silbe** besteht im Französischen aus einem Nukleus, z.B. *à* [a], *et* [e], *y* [i], *au* [o], *ou* [u]. Dagegen kommen im Deutschen bei vielen Sprechern keine Vokale im Anlaut vor, denn ihnen geht stets ein Glottisschlag [ʔ] voraus, z.B. *ah* [ʔa], *oh* [ʔo], *eh* [ʔe]. Die minimale Silbe des Deutschen hat deswegen die Form CV. Der **komplexeste Einsilbler** des Französischen ist *strict* [stʁikt], mit der

6 Diese Zahlen basieren auf der Analyse von je 2 000 Silben pro Sprache, die zur Hälfte aus einem vorgelesenen epischen und zur Hälfte aus einem dramatischen Text stammen (vgl. Delattre 1965: 41).

Zusammensetzung CCCVCC, der des Deutschen *Strumpf* [ʃtʁʊmpf], d.h. CCCVCCC. Generell sind aber noch komplexere Silbenränder möglich (vgl. Abb. 79); es gibt allerdings keine Wörter, in denen der längste mögliche Onset auch mit der längsten möglichen Koda kombiniert wird.

Im Französischen können **verzweigte Onsets** aus zwei oder drei Elementen bestehen. Bei zwei Elementen handelt es sich entweder um die Kombination Obstruent+Liquid (z.B. /pl/ in *place* [plas], /pʁ/ in *pris* [pʁi]) oder /s/+Konsonant (z.B. /sk/ in *ski* [ski], /sn/ in *snob* [snɔb]). Andere Kombinationen finden sich nur vereinzelt in Lehnwörtern (z.B. /ps/ in *psychologue* [psikɔlɔg], /ts/ in *tsigane* [tsigan] 'Zigeuner'). Bei drei Elementen handelt es sich zwangsläufig um die Folge /s/+Obstruent+Liquid (z.B. /spl/ in *splendide* [splɑ̃did] 'strahlend (schön)', /skʁ/ in *scribe* [skʁib] 'Schreiber').

Eine **verzweigte Koda** kann ihrerseits zwei, drei oder vier Konsonanten enthalten. Bei zwei Elementen handelt es sich um eine der folgenden Kombinationen: Liquid+Konsonant (z.B. /ʁn/ in *moderne* [mɔdɛʁn]), /s/+Konsonant (z.B. /st/ in *linguiste* [lɛ̃gɥist]), Obstruent+Obstruent (z.B. /kt/ in *strict* [stʁikt]), Obstruent+Liquid (z.B. /tʁ/ in *quatre* [katʁ]) oder Konsonant+/s/ (z.B. /ps/ in *laps* [laps] 'Zeitspanne'). Bei drei Elementen enthält die Koda mindestens einen Liquid oder ein /s/ (z.B. in *filtre* [filtʁ], *texte* [tɛkst]). Für eine Koda aus vier Elementen findet sich im Französischen nur ein Beleg: /kstʁ/ in *dextre* [dɛkstʁ] 'der/die/das Rechte'. Diese Regelmäßigkeiten der Verteilung von Obstruenten, Liquiden und /s/ im Silbenrand werden mit dem Konzept der Sonorität erfasst (vgl. Kapitel 6.3).

Einen Überblick über die verschiedenen Silbentypen mit deutschen und französischen Beispielen liefert Abb. 79. Ein Großteil der Kombinationen des Französischen findet sich allerdings nur in Lehnwörtern wieder, insbesondere aus dem Lateinischen (z.B. *mixte*, *strict*) und dem Englischen (z.B. *spray*, *stress*).

Eine Besonderheit des Französischen ist, dass man einerseits nicht die Existenz von Diphthongen annimmt, andererseits aber **verzweigte Nuklei** nicht ausschließt. Diese werden allerdings als eine Kombination von Gleitlaut und Vokal betrachtet, da der Übergang hier abrupter erfolgt als bei einem Diphthong. Der ambige Charakter der französischen Gleitlaute manifestiert sich also nicht nur in ihrer Artikulation (vgl. Kapitel 5.3), sondern auch in ihrem phonotaktischen Verhalten. Finden vor einem Gleitlaut genauso wie vor einem Vokal Elision und Liaison statt, z.B. bei *l'ouate*, wird er als Teil eines verzweigten Nukleus modelliert. Finden diese Prozesse dagegen nicht statt und verhält sich der Gleitlaut dementsprechend wie ein Konsonant, z.B. bei *le watt*, wird er dem Onset zugeordnet (vgl. Abb. 80). Hinter einer identischen Segmentfolge wie /wat/ können sich also verschiedene Silbenstrukturen verbergen (vgl. auch *l'ouïe* 'Gehör' vs. *le oui* 'Ja').

Silbentyp	Französisch	Deutsch
V	*eau* [o]	---
CV	*vie* [vi]	*wie* [vi]
CCV	*front* [fʁɔ̃]	*froh* [fʁo]
CCCV	*spray* [spʁɛ]	*Stroh* [ʃtʁo]
VC	*âme* [am]	---
VCC	*acte* [akt]	---
VCCC	*astre* [astʁ]	---
CVC	*rame* [ʁam]	*Rahm* [ʁa:m]
CCVC	*grosse* [gʁos]	*groß* [gʁo:s]
CCCVC	*stress* [stʁɛs]	*Stress* [ʃtʁɛs]
CVCC	*film* [film]	*Film* [fɪlm]
CVCCC	*mixte* [mikst]	*Sumpf* [sʊmpf]
CVCCCC	*dextre* [dɛkstʁ]	*Herbst* [hɛɐpst]
CVCCCCC	---	(*Herbsts* [hɛɐpsts][7])
CCVCC	*presque* [pʁɛsk]	*krank* [kʁaŋk]
CCVCCC	---	*Trumpf* [tʁʊmpf]
CCVCCCC	---	(*Trumpfs* [tʁʊmpfs])
CCCVCC	*strict* [stʁikt]	*strikt* [ʃtʁɪkt]
CCCVCCC	---	*Strumpf* [ʃtʁʊmpf]
CCCVCCCC	---	(*Strumpfs* [ʃtʁʊmpfs])

Abb. 79: Beispiele für die Silbentypen von Einsilblern im Französischen und Deutschen

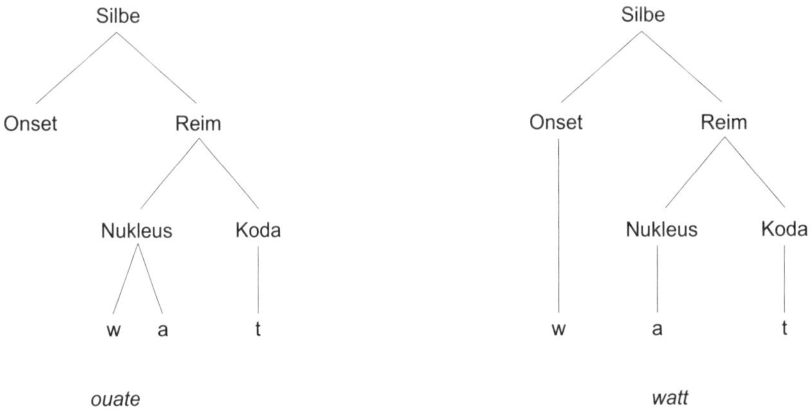

Abb. 80: Silbenstrukturbäume für *ouate* und *watt*

7 Enthält eine deutsche Koda fünf Elemente, dann gehört sie immer zwei Morphemen an, z.B. *Herbst+s*, *Trumpf+s* oder *Strumpf+s* mit Genitiv-*s*.

6.3 Syllabierung

Während sich die Sprecher einer Sprache fast immer über die Anzahl der Silben einer Lautkette einig sind, bereitet die Setzung der Grenzen zwischen den Silben gelegentlich Schwierigkeiten: Heißt es beispielsweise fr. *exprès* [ɛks.pʁɛ] oder [ɛk.spʁɛ]? Im Folgenden soll daher der Frage nachgegangen werden, nach welchen Prinzipien Segmentfolgen in Silben eingeteilt werden und worauf die Probleme in den oben genannten Zweifelsfällen beruhen.

Bei der Syllabierung herrscht die Tendenz vor, möglichst viele Laute dem Onset der zweiten Silbe zuzuordnen. Die Folge VCV wird also eher in V.CV als in VC.V eingeteilt, z.B. *petit* [pə.ti], *[pət.i]. Auch bei mehr als einem Konsonanten zwischen den Vokalen gilt das Prinzip der Onsetmaximierung (vgl. Hooper 1976, Vennemann 1988, Restle/Vennemann 2001):

Onsetmaximierung:
Es werden möglichst viele Konsonanten dem Onset der zweiten Silbe zugeordnet.

Damit erklärt sich zum Beispiel die Syllabierung von *construire* [kɔ̃.stʁɥiʁ]: Da [stʁ] im Onset möglich ist (vgl. z.B. *stress*, *strict*), werden alle drei Konsonanten der zweiten Silbe zugeteilt. Bei *acteur* [ak.tœʁ] dagegen wird der erste Konsonant in der Koda der ersten Silbe realisiert, denn *[kt] ist im Französischen kein möglicher Onset. Auffällig ist jedoch, dass dieselbe Lautsequenz in verschiedenen Sprachsystemen unterschiedlich syllabiert werden kann. Das berühmteste Beispiel dafür ist sicher die Folge von Obstruent (lat. *muta* < 'stumm') und Liquid: Diese wurde im Lateinischen zunächst zusammen syllabiert (V.OLV: *muta cum liquida*), und später getrennt (VO.LV), z.B. *téne.brae* > *teneb.rae* 'Dunkelheit'. Im heutigen Französisch sind Obstruent-Liquid-Folgen wieder untrennbar (z.B. in fr. *patrie* [pa.tʁi], *simplifier* [sɛ̃.pli.fje]) – mit Ausnahme von /tl/ (z.B. in fr. *atlas* [at.las]).

Anstelle des Onsets kann aber auch der Silbenkontakt Ausgangspunkt für die Analyse der Syllabierung sein. Dann lassen sich folgende Gesetze formulieren:

Silbenkontaktgesetz:
Ein Silbenkontakt ist umso besser, je größer die Sonoritätsdifferenz zwischen dem letzten Laut der ersten und dem ersten Laut der zweiten Silbe ist.

Mit diesem Gesetz lässt sich beispielsweise die Epenthese von Plosiven im Altfranzösischen erklären, z.B. /lr/ > /ldr/ in lat. MŎL(E)RE > afr. *moldre* > nfr. *moudre* (mit /l/ > /u/). Wie in Abb. 81 demonstriert, besitzen in *[mol.re] die in Kontakt befindlichen Konsonanten, /l/ und /r/, dieselbe Sonorität. Im zweiten Fall besteht dagegen eine große Differenz (/l/ vs. /d/).

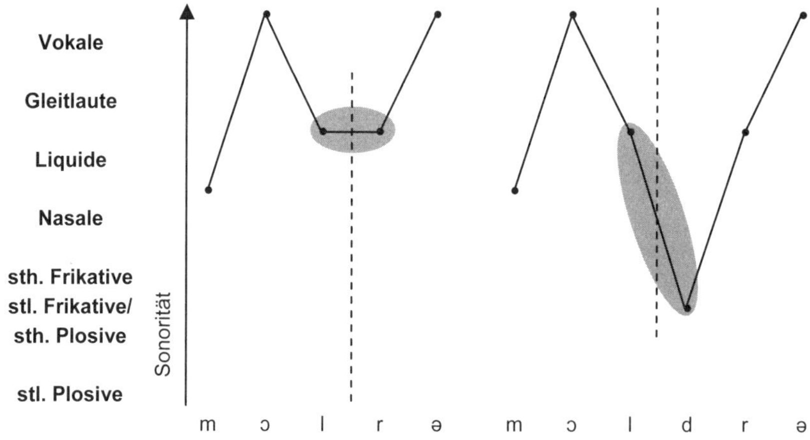

Abb. 81: Sonoritätsverlauf in *[mɔlrə] und afr. *moldre* [mɔldrə]

Im Silbenkontakt wird insbesondere der Kontakt zweier Vokale vermieden:

> **Hiatgesetz:**
> Ein Hiat ist umso schlechter, je geringer die Zahl der Merkmale ist, in denen sich die beiden Hiatvokale unterscheiden, aber auch desto besser, je mehr sich einer der sich berührenden Vokale zum Gleitlaut eignet.

Zur Umgehung von Hiaten existieren im Wesentlichen drei Strategien: die Elision eines der beiden Vokale, die Epenthese eines Konsonanten sowie die Bildung eines Gleitlautes aus einem der beiden Vokale. Im Französischen findet die Elision durchgängig beim Schwa statt, z.B. in *joi(e)* [ʒwa], *[ʒwaə] (was in manchen Fällen auch in der Graphie durch ein Apostroph markiert wird, z.B. in <l'ami>, *<le ami> *[ləami]; vgl. Kapitel 10.3). Außerdem wird das /a/ von *la* elidiert (z.B. in <l'amie>) und das /i/ von *si* – allerdings nur vor *il*: <s'il>, <*si il>, aber <si elle>. Treffen an einer Morphemgrenze zwei Vokale aufeinander (z.B. in *louer* /lu/+/e/), bestehen zwei Möglichkeiten zur Vermeidung des Hiats (der aber auch realisiert werden kann: [lu.e]): die Epenthese eines Gleitlautes, d.h. [lu.we] und die Umwandlung des ersten Vokals in einen Gleitlaut, d.h. [lwe] (vgl. Kapitel 8.5). Auch durch die Liaison verringert sich die Anzahl der Hiate; dies ist aber lediglich als ein Nebeneffekt anzusehen (vgl. Kapitel 9). Bietet sich keine Vermeidungsstrategie an, werden im Französischen sehr wohl Hiate realisiert, z.B. in *Noël* [no.ɛl] oder *Papa a à aller à Arles* [pa.pa.a.a.a.le.a.aʁl].

Daneben richtet sich die Syllabierung innerhalb der Wörter nach möglichen Wortanfängen und -enden:

Initialgesetz:
Wortmediale Onsets sind umso besser, je weniger sie sich von wortinitialen Onsets unterscheiden.

Finalgesetz:
Wortmediale Kodas sind umso besser, je weniger sie sich von wortfinalen Kodas unterscheiden.

Für das Französische ist in erster Linie das Initialgesetz relevant. Es sorgt beispielsweise dafür, dass fr. *atlas* [at.las] und nicht *[a.tlas] syllabiert wird, da */tl/ kein möglicher Wortanfang ist. Ebenso impliziert es, dass *exprès* eher [ɛks.pʁɛ] als [ɛk.spʁɛ] realisiert wird, da /spʁ/ ein sehr seltener Wortanlaut ist, der nur in wenigen Fremdwörtern vorkommt (z.B. in *spray*, *sprint*).

Ferner spielt die Lage im Wort eine Rolle:

Frühsilbengesetz:
Silbenstrukturkomplexitäten sind umso weniger dispräferiert, je früher im Wort die Silbe liegt.

Da der Beginn von Wörtern von besonderer Relevanz für ihre Wiedererkennung ist, werden hier komplexere Strukturen toleriert (z.B. Onset /spʁ/ in *spray*). Optimalitätstheoretisch gesprochen: Hier wird Treue wichtiger und Markiertheit unwichtiger (vgl. Kapitel 4.4).

Die Syllabierungsregeln des **Französischen** sind in Abb. 82 zusammengefasst.

Regel	Beispiel
V.CV	*chanter* [ʃɑ̃.te]
VC.OV	*acteur* [ak.tœʁ]
V.CLV	*patrie* [pa.tʁi]
V.CGV	*nation* [na.sjɔ̃]
VCs.CV oder VC.sCV	*exprès* [ɛks.pʁɛ] oder [ɛk.spʁɛ]
Vt.lV	*atlas* [at.las]

Abb. 82: Syllabierungsregeln des Französischen[8]

Eine Besonderheit des Deutschen ist, dass Konsonanten nach Kurzvokalen als ambisyllabisch angesehen werden können, d.h. als gleichzeitig zu beiden Silben gehörig, z.B. das [t] in *Mitte* oder das [l] in *alle*.

8 V: Vokal, C: Konsonant, O: Obstruent, L: Liquid, G: Gleitlaut, s: [s], t: [t], l: [l].

6.4 *Enchaînement consonantique*

Im Französischen findet in zusammenhängender Rede eine **Resyllabierung** statt, d.h. die in Kapitel 6.3 aufgeführten Gesetze gelten ohne Beachtung der Wort- und Morphemgrenzen. Dies führt zum so genannten ***enchaînement consonantique***: Der oder die Endkonsonant(en) eines Wortes werden als Onset der ersten Silbe des Folgewortes realisiert, wenn diese mit Vokal anlautet, z.B. *petite amie* [pə.ti.ta.mi] (vgl. Abb. 83). Im Gegensatz zur Liaison taucht kein zusätzlicher Konsonant auf (wie das /t/ in *grand ami* [gʁɑ̃.ta.mi]; vgl. Kapitel 9.1), sondern es werden lediglich die Silbengrenzen anders gesetzt als bei der Aussprache der Einzelwörter.

Wörter	**in Isolation**	**im Redezusammenhang**
petite amie	[pətit] [ami]	[pə.ti.ta.mi], *[pə.tit.ʔa.mi]

Abb. 83: Syllabierung des finalen Konsonanten in *petite* [pətit]

Im Deutschen werden dagegen die Wort- und Morphemgrenzen in zusammenhängender Rede durch einen glottalen Plosiv [ʔ] vor dem Vokal markiert, z.B. in *ein Apfel* [ʔa͡ɪn.ˈʔa.pfl̩] (was ein Frankophoner – und ähnlich auch ein Schwyzerdütsch-Sprecher – typischerweise *[a͡ɪ.na.ˈpfɛl] aussprechen würde), *vereisen* [fɛɐ.ˈʔa͡ɪ.zn̩] (und nicht *[fɛ.ʁa͡ɪ.ˈzɛn]). L1-Sprecher des Deutschen neigen daher dazu, auch im Französischen die Wörter getrennt auszusprechen und die Wortgrenzen möglicherweise noch durch ein [ʔ] oder gar einen Initialakzent zu verdeutlichen, z.B. *[pə.tit.ˈʔa.mi]. Optimalitätstheoretisch (vgl. Kapitel 4.4) lässt sich dieser Unterschied folgendermaßen zusammenfassen: Im Französischen ist die Phonologie (Tendenz zur CV-Silbe) wichtiger als die Morphologie (klar erkennbare Wort- und Morphemgrenzen), im Deutschen umgekehrt.

Im Folgenden sind zur Veranschaulichung alle *enchaînements consonantiques* im ersten Absatz des PFC-Textes *Le village de Beaulieu* unterstrichen und transkribiert.

PFC-Text *Le village de Beaulieu: enchaînement consonantique* (ohne Liaison)

Le village de Beaulieu est en grand émoi. Le Premier Ministre a [mi.ni.stʁa] *en effet décidé de faire étape* [fɛ.ʁe.tap] *dans cette commune au cours de sa tournée de la région en fin d'année. Jusqu'ici les seuls titres de gloire de Beaulieu étaient son vin blanc sec, ses chemises* en* soie* [ʃə.mi.zɑ̃.swa], *un champion local de course à* [kuʁ.sa] *pied (Louis Garret), quatrième aux* [ka.tʁi.jɛ.mo] *jeux olympiques de Berlin en 1936, et plus récemment, son usine de pâtes* italiennes* [pa.ti.ta.ljɛn]. *Qu'est-ce qui a donc valu à Beaulieu ce grand honneur?*

(* = statt *enchaînement* ist hier auch Liaison möglich:
[ʃə.mi.zə.zɑ̃.swa], [pat.zi.ta.ljɛn])

Das *enchaînement* ist der zentrale Grund dafür, warum Ausländer im Französischen so große Schwierigkeiten haben, in der gesprochenen Sprache überhaupt erst einmal die einzelnen Wörter zu identifizieren. Deswegen haben auch in der Sprachgeschichte gelegentlich Reanalysen der Wortgrenzen stattgefunden. Dies hat v.a. die Artikel *le* und *la* mit elidiertem Schwa (*l'*) getroffen: Das /l/ kann dabei als erstes Segment des Substantivs reanalysiert werden (Agglutination), z.B. *lierre* 'Efeu' < *l'ierre* 'der Efeu', oder aber das initiale /a/ des Substantivs wird von diesem abgetrennt und dem Artikel zugeschlagen (Deglutination), z.B. *la griotte* 'die Sauerkirsche' < *l'agriotte* (< okz. *agriota*; vgl. *agre* 'sauer'). Die Agglutination kann ferner das /d/ der Präposition *d'* (mit elidiertem Schwa) betreffen, z.B. *dinde* 'Pute' < *(poule) d'Inde*, oder das /z/ der Liaison, z.B. *zyeuter* 'anglotzen' < *les yeux*. In manchen Fällen werden auch ganze Syntagmen oder gar Sätze zu einem Wort reanalysiert, z.B. *gendarme* < *gens d'armes*, *vasistas* 'Oberlichtfenster' < dt. *Was ist das?*. Agglutinationen und Deglutinationen werden ebenfalls im kindlichen Spracherwerb beobachtet, z.B. *lalo* (= *la* + *l'eau*) für *l'eau* (vgl. auch Kapitel 9.5 zur Liaison). Entsprechende Formen haben sich in den Kreolsprachen lexikalisiert, z.B. Guadeloupe-Kreol *lalin* < *la lune*, *diri* < *du riz*, *nòz* < *n'ose* (vgl. auch Kapitel 11.5). Dies erklärt sich dadurch, dass diese Sprachen durch einen extremen Sprachkontakt entstanden sind, bei dem Reanalysen sehr häufig auftreten.

Franzosen nutzen diese Verwirrung, die das *enchaînement* stiften kann, für ein Sprachspiel aus, das auf Homophonie basiert: den ***Calembour***. Ein berühmtes literarisches Beispiel stammt von Corneille: *Et le désir s'accroît quand l'effet se recule* (*Polyeucte*, 1643), wo *l'effet se* genauso ausgesprochen wird wie *les fesses* [lefɛs]. Heute ist der Calembour ein beliebtes Stilmittel der Werbung. So ist etwa der Slogarn *Si on déjeunait Rome antique* homophon mit *Si on déjeunait romantique*. Auch in Chansons wird darauf zurückgegriffen. Renaud singt beispielsweise 1980 in *Dans mon HLM*: „Putain c'qu'il est blême, mon *HLM*! Et la môme du huitième, le *hasch, elle aime*!" – Hier ist die Aussprache von *HLM* und *hasch, elle aime* identisch: [aʃɛlɛm]. Der Extremfall dieses Sprachspiels ist der **Holoreim** (vgl. gr. *holos* 'alles'), bei dem zwei Verse völlig gleich ausgesprochen werden:

> Gall, amant de la reine, alla, tour magnanime,
> gallammant de l'Arène à la Tour Magne à Nîmes.[9]
>
> (Marc Monnier; zit. nach Delattre 1966a: 142)

Auch deutsche Komiker und Kabarettisten arbeiten gerne mit diesen Stilmitteln, z.B. Heinz Erhardt oder Otto Waalkes (z.B. „Was erwartet (…) Wasser wartet."). Diese nach dem Calembour benannten **Kalauer**[10] gelten im Deutschen allerdings als

[9] Übersetzung: 'Gall, Liebhaber der Königin, ging – eine großmütige Geste! – galant von der Arena zum Magne-Turm in Nîmes.'

[10] Der Begriff *Kalauer* geht auf die volksetymologische Umdeutung von fr. *calembour* unter Einfluss des Namens der Stadt Calau in der Niederlausitz zurück.

schlechter Stil, möglicherweise da hier weniger echte Homophonien existieren und es insofern meist entweder vom Klang oder vom Sinn her nicht wirklich passt.

Trotz dieser Effekte unterscheiden sich auch im Französischen die scheinbaren Homophone im **phonetischen Detail**. So wird z.B. die Folge von Obstruent und Liquid in *une petite roue* [yn.pə.tit.ʁu] und *un petit trou* [ɛ̃.pə.ti.tʁu] nicht identisch syllabiert – d.h. die Wortgrenzen spielen doch eine gewisse Rolle.

6.5 *Verlan*

Die Silbe ist auch die Basis des in der Jugendsprache verbreiteten **Wortspiels** *verlan*. Hierbei werden die **Silben von Wörtern vertauscht**, was dem *verlan* auch seinen Namen gegeben hat: *(à) l'envers* [lɑ̃.vɛʁ] 'umgekehrt' wird durch Silbenvertauschung zu [vɛʁ.lɑ̃] *verlan*. Dieses Verfahren wird im Französischen bereits seit Jahrhunderten als **Verschleierungsstrategie** eingesetzt. Doch erst als Charakteristikum der Jugendsprache in den Hochhaussiedlungen der Pariser *banlieue* wurde es von den Medien aufgegriffen und bekannt gemacht (vgl. Kapitel 11.1). Ursprünglich war der *verlan* eine Gruppensprache junger Männer mit Migrationshintergrund zur Kommunikation über Themen wie Streit, Sex, Drogen und Diebstahl. Mittlerweile hat sich dieses Wortspiel jedoch auch auf den *banlieue*-Slang anderer Städte ausgeweitet, und lexikalisierte *verlan*-Formen finden sich in der Jugendsprache, der Sprache der Medien und zum Teil sogar in der allgemeinen Nähesprache wieder.

Während der **Mechanismus** beim Zweisilbler lediglich in der Vertauschung der Silben besteht, kommen bei der Umwandlung ein- und mehrsilbiger Wörter zusätzliche Prinzipien wie die Epenthese eines Schwa (vgl. Kapitel 10), die Elision von Vokalen, die Reanalyse des Schwa als /œ/ und die *loi de position* (vgl. Kapitel 5.1) ins Spiel. Die Regeln des *verlan* sind in Abb. 84 zusammengefasst.

Die *verlan*-Wörter weisen teilweise eine für das Französische ungewöhnliche **Phonotaktik** auf, etwa [ɲ] am Wortanfang (z.B. in [ɲɔl.ba] < *bagnole*) oder Konsonantengruppen wie [ks] (z.B. in [ksit] < *taxi*). Zudem wird – wie bei *h aspiré*-Wörtern (vgl. Kapitel 9.4) – vor Vokal und Gleitlaut zum Teil keine Liaison realisiert (z.B. in *deux oufs* [dø.uf]).

	Mechanismen	Schema	Beispiele
Zweisilbler	Silbentausch	$\sigma_1.\sigma_2 > \sigma_2.\sigma_1$ (12 > 21)	*cité* [si.te] > *téci* [te.si], *comme ça* [kɔm. sa] > [sa.kɔm], *vas-y* [va.zi] > [zi.va][11]
Einsilbler	Tausch der Elemente des Silbenrands	CV > VC	*fou* [fu] > [uf] *ouf*, *moi* [mwa] > [wam] *ouam*
	Schwaepenthese + Reanalyse von /ə/ als /œ/ + Silbentausch + Vokalelision + *loi de position*	C_1VC_2 > $C_1V.C_2ə$ > $C_1V.C_2ø$ > $C_2ø.C_1V$ > $^*C_2øC_1$ > $C_2œC_1$	*mec* [mɛk][12] > [mɛ.kə] > [mɛ.kø] > [kø.mɛ] > *[køm] > [kœm][13] *keum*, *femme* [fam] > [fa.mə] > [fa.mø] > [mø.fa] > *[møf] > [mœf] *meuf*
	Epenthese eines Konsonanten aus der Graphie (C_G) + Tausch der Elemente des Silbenrands	CV > CVC_G > C_GVC	<cul> [ky] > *[kyl] > [lyk] *luc*
Dreisilbler	Silbentausch	123 > 231	*cigarette* [si.ga.ʁɛt] > [ga.ʁɛt.si]
		123 > 312	*vérité* [ve.ʁi.te] > [te.ve.ʁi]
		123 > 321	nur ein frequentes Wort: *portugais* [pɔʁ.ty.gɛ] > [gɛ.ty.pɔʁ]
	Silbentausch + Vokalelision	123 > 231	*déchiré* [de.ʃi.ʁe] > [ʃi.ʁe.de] > [ʃiʁ.de]
	Schwaepenthese + Silbentausch + Vokalelision	123 > 312	*arabe* [a.ʁab] > [a.ʁa.bə] > [a.ʁa.bø] > [bø.a.ʁa] > *[bøʁ] > [bœʁ] *beur*

Abb. 84: *Verlan*-Regeln abhängig von der Silbenzahl der Wörter (nach Méla 1997)

Einige Formen, die der *verlan* hervorgebracht hat, haben sich inzwischen **lexikalisiert** und sind in die französische **Gemeinsprache** eingegangen. Die gebräuchlichsten von ihnen sind in Abb. 85 aufgelistet. Zu dieser Verbreitung haben

11 In diesem Beispiel ist ein Liaison-[z] (vgl. Kapitel 9) Teil der *verlan*-Form.

12 Normfranzösische Wörter haben grundsätzlich kein finales zugrunde liegendes Schwa, unabhängig davon, ob ihre graphische Form auf einen Konsonanten oder ein <e> endet, d.h. *mec* /mɛk/, *femme* /fam/ (vgl. Kapitel 10.3).

13 Die Realisierung des französischen Schwa ist der von /œ/ sehr ähnlich, so dass es leicht zu Reanalysen kommen kann (vgl. Kapitel 10.1).

Musik, Film und Werbung wesentlich beigetragen: Am bekanntesten sind wohl die Titel des Liedes „Laisse béton“ (< *tomber*) von Renaud (1978) sowie des Filmes „Les Ripoux“ (< *pourris*) von Claude Zidi (1984). Ehemalige *verlan*-Wörter können sogar Basis morphologischer Derivationen sein, z.B. *beur > beurette*, *verlan > verlaniser*. Nach den *verlan*-Formen von *racaille* und *vas-y* nennt man den Akzent der *banlieue* auch *accent caillera* oder *accent zyva* (vgl. Kapitel 11.1).

***verlan*-Form**	**Etymologie**	***verlan*-Form**	**Etymologie**
beur	*arabe*	*rebeu*	*beur*
céfran	*français*	*ripou*	*pourri*
féca	*café*	*téci*	*cité*
feuj	*juif*	*teuf*	*fête*
keuf	*flic*	*tromé*	*métro*
keum	*mec*	*verlan*	*l'envers*
laisse béton	*laisse tomber*	*zarbi*	*bizarre*
meuf	*femme*	*zomblou*	*blouson*
ouf	*fou*		

Abb. 85: *Verlan*-Wörter in der französischen Gemeinsprache

Durch den Einzug in die Gemeinsprache ist die kryptische Funktion dieser Wörter verloren gegangen. Deshalb werden in der Jugendsprache die *verlan*-Formen weiter verkürzt (z.B. *bizarre > zarbi > zarb*, *métro > tromé > trom*) oder sogar ein weiteres Mal verlanisiert. Das bekannteste – da bereits wieder lexikalisierte und in die Gemeinsprache eingezogene – Beispiel dafür ist *arabe > beur > rebeu*. Diese Ableitungskette geht mit einer semantischen Differenzierung einher: Während *arabe* die Einwanderer aus dem Maghreb bezeichnet, bezieht sich *beur* auf die zweite Generation, d.h. die Einwandererkinder, die in den 1970er und 1980er Jahren geboren sind, und *rebeu* auf die dritte Generation.

Zusammenfassung

Im Französischen hat die universelle Tendenz zur CV-Silbe einen besonders hohen Stellenwert. Schätzungsweise über die Hälfte der Silben haben diese Form (dagegen nur ein knappes Drittel im Deutschen), und maximal ein weiterer Konsonant kann vorne oder hinten angefügt werden (CCV, CVC) bzw. vorne weggelassen werden (V, VC). Andere Silbentypen kommen nur sehr selten vor, vornehmlich in Fremdwörtern. In der zusammenhängenden Rede verringert zudem die Resyllabierung, die über Morphem- und Wortgrenzen hinweg stattfindet, die Zahl der Koda-Konsonanten und der vokalischen Anlaute (z.B. *petite* [pə.tit] + *amie* [a.mi] > *petite amie* [pə.ti.ta.mi]). Im Sinne einer Optimierung der Silbenstruktur (CV-Silbe bzw. steigender und wieder abfallender Sonoritätsverlauf) lassen sich auch zahlreiche phonologische Prozesse interpretieren, insbesondere Elisionen (z.B. in *exprès* /ɛks.pʁɛ/ > [ɛs.pʁɛ]) und Epenthesen (z.B. in [ɛk.sə.pʁɛ]).

Weiterführende Literatur: Einen allgemeinen Überblick über den Silbenbegriff bieten Blevins 1995 und Restle/Vennemann 2001. Girard/Lyche 1997 stellen die möglichen Silbenränder des Französischen vor und gehen zudem auf die unterschiedlichen Typen von Gleitlauten ein. Phonologische Analysen des *verlan* liefern Azra/Cheneau 1994 und Méla 1997.

Übungsaufgaben

1. **Zeichnen Sie jeweils einen Silbenbaum für die Wörter *ouest* und *prendre*.**
2. **Markieren Sie in folgendem Text alle möglichen *enchaînements*. Lesen Sie ihn anschließend Silbe für Silbe vor.**

Faut-il fermer les zoos?
Il y a les quatre étoiles avec piscine, jacuzzi, espaces de jeu et de détente. Et il y a les auberges de campagne au charme simple et désuet. (…) Certains zoos permettent à leurs pensionnaires de vivre en semi-liberté dans de vastes espaces tandis que d'autres ne peuvent leur offrir que des enclos, voire des cages. (…) Il y a donc zoo et zoo. (…) Les parcs animaliers deviennent plus encore que par le passé des outils pédagogiques de communication scientifique sur la biodiversité et sa nécessaire sauvegarde, sur les équilibres écologiques, sur la protection des écosystèmes et habitats naturels. Et l'on sait l'importance de cette approche animale pour, par exemple, les enfants. (…) Car c'est bien là que le bât blesse pour ceux qui réclament l'abolition des zoos, estimant qu'ils ne sont que des lieux de souffrance animale.

(*Le Figaro* vom 30.10.2007)

3. Erklären Sie folgenden Witz:

- La statue de la Liberté, elle est en quoi?
- Elle étend le bras.

4. Entschlüsseln Sie folgende *verlan*-Wörter (Beispiele aus Méla 1997):

a) *reum*, b) *och*, c) *zen*, d) *vénère*, e) *feumeu*, f) *sibpo*

5. Transkribieren Sie folgenden Text:

L'homme peut-il se passer des merveilleux vers à soie?
On ne pouvait rêver plus parfaite petite usine animale. Lorsqu'elle fabrique son cocon, une chenille de bombyx du mûrier, l'autre nom du ver à soie, peut produire jusqu'à un kilomètre de fil de soie en 24 heures. (...) Et cela dure depuis environ cinq millénaires. L'élevage du bombyx pour produire de la soie a été découvert en Chine 2 500 ou 3 000 ans avant Jésus-Christ. On dit que tout commença par une tasse de thé. Une princesse buvait son thé sous un mûrier. Un cocon tomba dans sa tasse. Voulant le retirer du pouce et de l'index, elle tira un fil qui se déroula, se déroula... Le fil de soie, „blanc comme la neige, léger comme les nuages", était devenu le symbole du lien entre le Ciel et la Terre, entre les immortels et nous.

(*Le Figaro* vom 07.05.2008)

7. Prosodie

Prosodie (vgl. gr. *prosodia*, wörtl. 'Dazugesungenes') ist ein Sammelbegriff für suprasegmentale lautliche Phänomene, die akustisch der Tonhöhe, der Lautstärke und der Dauer entsprechen (vgl. Kapitel 3.2). Die Untersuchung dieser Faktoren wurde lange Zeit von der Phonologie vernachlässigt. Dies liegt zum einen daran, dass sie völlig andere (und technisch ausgefeiltere) Methoden erfordert als die segmentale Phonologie, und zum anderen, dass in diesem Bereich Sprachliches und Parasprachliches (z.B. Ausdruck von Emotionen wie Euphorie oder Niedergeschlagenheit) schwer zu trennen sind. Zudem entsprechen sich phonetische und phonologische Kategorien nicht eins zu eins: Zum Beispiel wird Akzent sowohl durch Tonhöhe, Lautstärke als auch Dauer markiert; der 'Rest' des Grundfrequenzverlaufes entspricht wiederum der Intonation. Während sich die Wortprosodie (z.B. der Wortakzent) noch relativ gut in die üblichen segmentalen Theorien und Modelle (vgl. Kapitel 4) eingliedern lässt, interagiert die Satzprosodie (z.B. die Intonation) mehr mit Syntax und Pragmatik (z.B. mit der Informationsstruktur). Im Internationalen Phonetischen Alphabet ist die Prosodie daher nur sehr rudimentär berücksichtigt: [ː] wird für Längungen verwendet, [|] bzw. [‖] für die Trennung von Wortgruppen, so genannter phonologischer Phrasen, [ˈ] bzw. [ˌ] vor den entsprechenden Silben für Haupt- und Nebenakzente und nachgestelltes [↗] bzw. [↘] für steigende bzw. fallende Intonation. Für die genauere Transkription der Intonation wurden daher eigene (sprachspezifische) Transkriptionssysteme entwickelt, die u.a. auf den Konventionen des ToBI (*<u>To</u>nes and <u>B</u>reak <u>I</u>ndices*) basieren.

7.1 Akzent

Akzent (vgl. lat. *ad-cantus*, wörtl. 'Dazugesungenes', wie gr. *prosodia*) ist synonym mit **Betonung** oder **lautlicher Hervorhebung**. Das Wort *Akzent* ist jedoch polysem: Es bezieht sich gleichzeitig auf die lautlichen Aspekte von Varietäten (z.B. *accent du Midi*, *accent québécois*; vgl. Kapitel 11), da diese v.a. prosodisch auffallen, und auf diakritische Zeichen der Graphie (z.B. *accent aigu*, *accent grave*, *accent circonflexe*; vgl. Kapitel 2.2), die oft Betonungsverhältnisse markieren (z.B. sp. *canto* [ˈkan.to] 'ich singe' vs. *cantó* [kan.ˈto] 'er sang'). Häufig wird daher der eindeutigere Begriff der *Akzentuierung* verwendet.

Die Akzentuierung trifft nicht einzelne Laute, sondern Silben. Sie kann durch die Steigerung der Lautstärke, die Veränderung der Tonhöhe sowie die Zunahme der Dauer erfolgen und ist immer relativ im Vergleich zu den umgebenden Silben. Wird die Akzentuierung allein durch die Tonhöhe erzielt, spricht man von einem

musikalischen Akzent (engl. *pitch accent*). Dies ist beispielsweise im Japanischen der Fall. Werden dagegen alle drei **Hervorhebungsmittel** ausgenutzt, spricht man von einem **dynamischen Akzent** (engl. *stress accent*). Einen solchen besitzen u.a. das Deutsche und das Französische. Allerdings besteht ein kleiner Unterschied zwischen den beiden Sprachen: Im Deutschen spielt die **Intensität** eine herausragende Rolle, im Französischen dagegen die **Dauer** und die **Tonhöhe**. Hier sind die phrasenfinalen betonten Silben in der Tat oft deutlich länger als unbetonte Silben. Dies macht sich besonders in bestimmten geschlossenen Silben bemerkbar: zum einen in Silben mit einer Koda aus stimmhaften Frikativen (/v/, /z/, /ʒ/, /ʁ/ und /vʁ/), z.B. *rouge* [ʁu:ʒ], *dire* [di:ʁ] (vgl. Abb. 86), zum anderen in Silben mit /o/, /ø/ oder einem nasalierten Vokal als Nukleus, z.B. *haute* [o:t], *ronde* [ʁɔ̃:d]. Da die Längung starken individuellen Schwankungen unterworfen ist, wird sie in den Transkriptionen in diesem Buch nicht markiert.

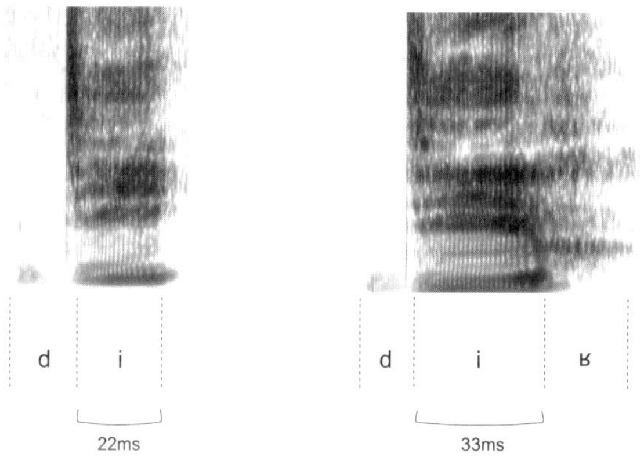

Abb. 86: Länge von [i] in *dit* [di] und *dire* [di:ʁ]

Auf Wortebene besitzt das heutige Normfranzösisch dagegen keine Längenopposition – im Gegensatz zum Französisch Belgiens und Québecs, wo beispielsweise *faites* [fɛt] mit *fête* [fɛ:t] kontrastiert (vgl. Kapitel 11.3 und 11.4). Auch im Deutschen ist die Vokalquantität kontrastiv, sie korreliert aber meist mit der Vokalqualität: Lange Vokale sind tendenziell gespannt und kurze ungespannt, z.B. in *Miete* [mi:tə] vs. *Mitte* [mɪtə] (vgl. Kapitel 5.1).

Grundsätzlich muss zwischen Wortakzent, Phrasenakzent und Satzakzent unterschieden werden. Während das Deutsche einen Wortakzent besitzt, verfügt das Französische über einen Phrasenakzent; zusätzlich werden in beiden Sprachen Satzakzente gesetzt, die sich v.a. durch die Intonation auszeichnen (vgl. Kapitel 7.3). Beim **Wortakzent** wird danach unterschieden, auf welche Silbe der Akzent fällt (vgl. Abb. 87): Wörter, die auf der letzten Silbe betont sind, nennt man in griechisch basierter Terminologie *oxyton*, Wörter, die auf der vorletzten Silbe betont sind, *paroxyton* und Wörter, die auf der drittletzten Silbe betont sind, *proparoxyton* (vgl. gr. *oxy-tonos* 'scharf betont', *par* 'davor', *pro* 'vor'). Die entsprechenden Silben werden in lateinisch basierter Terminologie als *Ultima*, *Pänultima* und *Antepänultima* (vgl. lat. *ultima* 'die letzte', *paene* 'fast', *ante* 'vor') bezeichnet.

Akzentuierte Silbe		**Wort**	**dt. Beispiel**
letzte Silbe	Ultima	oxyton	*Ele<u>fant</u>*
vorletzte Silbe	Pänultima	paroxyton	*<u>Fen</u>ster*
drittletzte Silbe	Antepänultima	proparoxyton	*<u>A</u>benteuer*

Abb. 87: Bezeichnungen für Silben und Wörter bezüglich der Lage des Wortakzents

Im Deutschen kann die Akzentuierung auf Wortebene **bedeutungsunterscheidend** sein, z.B. *über<u>set</u>zen* 'eine Übersetzung anfertigen' vs. *<u>ü</u>bersetzen* 'ans andere Ufer gelangen' (akzentuierte Silben unterstrichen). Längere Wörter besitzen sowohl einen Haupt- als auch einen Nebenakzent. So ist etwa in *Elefant* [ˌeleˈfant] die letzte Silbe am stärksten betont, die erste mittelstark und die zweite am wenigsten. Funktionswörter dagegen bleiben in der Regel unbetont. Zusätzlich trägt jede phonologische Phrase einen Akzent, z.B. in *Die <u>Kin</u>der schreiben <u>Brie</u>fe an ihre <u>El</u>tern*. Diese Abwechslung von betonten und unbetonten Silben trägt zum Rhythmus bei (vgl. Kapitel 7.2).

Das Französische verfügt dagegen über einen **Phrasenakzent**. Dieser fällt automatisch auf die **letzte Silbe** der Wortgruppe (wobei finale Schwa-Silben nicht mitgezählt werden, z.B. *mille neuf cents quatre* [ˈkatʁ̥]/[ˈka.tʁ̥ə]), wie die folgenden beiden Beispiele demonstrieren:

I<u>ci</u>?	*<u>mille</u>*
C'est i<u>ci</u>?	*mille <u>neuf</u>*
C'est bien i<u>ci</u>?	*mille neuf <u>cents</u>*
C'est bien par i<u>ci</u>?	*mille neuf cents <u>quatre</u>*
Ce n'est pas par i<u>ci</u>?	*mille neuf cents qua<u>rante</u>*

In einigen diatopischen Varietäten des Französischen wird allerdings typischerweise die vorletzte Silbe gelängt, u.a. in den Savoyen und der angrenzenden Schweiz, in Belgien und in Québec (vgl. Kapitel 11). Die Sprecher schreiben diesen Varietäten daher einen *accent traînant* zu.

Werden im Normfranzösischen Wörter isoliert ausgesprochen, fällt der Akzent selbstverständlich auch auf die letzte Silbe. Im Deutschen dagegen sind mehrsilbige oxytone Wörter relativ selten und betreffen ausschließlich Entlehnungen, z.B. *Ele<u>fant</u>*, *Diszi<u>plin</u>*, *Dia<u>gramm</u>* (Wortgruppen werden dagegen oft mit einem finalen Akzent abgeschlossen; vgl. Abb. 88). Dieser Gegensatz zwischen dem Deutschen und dem Französischen wird beim Vergleich internationaler Wörter wie *Taxi* oder *Radio* besonders deutlich: dt. [ˈtak.si] vs. fr. [tak.ˈsi], dt. [ˈʁa.djo] vs. fr. [ʁa.ˈdjo].

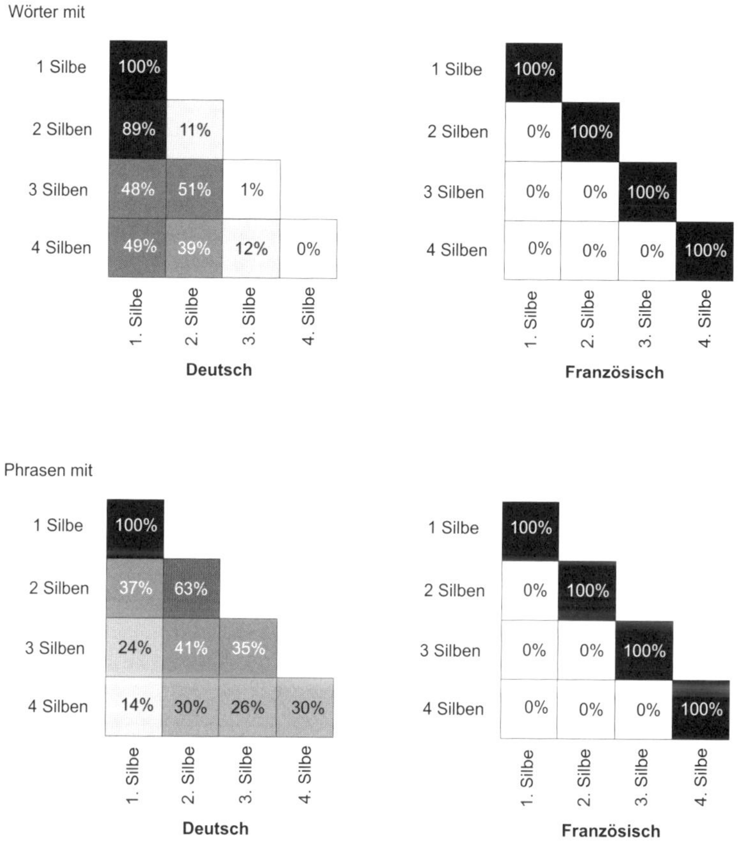

Abb. 88: Lage des Akzents in Abhängigkeit von der Wort- bzw. Phrasenlänge (nach Delattre 1965: 29, 31)

Aufgrund dieses Unterschiedes neigen deutsche L1-Sprecher typischerweise dazu, im Französischen zu viele Akzente zu setzen. Um dies zu verhindern, verwendet man im Fremdsprachenunterricht häufig den Begriff des *mot phonétique*, der suggerieren soll, dass eine Gruppe von Wörtern prosodisch wie ein Einzelwort realisiert werden soll. Der Begriff spiegelt gleichzeitig den Eindruck des Ausländers wider, der die einzelnen Wörter innerhalb einer Wortgruppe nicht identifizieren kann. Damit spielt auch Raymond Queneau in *Zazie dans le métro* (1959). Der Roman beginnt mit *Doukipudonktan*, einer Art 'Transkription' von *D'où qu'il pue donc tant?*. Diese Wahrnehmung einer 'Wortverschmelzung' spiegelt sich auch in Graphievarianten wie <lenfant>, <illevoit> oder <tresbel> wider, wie sie in der Sprachgeschichte belegt sind. Aus pädagogischer Sicht kann es also durchaus sinnvoll sein, den Lerner zu bitten, sich vorzustellen, es handle sich um ein einziges Wort. Die Realität wird so allerdings nicht korrekt wiedergegeben, denn die Einzelwörter machen sich etwa bei der Syllabierung (vgl. Kapitel 6.4), den Nebenakzenten (s.u.) oder phonologischen Prozessen wie der Gleitlautbildung (vgl. Kapitel 8.5) bemerkbar.

Im Französischen muss grundsätzlich zwischen akzentuierbaren und nicht akzentuierbaren Wörtern unterschieden werden: **Nicht akzentuierbar** sind wie in vielen Sprachen der Welt Funktionswörter, u.a. Klitika (< gr. *klitikon* 'das sich Anlehnende'), z.B. das Objektpronomen *le* in *mon cousin le prend*, oder vorangestellte kurze Präpositionen wie *en* und *de*. Nur im Ausnahmefall der Inversion können einige von ihnen betont werden, z.B. in *Prends-le!* oder *Vas-y!*. Die Lexeme des Französischen sind dagegen grundsätzlich **akzentuierbar**, auch wenn sie in der zusammenhängenden Rede nicht immer auch tatsächlich akzentuiert werden. So wird beispielsweise die letzte Silbe im Wort *voiture* betont (d.h. v.a. gelängt), wenn sie am Ende der Phrase steht (u.a. wenn das Wort isoliert ausgesprochen wird), nicht aber im Phraseninnern, also *la voiture* [lavwaˈtyːʁ], aber *la voiture de mon frère* [lavwatyʁdəmɔ̃ˈfʁɛːʁ]. Die Akzentuierung hat somit eine **delimitative Funktion**, d.h. sie markiert das Phrasenende. Aufgrund ihrer Vorhersagbarkeit wird sie in den Transkriptionen in diesem Buch nicht notiert.

Metasprachlich können auch nicht akzentuierbare Wörter akzentuiert werden, z.B. in *On ne dit pas le Française, mais la Française*. In diesem Fall hat die Akzentuierung eine **kontrastive Funktion**. Daneben kann sie auch eine **emphatische Funktion** haben, wozu sie die erste oder zweite Silbe des hervorzuhebenden Wortes trifft, z.B. in *C'est dégueullasse!* oder *C'est épouvantable!*. Dies wird gelegentlich durch den Einsatz eines glottalen Plosivs [ʔ] vor Initialvokal, eine Liaison ohne *enchaînement* (vgl. Kapitel 9.1) oder eine Aspiration verstärkt, z.B. in *C'est incroyable!* [sɛt.ˈʔɛ̃kʁwajabl] oder *tout à fait* [ˈt^{h}utafɛ].

Die **Gruppierung der Wörter zu Phrasen** gelingt den meisten Lernern des Französischen intuitiv sehr gut, auch wenn ihr ein sehr komplexes Zusammenspiel verschiedenster Faktoren zugrunde liegt:

- **Syntax**: Die Akzentphrasen* basieren auf syntaktischen Einheiten wie Nominalphrase (z.B. *le village*), Präpositionalphrase (z.B. *dans cette commune*) etc.
- **Semantik**: Die syntaktischen Einheiten entsprechen Sinneinheiten wie Agens (z.B. *le Premier Ministre*), Ortsangabe (z.B. *dans cette commune*), Zeitangabe (z.B. *en fin d'année*) etc.

- **Prosodie**: Die syntaktisch und semantisch definierten Einheiten werden abhängig von ihrer **Länge** und **Akzentuierbarkeit** weiter unterteilt oder aber zusammengefasst. So können eine Nominalphrase und eine Verbalphrase zwei Phrasen bilden, wenn sie lang genug sind (z.B. *mon grand-père / aurait dû venir*), aber nur eine einzige, wenn das Subjekt durch ein Pronomen ausgedrückt wird und/oder die konjugierte Verbform sehr kurz ist (z.B. *il vient*, **il / vient*). Ähnliches gilt für die Kombination aus Nominal- und Präpositionalphrase (vgl. *le village / de Beaulieu-sur-Seine* vs. *la ville de Caen*). Vorangestellte, in der Regel kurze Adjektive 'lehnen' sich an das Substantiv 'an', nachgestellte können auch eine eigene Phrase bilden, z.B. *une belle voiture* vs. *une voiture (/) américaine.*

- Bei höherem **Sprechtempo** werden tendenziell mehr Silben pro Phrase realisiert als bei niedrigem.

- **Graphie**: Beim Lesen geben Satzzeichen Phrasengrenzen vor.

Bei dieser Einteilung in Phrasen müssen mindestens zwei prosodische Niveaus unterschieden werden: erstens die relativ kurzen **Akzentphrasen**, die aus einem Lexem und einem oder zwei Funktionswörtern bestehen (im Schnitt aus vier Silben) und deren Ende meist nur intonatorisch markiert ist, zweitens die längeren **Intonationsphrasen**, die durch eine finale Längung und eventuell eine anschließende Pause charakterisiert sind (vgl. Kapitel 7.3). Während man bei schneller Spontansprache oft nur letztere wahrnimmt, können bei langsamem Vorlesen sämtliche Phrasengrenzen deutlich markiert werden. In den Transkriptionen in diesem Buch werden die Intonationsphrasen mit dem IPA-Symbol der doppelten horizontalen Linien [‖] und die Akzentphrasen durch einfache [|] markiert. Oft gibt es neben der Musterlösung noch zahlreiche weitere Möglichkeiten, die Transkription in Phrasen zu unterteilen.

Die hier aufgelisteten Prinzipien sollen im Folgenden durch den PFC-Text *Le village de Beaulieu* illustriert werden (alternative Einteilungen in Kapitel 2.3).

PFC-Text *Le village de Beaulieu:* Phraseneinteilung

Le village / de Beaulieu // est en grand émoi. // Le Premier Ministre // a en effet / décidé / de faire étape / dans cette commune // au cours de sa tournée / de la région / en fin d'année. // Jusqu'ici // les seuls titres / de gloire / de Beaulieu // étaient / son vin blanc / sec, // ses chemises / en soie, // un champion / local / de course à pied // (Louis Garret), // quatrième / aux jeux olympiques / de Berlin / en 1936, // et plus récemment, // son usine / de pâtes / italiennes. // Qu'est-ce qui a donc / valu à Beaulieu // ce grand honneur?

/ = Akzentphrase, // = Intonationsphrase

Die Vorstellung von einer fast völligen Akzentlosigkeit des Französischen – abgesehen vom finalen Phrasenakzent – ist jedoch empirisch nicht haltbar (vgl. Rossi 1980). In der neueren Forschung wird vielmehr die Existenz von **Nebenakzenten** angenommen. So wird beispielsweise in *hôpital* nicht allein die letzte Silbe hervorgehoben, sondern auch die drittletzte: [ˌɔ.pi.ˈtal]. Akzentuierte und nicht akzentuierte Silben wechseln sich also ab. Das Aufeinandertreffen zweier Akzente in unmittelbar benachbarten Silben (***accent clash***) wird dagegen vermieden. Dies kann zum einen zu einer Verlagerung des Akzents führen. So wird beispielsweise das Wort *bateau*, wenn es isoliert ausgesprochen wird, mit dem Akzent auf der letzten Silbe ausgesprochen, d.h. [ba.ˈto]. Im Falle von *bateau-citerne* erhält diese Silbe einen Nebenakzent: [ba.ˌto.si.ˈtɛʁn]; in *bateau-mouche* dagegen verschiebt sich der Akzent um eine Silbe nach vorne, da das finale [muʃ] den Hauptakzent tragen muss, also [ˌba.to.ˈmuʃ] und nicht *[ba.ˌto.ˈmuʃ]. Zur Vermeidung eines *accent clash* kann aber auch ein Schwa realisiert werden, z.B. in *porte-plume* [ˌpɔʁ.tə.ˈplym] 'Federhalter' vs. *port(e)manteau* [ˌpɔʁt.mɑ̃.ˈto] 'Kleiderständer' (vgl. Kapitel 10.3).

Akzentuierungen wie in *bateau-mouche* [ˌba.to.ˈmuʃ] entsprechen der Tendenz des Französischen zum **Initialakzent**, der sich besonders häufig in der öffentlichen Rede von Politikern, in den Massenmedien und im didaktischen Diskurs wiederfindet. Durch die zunehmende Verbreitung dieses Akzenttyps geht seine emphatische Funktion jedoch verloren, und er erhält mehr und mehr eine delimitative Funktion: Er markiert nun den Phrasenanfang. Initialer und finaler Akzent unterscheiden sich allerdings in ihrer phonetischen Realisierung grundlegend voneinander: Während der finale Akzent v.a. durch eine Längung und einen besonderen Intonationsverlauf markiert ist, wird der initiale Akzent v.a. durch eine höhere Intensität und eine Stärkung des Silbenkopfes ausgedrückt (Aspiration von Plosiven, glottaler Plosiv vor Vokalen; s.o.). Zudem ist die Position des finalen Akzents klar auf die letzte Silbe ohne Schwa festgelegt (vgl. z.B. *quatre* [ˈkatʁ̥]/[ˈka.tʁ̥ə]; s.o.), wohingegen der initiale Akzent sowohl in der ersten als auch in der zweiten Silbe von Lexemen auftauchen kann (vgl. z.B. *dégueullasse*, *épouvantable*; s.o.). Durch die Eingrenzung der Phrase durch finalen Hauptakzent und initialen **Gegenakzent** entstehen so genannte **Akzentbögen**.

7.2 Rhythmus

Unter *Rhythmus* (vgl. gr. *rhythmos* 'Gleichmaß') versteht man die **zeitliche Gliederung** sowohl von Musik als auch von Lautsprache, wobei die Klänge bzw. Sprachlaute genauso wie die Pausen zwischen ihnen dazu beitragen. Der Mensch kann gar nicht anders, als den ihn umgebenden Schall rhythmisch zu hören. So nimmt er beispielsweise im Tropfen eines Wasserhahns, wie unregelmäßig es auch sein mag, ein Muster wahr. In der Musik erfolgt die Zeiteinteilung in Takten (¾-Takt etc.), in Bezug auf die Dichtung spricht man ebenfalls vom Takt oder vom (Vers-)

Fuß. Je nach Abfolge kurzer ('u') und langer ('-') Silben unterscheidet man in der klassischen Metrik Trochäus, Jambus, Daktylus und Anapäst (quantierende, d.h. längenbasierte Metrik). In Sprachen wie dem Deutschen werden damit dagegen entsprechende Kombinationen betonter bzw. starker Silben (σ_s; engl. *strong*) und unbetonter bzw. schwacher Silben (σ_w; engl. *weak*) bezeichnet. In diesem Fall spricht man von akzentuierender (d.h. betonungsbasierter) Metrik. Diese Begrifflichkeiten haben auch in der Phonologie der Alltagssprache Anwendung gefunden, um den Wortakzent zu charakterisieren (vgl. Abb. 89).

	quantitierende Metrik	**akzentuierende Metrik**	
Fußtyp	**Muster**	**Muster**	**Beispiel**
Trochäus	-u	$\sigma_s\sigma_w$	dt. *Fenster*
Jambus	u-	$\sigma_w\sigma_s$	dt. *Verstand*
Spondäus	--	$\sigma_s\sigma_s$	dt. *Bluttat*
Daktylus	-uu	$\sigma_s\sigma_w\sigma_w$	dt. *Autobahn*
Anapäst	uu-	$\sigma_w\sigma_w\sigma_s$	dt. *Paradies*

Abb. 89: Fußtypen der Metrik

Auch in der Phonologie gruppiert man **Silben** um Akzente herum zu **Füßen**. So kann etwa dt. *Abenteuer* [ˈʔa.bm̩.ˌtɔ.jɐ] in zwei Trochäen zerlegt werden. Im Französischen sind solche Analysen eher unüblich, da es traditionell als eine Sprache angesehen wird, in der nur die letzte Silbe der Phrase einen Akzent trägt. Doch wie bereits in Kapitel 7.1 gesehen, sind auch die nicht finalen Silben im Französischen nicht alle gleich unbetont. So trägt etwa in *bateau-citerne* die Silbe [to] einen Nebenakzent: [ba.ˌto.si.ˈtɛʁn]. Solche Unterschiede können u.a. wie folgt graphisch dargestellt werden (vgl. Abb. 90).

```
                 x
       x         x
  x    x    x    x
  ba   to   si   tɛʁn
```

Abb. 90: Graphische Darstellung von *bateau-citerne*

Neben der Silbe spielt auch die **More** für die Akzentuierung eine Rolle, etwa beim **Dreisilbengesetz des Lateinischen**. Hier wird bei Wörtern mit drei oder mehr Silben unterschieden, ob die Pänultima leicht oder schwer ist, d.h. aus einer oder zwei Moren besteht (vgl. Kapitel 6.1). Ist sie schwer, wird sie betont und ist damit eine starke Silbe (z.B. lat. *inimicus*), ist sie leicht, wird die Silbe davor, d.h. die Antepänultima, betont (z.B. lat. *insula*), und die Pänultima ist eine schwache Silbe.

Die dominierende Frage der Rhythmusforschung ist, ob es Einheiten gibt, die in gleichmäßigem zeitlichen Abstand aufeinander folgen (**Isochronie-Hypothese**; vgl. Pike 1945, Abercrombie 1967), wodurch sich ein Wohlklang ergibt (Eurhythmie). Dabei geht man traditionell von einer Dreiteilung in **akzentzählende** Sprachen (z.B. Deutsch, Englisch), **silbenzählende** Sprachen (z.B. Französisch, Spanisch) und **morenzählende** Sprachen (z.B. Japanisch) aus: Bei akzentzählenden Sprachen wäre der Abstand zwischen zwei Akzenten tendenziell gleich lang, bei silben- bzw. morenzählenden Sprachen dagegen die Dauer der Silben bzw. der Moren. So besteht etwa engl. *bar of chocolate* [ˈbɑːɹ.əv.ˈtʃɔk.lət] aus zwei je zweisilbigen – d.h. ähnlich langen – Akzentphrasen, fr. *barre de chocolat* [baːʁ.də.ʃɔ.kɔ.ˈla] seinerseits fast ausschließlich aus CV-Silben – deren Länge ihrerseits vergleichbar sein dürfte.

In ihrer strengen Form kann die Isochronie-Hypothese im akustischen Signal jedoch nicht nachvollzogen werden. Trotzdem steckt in ihr ein wahrer Kern: Die Klassifikation entspricht nämlich Ramus/Nespor/Mehler 1999 zufolge der **Kombination des vokalischen Anteils (%V) und der Variation der Länge von Konsonantenfolgen (ΔC)** im Signal: Traditionell als akzentzählend bezeichnete Sprachen wie Englisch haben einen geringeren vokalischen Anteil und in ihrer Länge stärker variierende Konsonantenfolgen, traditionell als silbenzählend bezeichnete Sprachen wie Französisch dagegen einen höheren Anteil von Vokalen und ähnlich lange Konsonantenfolgen (vgl. z.B. engl. *chocolate* [ˈtʃɔk.lət] mit einer akzentuierten CCVC-Silbe vs. fr. *chocolat* [ʃɔ.kɔ.la] aus drei CV-Silben); bei der morenzählenden Sprache Japanisch ist der Vokalanteil noch größer und die Länge der Konsonantenfolgen noch stabiler. Die traditionelle Rhythmustypologie muss also nicht komplett verworfen, sondern nur modifiziert werden: Statt einer diskreten Dreiteilung sollte eher ein **mehrdimensionales Kontinuum** mit drei (oder zwei[1]) Prototypen angenommen werden (vgl. Abb. 91).

Mit den Rhythmustypen korrelieren interessanterweise weitere phonologische Eigenschaften. So werden etwa in akzentzählenden Sprachen bei zunehmender Silbenzahl zwischen den betonten Silben Vokale reduziert (vgl. Kapitel 8.2), oder sogar ganz elidiert, manchmal auch komplette Silben (vgl. engl. *choc(o)late* [ˈtʃɔk.lə̠t]). Dadurch wird gewährleistet, dass der Zeitabstand zwischen den Betonungen in etwa gleich bleibt; gleichzeitig entstehen aber komplexe Silbenstrukturen (z.B. [tʃɔk]: CCVC). Silbenzählende Sprachen tendieren dagegen zur unmarkierten CV-Silbe (z.B. fr. *chocolat* [ʃɔ.kɔ.la]).

Möglicherweise handelt es sich bei der Isochronie auch weniger um ein akustisches als um ein perzeptives Phänomen. So wird aufgrund des Höreindrucks der Rhythmus akzentzählender Sprachen auch als *Morsecode-Rhythmus* (als eine Abwechslung aus langen und kurzen Einheiten, entsprechend akzentuierten und unakzentuierten Silben) bezeichnet, der von silbenzählenden Sprachen als *Maschinengewehr-Rhythmus* (mit gleich langen Einheiten).

[1] Bei Grabe/Low 2002 fällt der morenzählende Typ weg.

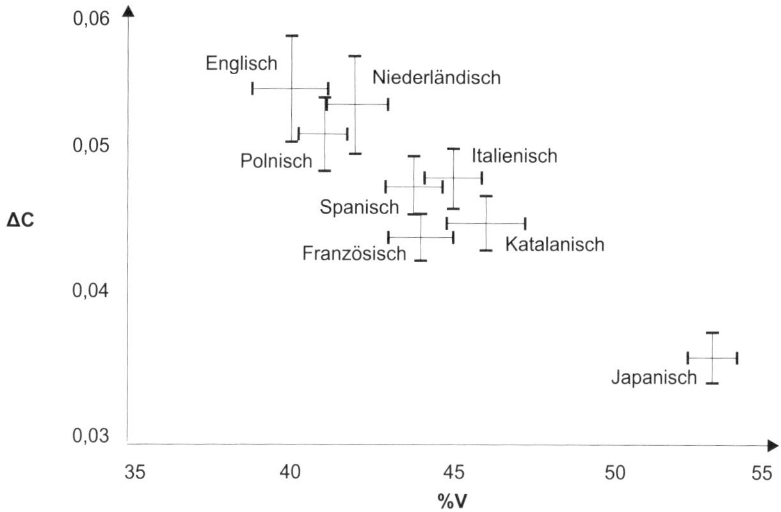

Abb. 91: Klassifikation durch ΔC und %V (nach Ramus/Nespor/Mehler 1999)

7.3 Intonation

Unter *Intonation* (vgl. mlat. *intonare* 'anstimmen', zu lat. *tonare* 'donnern') versteht man die wahrgenommene **Sprachmelodie**. Diese beruht auf dem Grundfrequenzverlauf, lässt aber jene Aspekte außer Acht, die für Ton und Akzentuierung genutzt werden oder die rein phonetischen Ursprungs sind und vom Hörer gar nicht bemerkt werden. So sind etwa bestimmte Laute von Natur aus höher als andere (z.B. ist [i] höher als [a]), und im Laufe der Äußerung fällt die Melodiekurve nach unten ab (vgl. Abb. 92), was man *Deklination* nennt (vgl. engl. *to decline* 'abfallen').

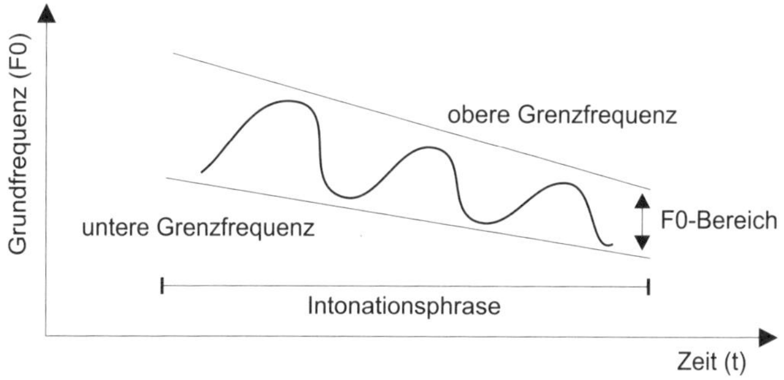

Abb. 92: Schematische Abbildung der Deklination (nach Pompino-Marschall [3]2009: 247)

Intonationskonturen kodieren sowohl **syntaktische, pragmatische, varietätenlinguistische** als auch **parasprachliche Funktionen**, u.a. Äußerungstypen (z.B. Frage- vs. Aussagesätze; vgl. Abb. 93), Informationsstruktur (Fokussierung vs. Hintergrundierung), diatopische Varietäten (z.B. Pariser 'Monotonie' vs. 'singender' Akzent des Südens oder der Antillen; vgl. Kapitel 11.2 und 11.5) sowie Emotionen (Emphase durch Tonhöhensprünge, Gleichgültigkeit durch Monotonie etc.).

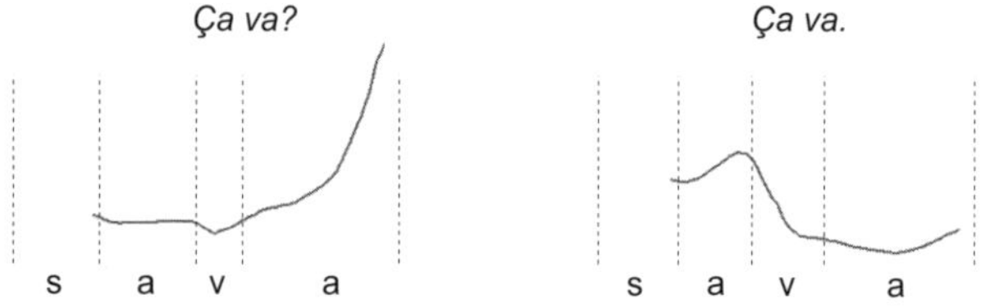

Abb. 93: F0-Kurve von *Ça va?* und *Ça va.*

Da das IPA nur über sehr rudimentäre Symbole für die Prosodie verfügt, wurden für diese eigene **Transkriptionssysteme** entwickelt, die mehr oder weniger von der F0-Kurve abstrahieren. **Delattre 1966b** verwendet ein **4-stufiges Raster**, das an die Notenlinien der Musik erinnert (vgl. Abb. 94). Niveau 2 stellt hierbei die neutrale Ausgangsebene dar, auf der beispielsweise das Hesitations-*euh* produziert wird. Als Basiskonturen nimmt er zum einen die nicht-terminale *continuation* (Niveau 2–3/4) und *parenthèse* (1–1) an, zum anderen die terminale *interrogation* (4–1), *question* (2–4) und *finalité* (2–1). Für expressive Tonsteigerungen und -senkungen werden noch die Niveaus 0 und 5 hinzugefügt.

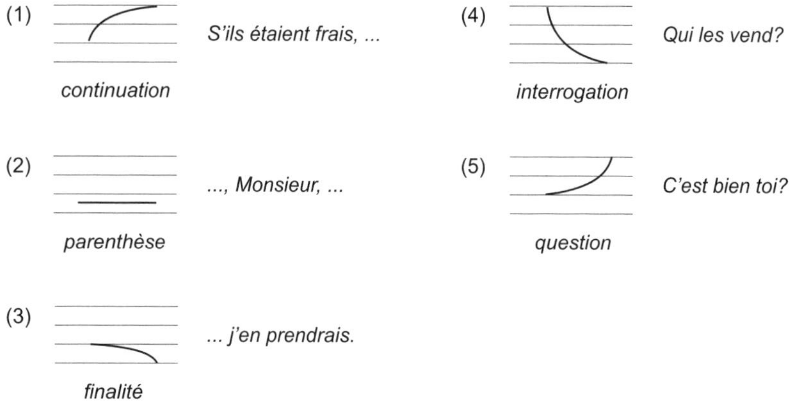

Abb. 94: Basisintonationskonturen nach Delattre 1966b

Generell sind fallende Intonationskonturen abschließend, wohingegen steigende eine Ergänzung verlangen (z.B. bei Aufzählungen, Fragen, Bitten). Trotzdem ist es nicht zutreffend, dass die Intonation bei einem Fragesatz grundsätzlich steigt. Im Französischen muss vielmehr zwischen der Entscheidungsfrage (*question*) mit steigendem Tonhöhenverlauf (z.B. *C'est bien toi?*) und der Ergänzungsfrage (*interrogation*) mit oft fallendem Tonhöhenverlauf (z.B. *Qui les vend?*) unterschieden werden (vgl. Abb. 94.4 und 94.5).

Pierrehumbert 1980 entwickelte in Anlehnung an die Modellierung von Tönen (vgl. Kapitel 4.3) das formalere **autosegmental-metrische Modell**. Hier wird Intonation mit Hilfe eines überschaubaren Inventars diskreter Töne analysiert, die auf einer autonomen Tonschicht angesiedelt werden (wie bei der Analyse von Tonsprachen; vgl. Kapitel 4.3): u.a. Hochton (H), Tiefton (L), Akzentton (*) und Grenzton (%). Diese Töne werden mit starken Silben (σ_s) assoziiert (z.B. engl. *choc(o)late*, dt. *Schokolade*; in der Phrasenakzentsprache Französisch sind das jeweils die erste bzw. zweite sowie die letzte Silbe der Phrase, s.u.), wobei auch mehrere Tonwerte miteinander kombiniert werden können (z.B. LH: steigend). Dazwischen wird interpoliert, d.h. die Töne werden miteinander zu einer Intonationskurve verbunden. Dieses Modell ist autosegmental, da die Töne als unabhängig von den übrigen lautlichen Merkmalen betrachtet werden; es ist metrisch, da eine hierarchische Struktur (aus Silben, meist auch Füßen, Akzentphrase und Intonationsphrase) angenommen wird. Für die Transkription wird auf das **ToBi** (*Tone and Break Indices*; vgl. Silverman et al. 1992) zurückgegriffen, nach dessen Muster für die jeweilige Einzelsprache ein prosodisches Transkriptionssystem entwickelt werden kann, was für das Französische allerdings noch aussteht (für das Deutsche vgl. Grice/Baumann 2002).

Eine Analyse des **Französischen** im Rahmen dieses Modells liefern **Jun/Fougeron 2000**. In ihrem Basismodell stellen sie die französische Intonation entsprechend der Idee der Akzentbögen (vgl. Kapitel 7.1) als eine Verbindung zwischen (fakultativem) Initialakzent und finalem Phrasenakzent dar (vgl. Abb. 95). Da Akzentuierung im Französischen u.a. durch hohe oder steigende Tonhöhe ausgedrückt wird, wird der Initialakzent als intermediärer Grenzton Hi bzw. LHi (i: *initial*) modelliert, der Finalakzent aus einer Mischung aus Akzent- und Grenzton (LH* oder H*). Damit lautet die zugrunde liegende Kontur der französischen Akzentphrase **/LHiLH*/**. Die französische Intonation besteht also aus einer Folge steigender Tonhöhenbewegungen. Da im Normalfall nur Inhaltswörter (Lexeme) und keine Funktionswörter (Grammeme) akzentuiert werden, fällt der initiale Grenzton Hi auf die erste Silbe des ersten Lexems; geht ihm ein Tiefton L voran, wird dieser davor, nämlich mit der ersten Silbe der Akzentphrase, assoziiert. Der finale Akzentton H* seinerseits wird mit der letzten Silbe der Phrase assoziiert, der Tiefton davor liegt bei zwei- bis dreisilbigen Wörtern ebenfalls auf der letzten Silbe, bei längeren auf der vorletzten. Die Intonationsphrase wird schließlich durch einen Grenzton, eine Längung des letzten Vollvokals sowie fakultativ durch eine

Pause abgeschlossen. Je nach Satztyp wird auf dieser Ebene ein zusätzlicher hoher oder tiefer Grenzton angeschlossen: Aussagesätze enden in der Regel auf einem tiefen Grenzton (L%), Entscheidungsfragen meist auf einem hohen (H%). Auf die letzte betonbare Silbe der Intonationsphrase fallen damit gleichzeitig ein Akzentton (*) und ein Grenzton (%).

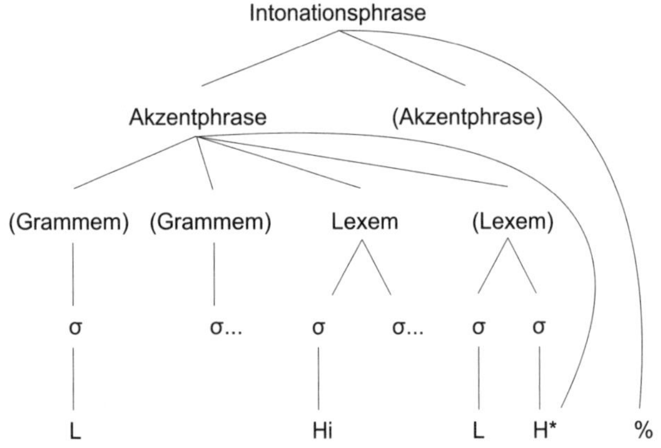

Abb. 95: Zugrunde liegende Tonsequenz der französischen Akzentphrase nach Jun/Fougeron 2000

Nur wenn die Phrase aus genau vier Silben besteht, kann jeder zugrunde liegende Ton mit genau einer Silbe assoziiert werden (vgl. *Européen*; Abb. 96). Besteht die Phrase aus mehr Silben, werden die ersten beiden Töne mit ihrem Anfang, die letzten beiden mit ihrem Schluss assoziiert (vgl. *le désagréable garçon*). Besteht sie aus weniger Silben, bleiben ein oder zwei zugrunde liegende Töne unrealisiert (vgl. *Marie*).

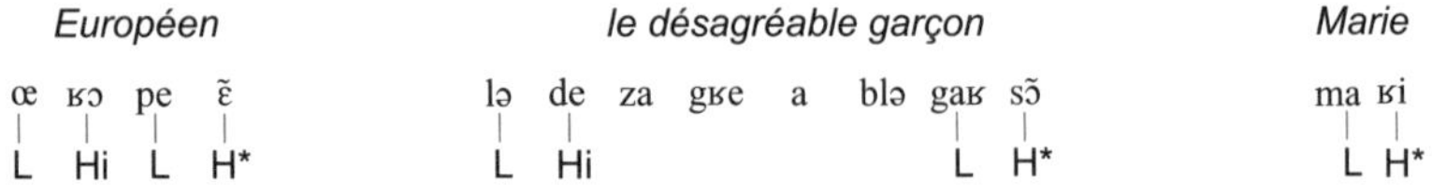

Abb. 96: Beispiele für die Zuweisung der zugrunde liegenden Tonsequenz

Zusammenfassung

Im Französischen sind in zusammenhängender Rede einzelne Wörter nur schwer erkennbar. Im Gegensatz zum Deutschen werden nur Phrasen akzentuiert, und zwar immer auf der letzten Silbe, was v.a. durch den Intonationsverlauf und die Längung des Vokals geschieht. Die übrigen Silben sind in etwa gleich lang, weswegen das Französische von seinem Rhythmus her als typische silbenzählende Sprache gilt – im Gegensatz zum akzentzählenden Deutschen. Bei der Einteilung in Phrasen müssen zwei prosodische Niveaus unterschieden werden: Die Akzentphrasen bestehen im Schnitt aus einem Lexem und ein oder zwei Funktionswörtern (ca. vier Silben). Sie basieren im Wesentlichen auf der Syntax, können aber abhängig von der Länge und Akzentuierbarkeit der Wörter sowie vom Sprechtempo noch einmal unterteilt oder aber zu größeren Phrasen zusammengefasst werden. Die Akzentphrasen können wiederum zu Intonationsphrasen gruppiert werden. Zusätzlich zur finalen Begrenzung werden die Phrasen häufig zu Beginn durch einen weiteren Akzent markiert (z.B. *bateau-mouche* [ˌba.to.ˈmuʃ]). Dieser Initialakzent, der ursprünglich eine emphatische Funktion besaß, zeichnet sich v.a. durch eine höhere Intensität und eine Stärkung des Silbenkopfes aus (z.B. durch Aspiration oder Glottisschlag).

Weiterführende Literatur: Einen Überblick über die Forschung zur französischen Prosodie liefern Lacheret-Dujour/Beaugendre 1999 und Martin 2009. Speziell zum Rhythmus empfehlen sich außerdem Auer 2001 und Dufter 2004, zur Intonation Wunderli 1990, Di Christo 1998 und Jun/Fougeron 2000.

Übungsaufgaben

1. **Zerlegen Sie folgenden Text in Akzentphrasen und lesen Sie ihn anschließend laut vor:**

   Combien de temps faudrait-il pour remplir le lac Léman?
   Ce n'est pas le plus grand, ce n'est pas le plus profond, pas le plus riche ou le plus pauvre, biologiquement parlant. Mais il porte une très noble distinction: le lac Léman est à l'origine de la création d'une discipline scientifique très importante, au nom peu connu, la limnologie, dont le champ d'action (lacs, étangs et autres étendues d'eaux continentales) ne fait mystère pour personne. (…) Le Léman est alimenté par le Rhône mais aussi par une kyrielle de rivières comme la Morge, le Foron, la Serine, l'Aubonne… En sortie de lac, le débit moyen de l'eau est de quelque 8 milliards de mètres cubes par an. Il faudrait donc en moyenne 11 ans pour le remplir, à supposer qu'il se soit vidé.

   (*Le Figaro* vom 04.02.2009)

2. **Welche verschiedenen Möglichkeiten gibt es, die Segmentfolge [ləfʁɛʁdəpjɛʁɔlivjeesɔ̃kuzɛ̃] in Akzentphrasen einzuteilen? Welche Bedeutungsunterschiede ergeben sich dabei?**

3. **Was fällt Ihnen im Weihnachtslied „Petit papa Noël“ in Bezug auf die Akzentuierung auf?**

4. **Singen Sie eine Tonleiter auf [a] in PRAAT ein und visualisieren Sie den Grundfrequenzverlauf.**

5. **Transkribieren Sie folgenden Text:**

   Pourquoi certaines plantes mangent-elles de la viande?
   De tout temps, elles ont fasciné. De tout temps, elles ont été craintes. Et ont suscité les fantasmes les plus extrêmes du cannibalisme, comme „l'arbre de Madagascar“ qui était censé, au XIXe siècle, être capable de dévorer des humains. Il est vrai que certaines plantes carnivores ne sont pas si petites que cela (leurs feuilles pièges peuvent atteindre 30 cm de diamètre) et que leurs „épines“ sont plus rusées et dangereuses que celles des roses. Ce sont tout de même elles qui ont „inventé“ le papier tue-mouches. Mais une plante qui a besoin de manger de la viande pour vivre ne semble pas si „naturelle“. Produit normal de l'évolution, croisement entre végétal et carnivore, animal déguisé en plante, aberration de la nature, beaucoup de questions restent ouvertes sur l'origine de leur existence…

   (*Le Figaro* vom 25.09.2009)

8. Prozesse

Mit Hilfe phonologischer Prozesse werden diachrone Entwicklungen zwischen verschiedenen Sprachzuständen beschrieben; sie werden aber auch synchron zwischen phonologischen Repräsentationen und phonetischen Realisierungen postuliert (vgl. Kapitel 4.2). Im Folgenden sollen die fünf wichtigsten Prozesse kurz vorgestellt und anhand von Beispielen aus dem Französischen und Deutschen illustriert werden. Diese Prozesse haben gemeinsam, dass sie weniger günstige Silbenstrukturen und phonotaktische Kombinationen 'optimieren' (vgl. Kapitel 4.4 und 6). Wenn dies im Dienste der artikulatorischen 'Faulheit' geschieht, spricht man von **Schwächungsprozessen**: Laute können sich einander angleichen (Assimilation; Kapitel 8.1) oder sogar ganz wegfallen (Elision; Kapitel 8.2). Dient dies dagegen der perzeptiven Unterscheidung, spricht man von **Stärkungsprozessen**: Laute können eingeschoben (Epenthese; Kapitel 8.5) oder verschiedener gemacht werden (Dissimilation; Kapitel 8.4). Die Vertauschung von Lauten (Metathese; Kapitel 8.3) kann beiden Zwecken dienen. Interessanterweise gibt es in manchen Fällen mehrere Möglichkeiten der phonotaktischen Optimierung. So kann etwa der Sonoritätsverlauf in *exprès* /ɛks.pʁɛ/ (mit /s/ als nicht-silbischem lokalem Sonoritätsmaximum; vgl. Kapitel 6.1) mit Hilfe zweier verschiedener 'Reparaturmechanismen' verbessert werden: durch die Elision des /k/ (> [ɛs.pʁɛ]) oder die Epenthese eines Schwa (> [ɛk.sə.pʁɛ]). Welche Strategie angewandt wird, hängt vom jeweiligen sprachlichen System ab. Insgesamt gilt jedoch, dass die hörerbezogenen Stärkungsprozesse in der kommunikativen Distanz mehr zum Tragen kommen, die sprecherbezogenen Schwächungsprozesse dagegen in Richtung Nähepol zunehmen.

8.1 Assimilation

Unter *Assimilation* (vgl. lat. *assimilatio* 'Ähnlichmachung') versteht man die **Angleichung** eines Lautes an einen anderen. Sie ist die phonologische Konsequenz der phonetischen **Koartikulation** (vgl. Kapitel 3.1). Assimilationen können nach drei Kriterien klassifiziert werden: Je nachdem, ob ein einziges Merkmal oder alle betroffen sind (und so der Laut mit seinem Nachbarn identisch wird), spricht man von **partieller** oder **totaler** Assimilation. In Abhängigkeit von der Richtung der Assimilation unterscheidet man zudem folgende Fälle: Beeinflusst ein Laut einen nachfolgenden, handelt es sich um eine **progressive** Assimilation, beeinflusst er dagegen einen vorhergehenden, um eine **regressive**; bei der **reziproken** Assimilation schließlich werden die beiden Sprachlaute durch einen dritten ersetzt, der artikulatorisch eine Mittelstellung zwischen ihnen einnimmt. Das dritte Unterscheidungsmerkmal ist der Abstand zwischen den sich beeinflussenden Lauten: Handelt es sich dabei um zwei benachbarte Laute, nennt man das **Kontaktassimilation**, liegen noch weitere Laute dazwischen, spricht man von **Fernassimilation**. Daraus ergeben sich theoretisch zwölf Kombinationen, von denen im heutigen Normfranzösischen aber nur drei vertreten sind (vgl. Abb. 97).

		progressiv	**Regressiv**	**reziprok**
Kontaktassimilation	**partiell**	(*cheval* [ʃv̥al], *Alsace* [alzas])	*je peux* [ʒ̊pø], [ʃpø]	---
	total	---	---	---
Fernassimilation	**partiell**	---	(*têtu* [tety])	---
	total	---	---	---

Abb. 97: Klassifikation der Assimilation nach Richtung, Ausmaß und Lautabstand

Mit Abstand der wichtigste Typ ist die partielle regressive Assimilation der Stimmbeteiligung der Obstruenten. So kann etwa aus einer zugrunde liegenden Form *je peux* /ʒəpø/ die Oberflächenrealisierung [ʒ̊pø] abgeleitet werden: /ʒəpø/ > [ʒpø] > [ʒ̊pø] (zum Formalismus vgl. Kapitel 4.2). Hier sorgt das stimmlose [p] dafür, dass das vorangehende stimmhafte [ʒ] entstimmt wird, was durch das IPA-Diakritikum [˚] (entweder über oder unter dem entsprechenden Symbol) angezeigt wird. Im Extremfall kann sich das [ʒ] sogar zu einem komplett stimmlosen [ʃ] entwickeln: [ʃpø]. Auch der umgekehrte Fall existiert: In *arc de triomphe* [aʁk̬dətʁiɔ̃f] etwa wird das /k/ durch Einfluss des nachfolgenden /d/ sonorisiert, d.h. stimmhaft gemacht, was durch das Diakritikum [̬] markiert wird. Die regressive Assimilation der Stimmbeteiligung ist der einzige Typ von Assimilation, der im Französischen durchgängig und unabhängig von sprachlichen oder außersprachlichen Faktoren erfolgt. Daher wird in den Transkriptionen in diesem Buch nur dieser Fall notiert, und zwar als nur partielle Assimilation des jeweiligen Merkmals, um den Prozess als solchen kenntlich zu machen.

Assimilationen können sowohl Vokale als auch **Konsonanten** treffen. Insbesondere wenn Konsonanten an Morphem- und Wortgrenzen oder infolge einer Schwa-Elision (vgl. Kapitel 10) miteinander in Kontakt kommen, gleichen sie sich häufig in Bezug auf Artikulationsstelle, Artikulationsart oder Stimmbeteiligung an.

Assimilationen der **Artikulationsstelle** finden im Deutschen häufig statt. Progressive Assimilationen lassen sich bei den Nasalen beobachten, die durch den vorausgehenden Obstruenten beeinflusst werden. Dies ist etwa bei dt. *haben* /habən/ > [habn̩] > [ˈhabm̩] der Fall, wo sich nach der Elision des Schwa das alveolare /n/ an das vorausgehende bilabiale /b/ annähert und zu [m] wird (das Diakritikum [̩] zeigt an, dass das [m] silbisch ist). Die noch kürzere Variante [ham] könnte als ein Fall reziproker Assimilation interpretiert werden, bei der ein bilabiales /b/ und ein Nasal /n/ zu einem bilabialen Nasal [m] verschmelzen (alternativ könnte die Form aber auch über die Elision des /b/ abgeleitet werden). Regressive Assimilationen betreffen im Deutschen dagegen v.a. die apikalen Plosive und Nasale, die sich an labiale und dorsale assimilieren. So wird beispielsweise das /t/ in dt. *mitkommen* an den Artikulationsort des nachfolgenden /k/ angeglichen, weswegen es [ˈmɪkˌkɔmn̩] ausgesprochen wird.

Ein in der Diachronie häufig zu beobachtender Prozess ist die **Palatalisierung**. Dieser Begriff ist jedoch zweideutig: Er bezeichnet zum einen die Veränderung hin zu einer palatalen Aussprache, wie es der Name andeutet. Dies ist beispielsweise bei der Entstehung der palatalen Nasale der Fall, die sich in der Entwicklung vom Lateinischen zum Französischen als Resultat einer reziproken Assimilation von Nasal und palatalem Gleitlaut ergeben haben: [n] + [j] > [ɲ], z.B. (lat. VINEA >) vlat. *vinia* [vinja] > fr. *vigne* [viɲ]. In den meisten Fällen liegt allerdings lediglich eine 'Vorverlagerung' des Artikulationsorts unter dem Einfluss eines nachfolgenden vorderen, d.h. palatalen, Vokals oder Gleitlauts – [e], [i], [y] bzw. [j] oder [ɥ] – vor (vgl. Abb. 98). Dies ist im Altfranzösischen bei [k] und [g] der Fall, die unter Einfluss eines darauffolgenden [i] oder [e] zu [ts] bzw. [dʒ] vorrücken, z.B. lat. CENTUM > afr. *cent*, lat. GENTILIS > afr. *gentil* (mit späterer Deaffrizierung: [ts] > [s] bzw. [dʒ] > [ʒ]).

Solche Palatalisierungen im weiteren Sinne sind auch in zahlreichen heutigen französischen Varietäten belegt (vgl. Kapitel 11). Im Französischen der *banlieue* geht die Verlagerung des Artikulationsortes des Konsonanten nach vorne sogar über die Position des nachfolgenden [y] hinaus, nämlich vom velaren Plosiv /k/ zur (post)alveolaren Affrikate /tʃ/, z.B. *enculé* /ɑ̃kyle/ > [ɑ̃tʃyle]. Aber auch in umgekehrter Richtung können sich die Konsonanten dem nachfolgenden Vokal oder Gleitlaut annähern, z.B. bei *tiens*, das bereits von Molière als <quiens> geschrieben wurde. In Belgien und Québec dagegen ist die Verschiebung des Artikulationsortes minimal: Hier wird aus einem alveolaren /t/ lediglich ein (post)alveolares /tʃ/, z.B. *tiens* /tjɛ̃/ > [tʃjɛ̃]. Der Haupteffekt besteht vielmehr in der Veränderung der Artikulationsart: Aus einem Plosiv wird eine Affrikate. Dies erklärt sich damit, dass [i] so hoch artikuliert wird, dass sich automatisch ein leichtes Friktionsgeräusch ergibt, das dann verstärkt werden kann. Im Falle von *tu* /ty/ > [tsy] findet sogar überhaupt keine Verschiebung, sondern ausschließlich eine Affrizierung statt.

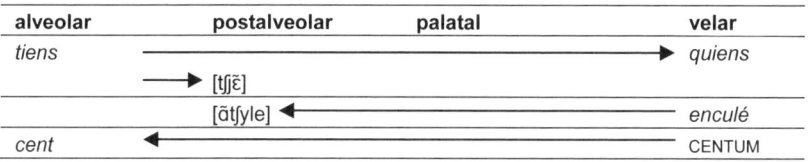

alveolar	postalveolar	palatal	velar
tiens	———————	———————→	*quiens*
——→	[tʃjɛ̃]		
	[ɑ̃tʃyle] ←———	———————	*enculé*
cent ←———	———————	———————	CENTUM

Abb. 98: Unterschiedliche Verlagerung des Artikulationsorts bei der 'Palatalisierung'

Neben der Affrizierung findet eine weitere Assimilation der **Artikulationsart** beim Kontakt von Vokalen und Konsonanten statt: Durch eine regressive Assimilation der **Nasalität** der Nasalkonsonanten auf die ihnen vorausgehenden Vokale sind nämlich im Altfranzösischen die nasalierten Vokale entstanden. Zunächst handelte es sich lediglich um Allophone der entsprechenden Oralvokale; nach Elision der Nasalkonsonanten wurden daraus dann aber neue Phoneme (Phonologisierung; vgl. Kapitel 4.1). So ist beispielsweise das /ɔ̃/ in fr. *nom* folgendermaßen entstanden: lat. NOMEN > afr. [nɔm] > [nɔ̃m] > nfr. [nɔ̃]. In der Graphie fungiert der Nasalkonsonant nun nur mehr als Diakritikum für die Nasalierung des vorausgehenden Vokals, z.B. das <m> in *nom*. In einem Teil Belgiens kann dieser Prozess heute noch beobachtet werden, z.B. in *jaune* [ʒɔ̃:n] (vgl. Kapitel 11.3). Auch in manchen Regionen Süddeutschlands ist er produktiv – zum Teil sogar mit anschließender Elision des Nasalkonsonanten, z.B. in *B<u>ahn</u>hof* [bɑ̃:hof] (vgl. Kapitel 5.1).

Besonders produktiv ist im heutigen Französisch die Assimilation der **Stimmbeteiligung**. Dabei hängt die Assimilationsrichtung von der Artikulationsart der beteiligten Laute ab. **Obstruenten** können ausschließlich regressiv angeglichen werden, z.B. *pas d(e) chance* [pad̥ʃɑ̃s], *arc de triomphe* [aʁk̬dətʁiɔ̃f]. In häufig wiederkehrenden Kombinationen kann aus der partiellen Entstimmung oder Sonorisierung, z.B. *je peux* [ʒ̊pø], eine komplette werden, z.B. [ʃpø] (zum Unterschied zwischen entstimmten und stimmlosen Obstruenten vgl. Kapitel 5.2). Solche kommen v.a. in festen Konstruktionen vor, z.B. *je sais pas* [ʃepa], *je suis* [ʃɥi], *tout de suite* [tutsɥit] oder *là-dessus* [latsy], aber auch innerhalb von Wörtern, sei es in Folge einer Schwa-Elision, z.B. *médecin* [metsɛ̃], oder ohne eine solche, z.B. *absent* [apsɑ̃], *obtenir* [ɔptəniʁ]. In einigen Fällen erfolgt die Assimilation aber auch progressiv, nämlich nach Schwa-Elision in *cheval* [ʃv̥al] und *cheveu* [ʃv̥ø]; in Wörtern wie *subsister* [sybziste], *Alsace* [alzas] oder *balsamique* [balzamik] kann sie als lexikalisiert betrachtet werden. Im Gegensatz dazu ist im Deutschen bei der Stimmbeteiligung die progressive Assimilationsrichtung die Regel, z.B. in dt. *ratsam* [ˈʁatz̥am] oder *messbar* [ˈmɛsb̥a:], weswegen deutsche L1-Sprecher im Französischen auch typischerweise in die falsche Richtung assimilieren und zum Beispiel *coupe de vin* *[kupd̥əvɛ̃] statt [kup̬dəvɛ̃] aussprechen.

Bei **Sonoranten**, d.h. Nasalen, Liquiden und Gleitlauten, erfolgt die Assimilation im Französischen in beide Richtungen, und zwar immer vom Obstruenten hin zum Sonoranten (vgl. Abb. 99). Diese Assimilationen werden von deutschen L1-Sprechern automatisch realisiert und müssen nicht eigens erlernt werden (vgl. z.B. fr. *prix* [pʁ̥i] und dt. *Preis* [pʁ̥a͡ɪs]).

	progressiv	**regressiv**
Nasale	*pneu* [pn̥ø], *rythme* [ʁitm̥]	---
Liquide	*prix* [pʁ̥i], *plus* [pl̥y]	*merci* [mɛʁ̥si], *partir* [paʁ̥tiʁ]
Gleitlaute	*soir* [sw̥aʁ], *pied* [pj̥e], *puis* [pɥ̊i]	---

Abb. 99: Assimilation der Sonoranten in Abhängigkeit von der Assimilationsrichtung

Auch die **Auslautverhärtung** kann als ein Fall von Assimilation interpretiert werden, nämlich als eine partielle regressive Assimilation an die folgende stimmlose Pause. Im heutigen Normfranzösischen trifft sie allein die postkonsonantischen Liquide, die unabhängig von der Stimmbeteiligung des vorangehenden Konsonanten entstimmt werden, z.B. in *livre* [livʁ̥], *table* [tabl̥]. Im Deutschen findet sie dagegen bei Obstruenten statt (nicht nur vor Pause, sondern generell am Silbenende), was oft fälschlicherweise auf das Französische übertragen wird. So realisieren deutsche Lerner typischerweise etwa fr. *rouge* *[ʁuʃ] statt [ʁuʒ] (vgl. Kapitel 4.1). Zur Zeit des Altfranzösischen war die Auslautverhärtung dagegen produktiv, wovon heute noch der Liaisonkonsonant [t] zeugt, z.B. in *grand homme* [gʁɑ̃tɔm] (vgl. Kapitel 9.2). Im heutigen belgischen Französisch kann sie ebenfalls beobachtet werden, z.B. in *garage* [gaʁaːʃ] (vgl. Kapitel 11.3).

Im Bereich der **Vokale** kennt das Französische ebenfalls Assimilationen, auch wenn diese nicht so durchgängig erfolgen wie bei den Konsonanten. Im Neufranzösischen findet eine regressive Fernassimilation statt, eine so genannte **Vokalharmonie**, bei der sich die Vokale eines Wortes angleichen (z.B. in Bezug auf die Zungenhöhe). Sie betrifft die mittleren Vokale, v.a. /e/ und /ɛ/, in unbetonter offener Silbe, wo diese nicht miteinander kontrastieren (vgl. Kapitel 5.1). Folgt ein tiefes [a], wird [ɛ] realisiert, folgt ein halb-hoher oder hoher Vokal, dagegen [e], z.B. *aimant* [ɛmɑ̃], aber *aimer* [eme], *embêtant* [ɑ̃bɛtɑ̃], aber *bêtise* [betiz]. In den meisten Fällen bewirkt dieser Prozess eine Anhebung des Vokals. So ergibt sich beispielsweise aus der Wurzel *tête* [tɛt] mit [ɛ] das Derivat *têtu* [tety] mit [e]. Die Vokalharmonie wird nur von einem Teil der nordfranzösischen Sprecher und auch von diesem nicht durchgehend realisiert, weswegen sie im Rahmen der Ausspracheschulung und bei der Transkription nicht unbedingt berücksichtigt werden muss.

Daneben kann man auch **Monophthongierungen** als einen Fall reziproker Assimilation interpretieren. So lässt sich beispielsweise die altfranzösische Entwicklung [ow] > [u], etwa in *m<u>ou</u>dre*, als eine Anhebung des [o] in Richtung [w] und eine gleichzeitige Vokalisierung des [w] als Annäherung an [o] interpretieren. Die neufranzösische Graphie spiegelt hier noch den alten Diphthong wider.

8.2 Elision

Unter *Elision* (vgl. lat. *elisio* 'Herausstoßen') versteht man das Weglassen von Lauten. Dies kommt durch die Überlappung artikulatorischer Gesten zu Stande, von denen im Extremfall nur noch ein unhörbarer artikulatorischer Rest bleibt, der vom Hörer als Nicht-Realisierung reanalysiert wird. Aus einer **kontinuierlichen Schwächung** kann also eine **Segment/Null-Alternanz** entstehen oder aber eine Lexikalisierung der Form ohne das entsprechende Segment. So kann beispielsweise *petit* /pəti/ > [pᵊti] > [pti] zu den neuen Repräsentationen /pəti/~/pti/ (als Suppletion) oder /pti/ führen (vgl. Kapitel 4.5). Bei Vokalen findet die Elision v.a.

in unbetonten Silben statt und stellt häufig den letzten Schritt eines Schwächungsprozesses dar, der auf Zentralisierung (vgl. Abb. 100), Kürzung und/oder Entstimmung folgt. Dieser Prozess kann in der Entwicklung vom Lateinischen zum Französischen vielfach beobachtet werden (z.B. vlat. *caballu* > fr. *cheval* [ʃəval]/[ʃval], lat. LĒVARE > fr. *lever* [ləve]/[lve]); vgl. Kapitel 10.2), aber auch im aktuellen Französischen Belgiens und Québecs (z.B. *nat(u)rellement* /ˈnatyʁɛlˌmɑ̃/ > [ˈnatʏʁɛlˌmɑ̃] > [ˈnatʁɛlˌmɑ̃]; vgl. Kapitel 11.3 und 11.4). Bei den Konsonanten trifft der Schwächungsprozess im Extremfall einen Plosiv, der zunächst zu einem Frikativ und dann zu einem Approximanten wird, und schließlich komplett ausfallen kann, z.B. lat. VITAM > afr. [vida] > [viðə] > [viə] (> nfr. *vie* [vi]).

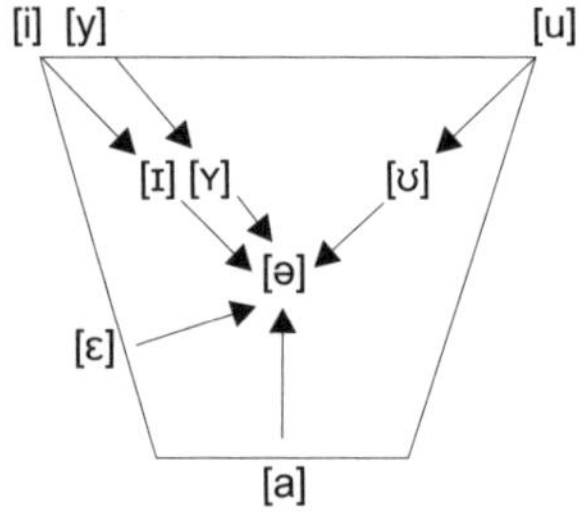

Abb. 100: Vokalzentralisierung im Französischen

Das Französische ist die romanische Sprache, die bei ihrer Entwicklung aus dem Lateinischen die meisten Silben verloren hat. Von den 280 Silben der 100 häufigsten lateinischen Wörter haben sich nur 154 (d.h. 55%) erhalten, im Spanischen dagegen 230 und im Italienischen sogar 259 (vgl. Wolf/Hupka 1981: 65). Dies lässt sich gut an lat. CÁLIDUS illustrieren, aus dem sp. *cálido* [ˈkaliðo] und it. *caldo* [kaldo] entstanden sind, im Französischen dagegen *chaud* [ʃo], wobei wie immer die Phonie noch ein gutes Stück weiter fortgeschritten ist als die Graphie (vgl. Kapitel 2.2). In diesem Fall hat das Spanische alle drei Vokale des lateinischen Wortes erhalten und das Italienische zwei, im Französischen hingegen sind diese zu einem einzigen verschmolzen.

Man unterscheidet Elisionen nach ihrem Vorkommen im Wort. Findet die Elision im Wortinneren statt, spricht man von einer **Synkope**, z.B. lat. CÁL(I)DUS > vlat. *caldus*, fr. *petit* /pəti/ > [pti]. Im Wortauslaut nennt man sie **Apokope**, z.B. lat. MÚR(UM) > fr. *mur*. Häufig sind davon ganze Silben betroffen, z.B. *professeur* > *prof*, *télévision* > *télé*. Die Elisionen am Wortanfang heißen **Aphäresen**, z.B. fr. *vous* /vu{z}/ > [z] in *vous êtes* [zɛt] und *vous avez* [zave]. Sie sind seltener als die ersten beiden Typen, haben sich allerdings in einigen Fällen lexikalisiert, z.B. *autobus* > *bus*, *Alexandrine* > *Sandrine*. Auch das Ethnonym der französischsprachigen *Cajuns* bzw. *Cadiens* in Louisiana ist durch Aphärese entstanden, und zwar aus *Acadiens*, dem Namen der Bevölkerungsgruppe in Kanada, von der sie abstammen.

Im heutigen Französisch betreffen die Elisionen v.a. das **Schwa** (vgl. Kapitel 10). Aber auch **andere Vokale** können in bestimmten Wörtern und Konstruktionen ausfallen:

- /y/ in *tu* (z.B. *tu as* [ta], *tu sais* [tsɛ]), *putain* [ptɛ̃], *jusqu'à* [ʃka]
- /i/ in *si* (nur vor *il(s)* – obligatorisch und graphisch markiert: <s'>) und *qui* (z.B. *la femme qui a fait* [lafamkafɛ])
- /e/ in *déjà* [dʒa], *j'étais* [ʃtɛ]
- /ɛ/ in *cette* [stə], *cet* [st], *c'est* (z.B. *c'est important* [stɛ̃pɔʁtɑ̃]), *c'est-à-dire* [stadiʁ], *mais enfin* [mɑ̃fɛ̃]
- /ø/ in *peut-être* [ptɛt]
- /u/ in *tout à l'heure* [talœʁ], *vous êtes* [(v)zɛt], *vous avez* [(v)zave]
- /wa/ in *voilà* [vla] (diachronisch aus *vela*)
- /a/ in *la* (obligatorisch und graphisch markiert: <l'>)

Im Normfranzösischen handelt es sich bei der Elision in der Regel um eine Vokal/Null-Alternanz, die zum größten Teil lexikalisiert ist – und die ohne die oben beschriebenen Zwischenschritte der Schwächung (Zentralisierung, Kürzung, Entstimmung) abläuft.

Konsonanten werden in zahlreichen französischen Varietäten elidiert, v.a. wenn sie in **Gruppen** auftauchen, eventuell mit ungünstigem Sonoritätsverlauf (z.B. zwei stimmlose Obstruenten in *intact* /ɛ̃takt/ > [ɛ̃tak]). Dies ist insbesondere der Fall, wenn ein ***/s/*** zwischen Konsonanten ein nicht-silbisches lokales Sonoritätsmaximum bilden würde, z.B. in *exprès* /ɛks.pʁɛ/ > [ɛs.pʁɛ] (vgl. Kapitel 6.1). Besonders häufig sind **Liquide** von der Elision betroffen, z.B. *ce(l)ui* [sɥi], *que(l)que chose* [kɛkʃoz], *su(r)* [sy], *p(l)us* [py]; in *pa(r)ce que* ist die Aussprache [paskə] ohne /ʁ/ lexikalisiert. Als Normfranzösisch kann auch die Elision der **finalen postkonsonantischen Liquide** gelten, z.B. in *quatre* [kat] und *table* [tab]. Diese folgt diachron als letzter Schritt auf die Elision des finalen Schwa, die zunächst zu einem silbischen Liquid führt, der seine Silbizität möglicherweise verliert, dann entstimmt wird und schließlich ganz ausfällt, z.B. *table* [ta.blə] > [ta.bl̩] > [tabl] > [tabl̥] > [tab]. Es ist fraglich, inwiefern dieser Prozess noch synchron produktiv ist, denn französischsprechende Kinder lernen zunächst die Form ohne Liquid /tab/ und erst später, über die Graphie, die Form /tabl/ mit Liquid. Die Bedeutung der Graphie wird auch am Beispiel *tempe* 'Schläfe' deutlich (< vlat. **temp(u)la*; bis ins 18. Jh. <temple>): Da hier die Variante ohne /l/ in der Graphie festgehalten wurde, ist jene mit /l/ völlig verschwunden (bzw. konnte hier das /l/ nicht im Nachhinein über die Graphie wieder eingeführt werden; vgl. Kapitel 2.5). Wird am Ende von Wörtern wie *table* ein Schwa realisiert, d.h. [tablə], muss dies im heutigen Französisch als Resultat einer Epenthese betrachtet werden, die dazu dient, ein nicht-silbisches lokales Sonoritätsmaximum zu verhindern (vgl. Abb. 76 in Kapitel 6.1).

8.3 Metathese

Mit dem Begriff der *Metathese* (vgl. gr. *metathesis* ‘Umstellung’) bezeichnet man die Umstellung und Vertauschung von Lauten innerhalb von Wörtern. Dieser Prozess betrifft v.a. die Konsonanten, besonders die Liquide. Bekannte Beispiele aus der Sprachgeschichte sind für die **Umstellung** vlat. *formaticum* > fr. *fromage*[1] und vlat. **tŭrbŭlāre* > fr. *troubler*. Für die **Vertauschung** kann lat. PARABOLA(M) > sp. *palabra* ‘Wort’ angeführt werden (fr. *parole* ist dagegen eine spätere Entlehnung aus dem Kirchenlatein) sowie lat. SCINTILLA > vlat. **stincilla* > fr. *étincelle* ‘Funke’. Im heutigen Normfranzösischen ist dieser Prozess allerdings nicht mehr produktiv. In den Varietäten Louisianas und Québecs kann dagegen ein besonderer Fall beobachtet werden: Hier werden wortinitiales /r/ und folgendes Schwa vertauscht, z.B. *regarder* /ʁəgaʁde/ > [əʁgaʁde].

8.4 Dissimilation

Unter *Dissimilation* (vgl. lat. *dissimilatio* ‘Unähnlichmachung’) versteht man die Differenzierung zweier ähnlicher Laute. Als der Assimilation entgegengesetzter Prozess erklärt sie sich nicht aus der ‘Faulheit’ des Sprechers, sondern aus dem Willen, vom Hörer verstanden zu werden (weswegen auf eine möglichst deutliche Aussprache abgezielt wird). Auch hiervon sind besonders häufig die **Liquide** betroffen. So wird bei der Entwicklung vom Lateinischen zum Französischen in Wörtern, in denen zweimal die Folge /r/+Vokal vorkommt, ein /r/ (meist das erste) durch /l/ ersetzt, z.B. lat. PEREGRĪNUS > fr. *pèlerin* ‘Pilger’. Im heutigen Französisch ist dieser Prozess allerdings kaum mehr zu beobachten. Auch **Längungen** und **Diphthongierungen** von Vokalen können zu den Dissimilationen gezählt werden, da sie den Kontrast zwischen betonten und unbetonten Silben verstärken. Dies ist etwa im Französischen Belgiens und Québecs der Fall, z.B. bei *beauté* [bo:^{w}te] (vgl. Kapitel 11.3 und 11.4).

8.5 Epenthese

Unter *Epenthese* (vgl. gr. *epénthesis* ‘Einfügung’) versteht man den Einschub eines Lautes. Dies dient der Umgehung ungünstiger Silbenkontakte und -strukturen, insbesondere der Vermeidung extrasilbischer Konsonanten (vgl. Kapitel 6.1). Sowohl **Vokale** als auch Konsonanten können zu diesem Zweck eingefügt werden. So wurde im Vulgärlatein den Wortanfängen, die mit /s/+Plosiv angelautet hätten, ein /e/ oder /i/ vorangestellt **(Prothese)**, z.B. vlat. **stabula* > afr. *estable*

1 Genau genommen lautet die Entwicklung vlat. *formaticum* (*caseum*) ‘geformter (Käse)’ > fr. *fromage* ‘Käse’.

(> nfr. *étable* 'Stall'). Dadurch wurde ein nicht-silbisches lokales Sonoritätsmaximum an der Stelle des /s/ (das später elidiert wurde) vermieden. Im Spanischen ist dieser Prozess heute noch produktiv: Neuere Entlehnungen werden zwar mit <sp> oder <st> geschrieben, aber mit prothetischem /e/ gesprochen, z.B. *sponsor* [esponsor], *star* [estar] (homophon mit *estar* 'sein' < lat. STARE).

Im heutigen Französisch ist es in zahlreichen Varietäten üblich, in lange oder ungewöhnliche Konsonantencluster **Schwas** einzufügen. Dies kann sowohl zwischen Wörtern (z.B. in *arc de triomphe* [aʁkədətʁiɔ̃f] oder *ours brun* [uʁsəbʁɛ̃]) als auch innerhalb eines Wortes geschehen (z.B. in *exprès* [ɛksəpʁɛ]). Die Schwa-Epenthese erfolgt nach den ersten beiden Konsonanten, und zwar nicht nur bei ungünstigem Sonoritätsverlauf wie in *exprès*, sondern auch bei zum Silbenrand abfallender Sonorität wie in *arc de triomphe*. In der Normaussprache werden diese Konsonantencluster dagegen realisiert (was möglicherweise auf den Einfluss der Graphie zurückgeführt werden kann). Außerdem können Schwas zwischen zwei gleiche Konsonanten eingeschoben werden, z.B. in *chemises en soie* [ʃəmizəzɑ̃swa] oder *impasse stupide* [ɛ̃pasəstypid] (ansonsten werden im Normfranzösischen keine Schwas am Ende mehrsilbiger Wörter realisiert; vgl. Kapitel 10.3). Dies kommt v.a. zwischen Sibilanten vor (d.h. [s], [z], [ʃ] und [ʒ]). Auch Schwas nach post-konsonantischen finalen Liquiden, z.B. in *table* [tablə], sollten als epenthetisch betrachtet werden (vgl. Kapitel 8.2).

Ungünstige Konsonantenverbindungen, wie sie etwa durch Vokalelisionen entstehen, können aber auch durch die Epenthese von **Konsonanten** 'optimiert' werden (vgl. Abb. 81 in Kapitel 6.3). So wurden beispielsweise im Altfranzösischen in Folgen von Nasalen, Liquiden und Sibilanten **Plosive** eingeschoben, die homorgan mit dem vorangehenden Konsonanten sind, d.h. an derselben Artikulationsstelle gebildet werden, und mit diesem zudem im Stimmbeteiligungsparameter übereinstimmen, z.B. /b/ nach /m/ in lat. CÁM(E)RA > afr. *chambre* (vgl. Abb. 101).

Kontext			**Beispiel**
[mr]	>	[mbr]	lat. CÁM(E)RA > afr. *chambre*
[ml]	>	[mbl]	lat. SĬM(U)LAT > afr. *semble*
[nr]	>	[ndr]	lat. TÉN(Ĕ)RU > afr. *tendre*
[lr]	>	[ldr]	lat. MŎL(E)RE > afr. *moldre, moudre*
[zr]	>	[zdr]	vlat. *cós(e)re* > afr. *cosdre* > nfr. *coudre*
[sr]	>	[str]	vlat. *éss(e)re* > afr. *estre* > nfr. *être*

Abb. 101: Epenthese von Plosiven im Altfranzösischen

Diese Epenthesen erklären sich z.T. aus dem Silbenkontaktgesetz, das einen möglichst großen Sonoritätsunterschied an der Silbengrenze fordert (vgl. Kapitel 6.3).

Silbenstrukturell ungünstig sind auch Folgen von Vokalen, also Hiate. Um diese zu vermeiden, können im Neufranzösischen unter bestimmten Bedingungen

Gleitlaute in die Lautkette eingeschoben werden, nämlich wenn ein hoher Vokal (/i/, /y/ oder /u/) vor einer wortinternen Morphemgrenze steht und ihm ein weiterer Vokal folgt (z.B. *louer* /lu/+/e/ > [lu.we]; vgl. Abb. 102). Handelt es sich beim ersten Vokal um ein /i/, ist der Hiat sogar ausgeschlossen (z.B. *scions* *[si.ɔ̃]). Die Realisierung der beiden Vokale in zwei verschiedenen Silben – sei es als Hiat, sei es mit eingeschobenem Gleitlaut – nennt man **Diärese** (vgl. gr. *di-airesis* 'Auseinanderziehung, Trennung'). Alternativ kann es zur **Synärese** kommen (vgl. gr. *syn-airesis* 'Zusammenziehung'), d.h. zur Realisierung der Vokale in einer einzigen Silbe. Dabei wird aus dem vorangehenden hohen Vokal ein Gleitlaut, d.h. [j], [ɥ] bzw. [w]. Die Diärese findet sich v.a. bei langsamem Sprechtempo, insbesondere beim Vorlesen von Poesie; die Synärese kommt dagegen typischerweise in der Nähesprache vor. Im Falle von *il y a* [ilja] (< /ilia/) hat sich die Synärese lexikalisiert; durch die spätere Elision von /l/ entsteht [ija] und schließlich [ja].

		Diärese		**Synärese**
		Hiat	**Gleitlautepenthese**	
/i/+V	*scions*	---	[si.jɔ̃]	[sjɔ̃]
/y/+V	*nuage*	[ny.aʒ]	[ny.ɥaʒ]	[nɥaʒ]
/u/+V	*louer*	[lu.e]	[lu.we]	[lwe]

Abb. 102: Aussprachemöglichkeiten von hohem Vokal + Vokal an der Morphemgrenze

Da die Epenthese der **Liaison-Konsonanten** keine phonologischen, sondern morphologische und lexikalische Gründe hat und zudem sehr komplex ist, ist ihr ein eigenes Kapitel gewidmet (vgl. Kapitel 9).

Zusammenfassung

Phonologische Prozesse dienen der Optimierung der Silbenstruktur. Dabei unterscheidet man Schwächungsprozesse wie Assimilationen oder Elisionen, die die Artikulation vereinfachen, und Stärkungsprozesse wie Dissimilationen oder Epenthesen, die zur Verdeutlichung beitragen. Die für das heutige Französisch relevantesten Prozesse sind die regressive Assimilation der Stimmbeteiligung bei Obstruenten (z.B. in *je peux* /ʒəpø/ > [ʒ̊pø] > [ʃpø]), die Elision von Schwas und extrasilbischen Konsonanten, v.a. von /s/ und Liquiden (z.B. in *quatre* /katʁə/ > [kat]), sowie die Epenthese von Gleitlauten (z.B. *louer* /lu/+/e/ > [lu.we]). In zahlreichen Fällen sind jedoch die entsprechenden Prozesse nicht mehr produktiv, sondern ihre Ergebnisse haben sich lexikalisiert (z.B. in *médecin* [metsɛ̃], *il y a* [ja]).

Weiterführende Literatur: Einen allgemeinen Überblick über phonologische Prozesse liefert Krefeld 2001, zur Entwicklung vom Lateinischen zum Neufranzösischen siehe Rheinfelder 1976 und Wolf/Hupka 1981. Besonders lesenswert ist auch die Studie von Nguyen/Fagyal 2008 zur Vokalharmonie.

Übungsaufgaben

1. **Erklären Sie, welche Prozesse zur Aussprache folgender Wörter führen:**

   a) *était* [ɛtɛ], b) *je pense* [ʃpɑ̃s], c) *maintenant* [mɛnɑ̃], d) *aéroport* [aʁeɔpɔʁ], e) *quelque chose* [kɛkʃoz]

2. **Entschlüsseln Sie folgende Sequenzen aus dem ersten Kapitel des Romans *Zazie dans le métro* von Raymond Queneau (1959) und erklären Sie, welche phonologischen Prozesse durch die Schreibungen suggeriert werden:**

   a) <skeutadittaleur>, b) <chsuis>, c) <jm'en fous>, d) <essméfie>, e) <çui-là>, f) <(apprends-nous) cexé>, g) <msieu>, h) <esprès>, i) <exeuprès>, j) <c'est hun (cacocalo que jveux)>, k) <autt chose>

3. **Erklären Sie die normwidrige Vokalelision durch Südfranzosen in folgenden von Martinet 1969b zitierten Beispielen:**

   a) *pharmaceutique* [faʁmastik], b) *à deux mains* [admɛ̃]

4. **Erklären Sie folgende Formen aus dem späten kindlichen Spracherwerb (5–6 Jahre; Beispiele aus Kielhöfer 1997):**

   a) *drapeau* [daʁapo], b) *escargot* [ɛskago], c) *brouette* 'Schubkarre' [buʁɛt], d) *lunettes* [nynɛt]

5. **Transkribieren Sie folgenden Text:**

   Les champignons sont-ils des plantes?
   Pendant des siècles et des siècles, de l'Antiquité jusqu'au XXe siècle, les champignons ont été considérés comme des plantes. Et puis, brusquement, au milieu du XXe siècle, en 1969 pour être exact, ils ont été exclus du règne botanique. Les champignons seraient donc des animaux? Non plus. Ils ont un peu des deux, mais pas assez pour en faire partie. En fait, il a été créé un nouveau règne rien que pour eux. On pourrait croire qu'au XXIe siècle, la classification systématique des êtres vivants en règne, ordre, espèce, etc. est enfin terminée. Eh bien, on n'en est pas encore là, et bien des zones d'incertitudes demeurent tant certains êtres vivants résistent farouchement à cette manie humaine de l'étiquette. La taxinomie, la science du classement et de l'appellation des différents êtres vivants, reste bel et bien pour les scientifiques de tout poil un champ de bataille.

   (*Le Figaro* vom 19.12.2007)

9. Liaison

Die Liaison ist sicherlich eines der bekanntesten – und gefürchtetsten – Phänomene des Französischen. Sie hängt gleichzeitig von phonologischen, graphematischen, morphologischen, syntaktischen, lexikalischen und diasystematischen Faktoren ab und ist zudem einer starken inhärenten Variation unterworfen. Verstehen kann man ihre Komplexität in vielen Punkten nur unter Rückgriff auf die Diachronie. Geht es jedoch lediglich darum, sich als Ausländer eine korrekte französische Aussprache anzueignen, ist die Liaison weit weniger schwierig als gemeinhin angenommen. Es ist nämlich völlig ausreichend, sich die überschaubare Zahl der obligatorischen bzw. sehr gebräuchlichen Liaisons einzuprägen. Erst die zahllosen Regeln für die fakultative Liaison, mit der man sich meist gewählter ausdrückt als angebracht, verleiten den Lerner, der das Französische v.a. aus schriftlichen Texten kennt, dazu, zu viele und auch falsche Liaisons zu realisieren.

9.1 Definition

Unter *Liaison* versteht man die **Realisierung eines ansonsten stummen Endkonsonanten vor einem mit Vokal oder Gleitlaut beginnenden Wort**, z.B. des [t] in *petit ami* [pətitami], das nicht gesprochen wird, wenn das Wort isoliert steht oder ihm ein Konsonant folgt (*petit* [pəti]; vgl. Abb. 103).

Kontext	**isoliert**	**vor Konsonant: keine Liaison**	**vor Vokal: Liaison**
Beispiel	*petit* [pəti]	*petit copain* [pətikɔpɛ̃]	*petit ami* [pətitami]

Abb. 103: Aussprache von *petit* mit und ohne Liaison

Der Ausdruck *Liaison* (genauso wie dt. *Bindung*) ist allerdings irreführend. Die Tatsache, dass der entsprechende Konsonant, im Beispiel *petit ami* das [t], ‘gebunden’, d.h. als Onset der ersten Silbe des Folgewortes ausgesprochen wird ([pə.ti.ta.mi]), ist nämlich nicht der entscheidende Faktor. Dies geschieht genauso beim ***enchaînement consonantique*** (vgl. Kapitel 6.4). Das Spezifische an der Liaison ist vielmehr, dass der betreffende Konsonant in anderen Umgebungen *nicht* ausgesprochen wird. Der Unterschied zwischen Liaison und *enchaînement consonantique* lässt sich gut an der Lautkette [pə.ti.ta.mi] verdeutlichen, hinter der sich zwei verschiedene Zeichenketten verbergen können: *petit ami* und *petite amie* (vgl. Abb. 104).

Kontext	isoliert		vor Vokal		
Beispiel	*petite*	[pətit]	*petite amie*	[pə.ti.ta.mi]	***enchaînement***
	petit	[pəti]	*petit ami*	[pə.ti.ta.mi]	**Liaison**

Abb. 104: *Enchaînement consonantique* vs. Liaison

Im Falle von *petite amie* sind alle Segmente, die in der zusammenhängenden Rede realisiert werden, bereits in der Aussprache der isolierten Wörter vorhanden. Auffällig ist allein, dass die Silbengrenze nicht mit der Wortgrenze übereinstimmt, wo das Folgewort mit Vokal anlautet: [pə.ti.ta.mi], *[pə.tit.a.mi]. Steht nach dem Wort *petite* dagegen ein Wort mit anlautendem Konsonant, kann dieses Phänomen nicht beobachtet werden: *petite copine* [pə.tit.kɔ.pin]. Bei *petite amie* findet also ein *enchaînement consonantique* statt: Der Onset [t] der Silbe [ta] stammt aus dem Wort *petite*, der Nukleus [a] aus dem Wort *amie*. In *petit ami* dagegen findet eine Liaison statt. Hier taucht mit [t] ein zusätzlicher Konsonant auf, der in Isolation nicht ausgesprochen wird: *petit* [pəti].

In bestimmten Situationen, insbesondere bei der öffentlichen Rede (u.a. durch die visuelle Präsenz der Graphie), wird die **Liaison** gelegentlich auch **ohne *enchaînement*** realisiert. Dadurch bleibt die Wortgrenze klar erkennbar, was durch einen Glottisschlag oder ein Hesitations-*euh* (hier als [øː] transkribiert) noch verstärkt werden kann, z.B. in *son interprétation* [sɔ̃nøː.ʔɛ̃tɛʁpʁetasjɔ̃]. In der Spontansprache taucht dieses Phänomen jedoch nicht auf. Die Existenz der Liaison ohne *enchaînement* ist ein weiteres Argument dafür, dass Liaison und *enchaînement* als prinzipiell voneinander unabhängig betrachtet werden sollten.

Während das *enchaînement* jeden finalen Konsonanten betreffen kann, ist die Anzahl der **Liaison-Konsonanten** begrenzt. Die mit Abstand wichtigsten Liaison-Konsonanten sind /z/, /t/ und /n/: Etwa die Hälfte der Liaisons werden auf /z/ realisiert, die andere Hälfte auf /t/ oder /n/ (vgl. Abb. 105). Die übrigen – /ʁ/, /p/ und /v/ – machen weniger als 1% der Fälle aus (vgl. Léon 1992, Durand/Lyche 2008). Der Liaison-Konsonant /k/ (z.B. in *long été* [lɔ̃kete] oder *sang impur* [sɑ̃kɛ̃pyʁ] in der *Marseillaise*) ist heute nicht mehr gebräuchlich.

Liaison-Konsonant	Beispiel	Frequenz
/z/	*les amis* [lezami], *très heureux* [tʁɛzøʁø]	~ 50%
/n/	*on a dit* [ɔ̃nadi], *certain âge* [sɛʁtɛ̃naʒ]	
/t/	*il est allé* [ilɛtale], *quand il pleut* [kɑ̃tilplø]	~ 50%
/ʁ/	*premier étage* [pʁəmjɛʁetaʒ], *aller à Paris* [aleʁapaʁi]	
/p/	*trop abstrait* [tʁɔpapstʁɛ], *beaucoup aimé* [bokupɛme]	< 1%
/v/	*neuf heures* [nœvœʁ], *neuf ans* [nœvɑ̃]	

Abb. 105: Frequenzen der Liaison-Konsonanten

In einigen Fällen geht mit der Liaison eine Veränderung der **Qualität des** dem Liaison-Konsonanten **vorangehenden Vokals** einher:

- Denasalierung des [ɛ̃] bei der Liaison auf [n], z.B. in *certain âge* [sɛʁtɛnaʒ][1] (Ausnahmen: *rien* und *bien*),
- Öffnung des [e] zu [ɛ] bei der Liaison auf [ʁ], z.B. in *léger ennui* [leʒɛʁɑ̃nɥi], *premier étage* [pʁəmjɛʁetaʒ], *dernier homme* [dɛʁnjɛʁɔm],
- Öffnung des [o] zu [ɔ] bei der Liaison von *trop*, z.B. in *trop abstrait* [tʁɔpapstʁɛ].

Die seltenen Liaison-Konsonanten beschränken sich im Wesentlichen auf **wenige Wörter**: [ʁ] v.a. auf *léger*, *premier* und *dernier*, [p] auf *trop* und *beaucoup* und schließlich [v] allein auf *neuf*, und zwar nur in zwei **festen Konstruktionen**, nämlich *neuf heures* [nœvœʁ] und *neuf ans* [nœvɑ̃]. In allen anderen Kontexten wird finales <f> als [f] realisiert und mit einem *enchaînement* als Onset der ersten Silbe des Folgewortes ausgesprochen, z.B. in *neuf années* [nœ.fa.ne]. Die Liaison auf /p/ ist sehr gewählt und daher für den Lernenden nicht unmittelbar relevant.

9.2 Diachronie

Entgegen einer weit verbreiteten Auffassung werden Liaison-Konsonanten nicht artikuliert, *um* Hiate zu vermeiden, sondern *weil* im Laufe der Sprachgeschichte die ihnen nachfolgenden Vokale ihre Elision verhindert haben: Während im Altfranzösischen die finalen Konsonanten zunächst vor Konsonant, später auch vor Pause verstummten (vgl. Kapitel 2.5), blieben sie vor Vokal erhalten. Die Liaison ist also ein **Überrest der Aussprache finaler Konsonanten vor Vokal**. Zudem existieren im Französischen sehr wohl Hiate (z.B. in *joli hôtel* oder *Noël*; vgl. auch Kapitel 6.4), und umgekehrt würden in manchen Liaison-Kontexten auch ohne Liaison keine Vokale aufeinandertreffen, da dem Liaison-Konsonant ein anderer Konsonant vorausgeht, z.B. das /ʁ/ vor dem /z/ in *plusieurs amis* [plyzjœʁzami].

Auch der dem Graphem <d> entsprechende **Liaison-Konsonant /t/** in *grand* oder *quand* lässt sich nur historisch erklären. Im Altfranzösischen war nämlich ein Prozess der **Auslautverhärtung** (vgl. Kapitel 4.1, 4.2 und 8.1) produktiv, z.B. lat. BŎVEM > fr. *bœuf*. In anderen Fällen bemerkt man aufgrund der relatinisierenden Graphie die Auslautverhärtung nur mehr in der Liaison, etwa bei lat. GRÁNDEM > afr. *grant*; nfr. *grand* (mit <d> wie *grandeur*): *grand ami* [gʁɑ̃tami] ([gʁɑ̃dami] ist dagegen die Aussprache des femininen *grande amie*). Der Fall von *quand* funktioniert analog: lat. QUANDO > afr. *quant*; nfr. *quand*. Auch der mittlerweile aus dem Gebrauch gekommene Liaison-Konsonant /k/ geht auf die altfranzösische Auslautverhärtung zurück (z.B. lat. LONGUM > afr. *lonc*; nfr. *long* (mit <g> wie

[1] In einem einzigen Wort wird /ɛ̃/ bei Auftreten der Liaison durch /i/ ersetzt, nämlich bei *divin* [divɛ̃], z.B. in *divin enfant* [divinɑ̃fɑ̃].

longueur). Während die Plosive im Altfranzösischen im Auslaut stimmlos wurden, haben sich die Frikative vor Vokal sonorisiert, was die Stimmhaftigkeit der Liaison-Konsonanten /z/ (<s>) und /v/ (<f>) erklärt.

Im Altfranzösischen hatten viele Wörter also drei verschiedene Auslaute: Vor Konsonant wurden sie ohne Konsonant ausgesprochen, vor Vokal mit stimmhaftem Konsonanten und vor Pause zunächst mit stimmlosem Konsonanten. Heute ist dies nur mehr bei den **Zahlwörtern** *six* und *dix* der Fall: Treten diese wie Determinanten vor einem Substantiv auf (pränominal), werden sie vor Konsonant ohne finalen Konsonanten ausgesprochen (z.B. *six copains* [sikɔpɛ̃]), vor Vokal mit stimmhaftem Konsonanten (z.B. *six amis* [sizami]); treten sie dagegen selbständig im Satz als Pronomen auf (pronominal), werden sie mit stimmlosem Konsonanten realisiert (z.B. *ils sont six* [sis]; vgl. auch Abb. 106). Rein synchron betrachtet bewirkt die Liaison in diesen Fällen nicht das Erscheinen eines zusätzlichen Konsonanten, sondern nur die Sonorisierung des Endkonsonanten. Bei *cinq* hat sich die Aussprache ohne /k/ vor Konsonant nur in der festen Konstruktion *cinq minutes* [sɛ̃minyt] erhalten. Bei zusammengesetzten Zahlwörtern muss darauf geachtet werden, dass *dix* vor Konsonant mit stimmlosem [s] und vor Vokal oder Gleitlaut mit stimmhaftem [z] ausgesprochen wird, z.B. *dix-sept* [dissɛt], aber *dix-huit* [dizɥit]. *Vingt* wird isoliert [vɛ̃], in Komposita dagegen [vɛ̃t] ausgesprochen, z.B. in *vingt-et-un* [vɛ̃teɛ̃], *vingt-deux* [vɛ̃tdø] etc.

pronominal		**pränominal**			
vor Pause		**vor Vokal**		**vor Konsonant**	
un	[ɛ̃]	*un ami*	[ɛ̃n]	*un copain*	[ɛ̃]
deux	[dø]	*deux amis*	[døz]	*deux copains*	[dø]
trois	[tʁwa]	*trois amis*	[tʁwaz]	*trois copains*	[tʁwa]
quatre	[katʁ]	*quatre amis*	[katʁ]	*quatre copains*	[katʁə]/[kat]
cinq	[sɛ̃k]	*cinq amis*	[sɛ̃k]	*cinq copains*	[sɛ̃k]
				cinq minutes	[sɛ̃]
six	[sis]	*six amis*	[siz]	*six copains*	[si]
sept	[sɛt]	*sept amis*	[sɛt]	*sept copains*	[sɛt]
huit	[ɥit]	*huit amis*	[ɥit]	*huit copains*	[ɥi]
neuf	[nœf]	*neuf amis*	[nœf]	*neuf copains*	[nœf]
		neuf heures	[nœv]		
dix	[dis]	*dix amis*	[diz]	*dix copains*	[di]

Abb. 106: Aussprache der französischen Zahlwörter von 'eins' bis 'zehn'

Auch das Wort ***plus*** kennt drei Aussprachemöglichkeiten nach diesem Muster: [plys] vor Pause (z.B. in *j'en veux plus* 'ich will mehr davon'), [ply] vor Konsonant (z.B. in *plus gentille*) und [plyz] vor Vokal (z.B. in *plus aimable*). In einigen festen Konstruktionen hat sich die Variante mit Konsonant lexikalisiert (z.B. *en plus de*, *plus que*), in anderen die ohne (z.B. in *plus de*, *pas plus que*). Dagegen wird *plus* im Sinne von 'plus (+)' immer mit /s/, der Negator *(ne)... plus* dagegen immer ohne ausgesprochen. Aufgrund des Ausfalls von *ne* in der Nähesprache ist die Realisierung oder Nicht-Realisierung des /s/ in einem Satz wie *j'en veux plus* bedeutungsunterscheidend: Mit /s/ bedeutet er 'ich will mehr davon', ohne /s/ 'ich will nicht mehr' – also das Gegenteil.

Genauso verhält sich ***tous***: In pronominaler Funktion wird es mit finalem Konsonanten, also [tus], ausgesprochen (z.B. in *ils sont tous venus*), in pränominaler Position vor Konsonant dagegen [tu] (z.B. in *tous les amis*). Vor Vokal erscheint *tous* allerdings nur in der festen Konstruktion *à tous égards* [atuzegaʁ], und hier mit [z].

Einfacher ist die Distribution der Form mit und ohne finalen Konsonanten beim Personalpronomen ***il***: In der Spontansprache wird es vor Konsonant meist ohne finales /l/, vor Vokal und vor Pause dagegen mit finalem /l/ ausgesprochen, z.B. *il* [il] und *il a* [ila], aber *il va* [iva]. Bei der Pluralform *ils* ergibt sich dementsprechend eine Alternanz von [i], [il] und [iz]. Wer das /l/ stets ausspricht, kann jedoch nichts falsch machen. Daher wird in den Transkriptionen in diesem Buch der Einfachheit halber konsequent [il] verwendet.

Aufgrund weiterer historischer Lautwandelprozesse (v.a. /l/ > /u/, /ɛ/ > /ə/) ist in einigen Fällen der Unterschied zwischen der Form vor Vokal und vor Konsonant besonders groß geworden, z.B. bei *vieux/vieil* oder *ce/cet*. Für den heutigen Sprecher ist der phonologische Zusammenhang zwischen diesen Formen nicht mehr ersichtlich. Für ihn handelt es sich nicht um zwei Aussprachevarianten ein und derselben Wortform (wie bei *petit* [pəti]/[pətit]), sondern um zwei verschiedene Formen eines Wortes. Dies ist insbesondere dann der Fall, wenn die Konsonant/Null-Alternanz (Form mit bzw. ohne finalen Konsonanten) graphisch fixiert ist (z.B. bei <ce> vs. <cet>, im Gegensatz zu <petit>, *<peti>). In der Linguistik werden diese Alternanzen daher üblicherweise nicht mehr in der Phonologie (als Fälle von Liaison), sondern in der Morphologie verortet, wo man von **Suppletion** spricht.

9.3 Ausspracheregeln

In der normativen Tradition unterscheidet man zwischen **obligatorischer**, **fakultativer** und **verbotener Liaison**; in der empirischen Phonologie entsprechen diesen die **kategorische**, die **variable** und die **unmögliche Liaison**. Neuere Korpusuntersuchungen haben gezeigt, dass in der Spontansprache sehr viel weniger Liaisons realisiert werden als gemeinhin angenommen und dass die variable Liaison weniger der Diaphasik unterworfen ist, sondern v.a. von Sprecher zu Sprecher variiert. Aus diesem Grund werden die traditionell als fakultativ bezeichneten Liaisons im Folgenden noch einmal zusätzlich in häufige und seltene Liaisons unterteilt. Die häufigen sollte sich der Lerner gemeinsam mit den kategorischen Liaisons einprägen; ihre konsequente Realisierung ist in jedem Fall korrekt und unauffällig. Ergänzend werden Listen von seltenen und unmöglichen Liaisons mitgeliefert. Ziel dieses Unterkapitels ist es, eine möglichst einfache Ausspracheanleitung für den Fremdsprachenunterricht zu liefern. Auf Variationen im aktuellen Sprachgebrauch wird hingewiesen; für die Analyse der Realisierungsfaktoren der Liaison sei auf Kapitel 9.5 verwiesen.

Die Realisierung oder Nicht-Realisierung der Liaison hängt in erster Linie vom Grad der syntaktischen und prosodischen Kohäsion ab (vgl. Kapitel 9.5). Diese ist am stärksten innerhalb einer syntaktischen Gruppe zwischen einem (betonbaren) Lexem und einem (unbetonten) Klitikon, also typischerweise zwischen Determinante und Substantiv oder Verb und Pronomen. Vorangestellte Adjektive sowie einsilbige Präpositionen und Adverben nehmen eine Zwischenstellung ein, weswegen die Liaison hier nicht immer kategorisch, aber dennoch sehr häufig ist. Außerdem hat sich die Liaison in einer Reihe Komposita und fester Konstruktionen konventionalisiert. Für den Lerner ist es daher sinnvoll, sich die in Abb. 107 aufgelisteten Kontexte als **obligatorisch** einzuprägen.

Domäne	**Kontext**	**Beispiele**
Nominalgruppe	Determinante +	*les* [z] *amis*, *un* [n] *ancien ami*
	Adjektiv +	*petit* [t] *ami*, *ancien* [n] *ami*
Verbalgruppe	klit. Pronomen + Verb	*vous* [z] *avez*, *il y en* [n] *a*
	Verb + klit. Pronomen	*allez*-[z]*y*, *dit*-[t]*il*
Präpositionalgruppe	einsilbige Präposition +	*en* [n] *avril*
Adverbialgruppe	einsilbiges Adverb +	*très* [z] *aimable*, *tout* [t] *aimable*
Komposita und feste Konstruktionen	*Mesdames* [z] *et Messieurs*, *accent* [t] *aigu*, *Moyen* [n] *Âge*, *premier* [ʁ] *étage*, *de temps* [z] *à autre*, *États* [z] *Unis*, *Champs*-[z]*Élysées*, *tout* [t] *à coup*, *tout* [t] *à fait*, *c'est*-[t]*à-dire*, *il était* [t] *une fois*, *comment* [t] *allez-vous*, *arts* [z] *et métiers*, *de moins* [z] *en moins*, *de plus* [z] *en plus*, *de temps* [z] *en temps* etc.	

Abb. 107: Kontexte der obligatorischen Liaison

Empirische Untersuchungen haben gezeigt, dass in einigen dieser Kontexte die Liaison auch ausbleiben kann:

- Adjektiv + Substantiv: Bei selteneren Adjektiven wird die Liaison nicht immer realisiert. Bei Adjektiven auf *-s* wird sie im Singular gemieden (z.B. *gros* | *arbre*), da das Liaison-/z/ vor Substantiv für den Plural steht (z.B. *gros* [z] *arbres*; vgl. Kapitel 9.5). Außerdem wird in vielen Fällen die Voranstellung des Adjektivs schlicht vermieden, wenn das folgende Substantiv mit Vokal anlautet.
- Einsilbige Präposition +: Die Liaison erfolgt kategorisch bei *en*, aber nicht immer bei *dans* und *sans*. Bei *chez* hängt sie vom folgenden Kon-

text ab: Sie wird immer vor einem Klitikon realisiert (z.B. *chez* [z] *elle*), jedoch nicht immer vor einer Nominalgruppe (z.B. *chez* ([z]) *une amie*).
- Einsilbiges Adverb +: Die Liaison wird immer nach *très*, *plus* und *tout* realisiert, jedoch nicht immer nach *moins*, *bien*, *mieux*, *trop* und *rien*; nach den Negationspartikeln *pas*, *jamais* und *point* ist sie eher selten.

Des Weiteren ist die Liaison in den in Abb. 108 aufgeführten Kontexten **sehr häufig** und sollte daher im Fremdsprachenunterricht zusammen mit den obligatorischen Liaisons gelernt werden:

Domäne	**Kontext**	**Beispiele**
Verbalgruppe	unpersönliches *c'est* +	*c'est* [t] *une maison*
	est +	*il est* [t] *allé*
Nebensatz	einsilbige Konjunktion +	*quand* [t] *il pleut*
	einsilbiges Relativpronomen +	*dont* [t] *il a besoin*

Abb. 108: Kontexte der fast obligatorischen Liaison

Besonders schwierig ist die Einordnung der konjugierten Formen des Verbs *être*, deren Liaison-Verhalten sehr stark variiert. Dafür sind u.a. die Qualität des beteiligten Liaison-Konsonanten (/t/ oder /z/), die Silbenzahl und die Frequenz der entsprechenden Form im Sprachgebrauch verantwortlich (vgl. Kapitel 9.5).

Neuere Studien haben gezeigt, dass viele traditionell als **fakultativ** aufgeführte Liaisons nur **sehr selten** sind, in ganz spezifischen Situationen (z.B. beim Vorlesen von Nachrichtentexten in Radio und Fernsehen) bzw. nur von ganz bestimmten Sprechern überhaupt realisiert werden und z.T. als **sehr gewählt** eingestuft werden. Für den Lerner reicht es daher aus, sie passiv zu kennen, beispielsweise um keine Verständnisschwierigkeiten beim Anhören französischer Nachrichtensendungen zu haben. Die wichtigsten Kontexte sind in Abb. 109 aufgelistet.

Aus Angst, eine Liaison zu vergessen, tendieren Lerner gelegentlich dazu, ausgehend von graphischen Konsonanten falsche Liaisons zu realisieren. Daher listet Abb. 110 einige Kontexte auf, in denen die Liaison **nicht möglich** ist.

Domäne	Kontext	Beispiele
Nominalgruppe	Substantiv$_{Pl}$ +	*pâtes* ([z]) *italiennes*
Verbalgruppe	konjugiertes Verb +	*nous sommes* ([z]) *allés,* *ils sont* ([t]) *allés,* *ils ont* ([t]) *un chat,* *je vais* ([z]) *en Espagne,* *aller* ([ʁ]) *à Paris*
	nicht-klitische Pronomen + Verb	*plusieurs* ([z]) *écoutent*
Präpositionalgruppe	mehrsilbige Präposition +	*avant, après, devant, depuis, pendant*
Adverbialgruppe	mehrsilbiges Adverb +	*assez, beaucoup, souvent, toujours, extrêmement*
Hauptsatz	einsilbige Konjunktion +	*mais, puis*
	mehrsilbiges Fragepronomen +	*comment*

Abb. 109: Kontexte der fakultativen Liaison

Domäne	Kontext	Beispiele
Nominalgruppe	Substantiv$_{Sg}$ +	*un enfant* | *adorable*
	Komposita im Plural	*salles* | *à manger, fers* | *à repasser, boîtes* | *aux lettres*
Verbalgruppe	Verbform 2. Pers. Sg. *-es* +	*tu chantes* | *agréablement*
Hauptsatz	mehrsilbige Konjunktion +	*Alors* | *il arrive.* *Maintenant* | *il pleut.*
unsichtbares Grenzsignal	+ *h aspiré*	*les* | *halles* (vgl. Kapitel 9.4)
	+ Zahlwort	*dans* | *huit jours* (ebenso: *un, onze; unième, huitième, onzième*)
	+ Gleitlaut in bestimmten Fällen	*les* | *oui, les* | *watt* (vgl. Kapitel 6.2)
	+ Buchstabennamen	*les* | *R*
	+ Siglen	*les* | *HLM*
	+ *verlan*-Wörter	*deux* | *oufs* (vgl. Kapitel 6.5)
	+ Eigennamen	*les* | *Eugène*
sonstiges	*et* +	*et* | *il fait chaud*

Abb. 110: Kontexte der verbotenen Liaison

Die in diesem Abschnitt erläuterten Regeln werden anhand des PFC-Textes *Le village de Beaulieu* noch einmal illustriert.

PFC-Text *Le village de Beaulieu:* Liaison

Le village / de Beaulieu // est [t] *en grand* [t] *émoi. // Le Premier Ministre // a en* [n] *effet / décidé // de faire étape / dans cette commune // au cours de sa tournée / de la région // en fin d'année. // Jusqu'ici // les seuls titres / de gloire / de Beaulieu // étaient / son vin blanc sec, // ses chemises /* ([z]) *en soie, // un champion local / de course à pied // (Louis Garret), // quatrième / aux jeux* [z] *olympiques / de Berlin / en 1936, // et plus récemment, // son* [n] *usine / de pâtes* ([z]) *italiennes.*

9.4 *H aspiré*

Das Graphem <h> wird im Französischen im Gegensatz zum Deutschen (z.B. in dt. *Haus* [haʊs]) grundsätzlich nicht realisiert, was sich auch darin zeigt, dass L1-Sprecher des Französischen große Schwierigkeiten haben, im Deutschen ein [h] auszusprechen. Hinter diesem Graphem verbergen sich allerdings zwei verschiedene Phänomene: das *h muet*, das eine rein graphische Erscheinung ist, und das *h aspiré*, das sich auch auf die Aussprache auswirkt.

Das ***h muet*** ('stummes h') findet sich v.a. in Erbwörtern aus dem Lateinischen, deren [h] im Laufe der Sprachgeschichte elidiert wurde, z.B. lat. HOMINEM > afr. <ome>[2] [ɔm] > nfr. <homme> [ɔm]. Das im Nachhinein wieder eingefügte <h> des Neufranzösischen repräsentiert also keinen Laut, sondern ist rein **etymologisierend** (vgl. Kapitel 2.2). – In das Personalpronomen *on*, das auf den Nominativ desselben Wortes, lat. HOMO, zurückgeht, wurde es übrigens nicht wieder integriert. In anderen Fällen wurde ein <h> als **diakritisches Zeichen** eingefügt. So markiert es beispielsweise in *huitre* 'Auster' (< lat. OSTREA), dass das Wort mit einem [u] und nicht mit einem [v] beginnt (das <v> des lateinischen Alphabets war zweideutig), weswegen das Wort mit *vitre* 'Glas(scheibe)' (< lat. VITRUM) verwechselt werden konnte (ebenso: *huile*, *huit*; vgl. Kapitel 2.2).

Dieses *h muet* hat keinerlei Konsequenzen mehr für die heutige Aussprache. Das entsprechende Wort verhält sich genau so, als würde man es ohne <h> schreiben, z.B. *<omme>. In Bezug auf *enchaînement*, Elision und Liaison lassen sich keine Unterschiede zu mit Vokal beginnenden Wörtern ausmachen (vgl. Abb. 111).

2 Da die Graphie in der Epoche des Altfranzösischen noch nicht normiert war, gab es zahlreiche Schreibungen dieses Wortes, u.a. <homne>, <home>, <ome>, <om>.

	initiales *h muet*	**initialer Vokal**
enchaînement	*sept hommes* [sɛ.tɔm]	*sept ami* [sɛ.ta.mi]
Elision	*l'homme* [lɔm]	*l'ami* [lami]
Liaison	*les hommes* [lezɔm]	*les amis* [lezami]

Abb. 111: Verhalten von mit Vokal und mit *h muet* beginnenden Wörtern

Das ***h aspiré*** (wörtl. 'behauchtes h') ist ebenfalls 'stumm'. Es verhält sich allerdings ähnlich wie ein 'unsichtbarer Konsonant' in Bezug auf *enchaînement*, Elision und Liaison (vgl. Abb. 112). Dementsprechend stehen mit Vokal anlautende Wörter mit bzw. ohne *h aspiré* in Opposition zueinander, z.B. *le hêtre* vs. *l'être, le haut* vs. *l'eau* etc. bzw. *les héros* [leeʁo] vs. *les zéros* [lezeʁo] etc. In einem Punkt unterscheidet sich das Verhalten der mit *h aspiré* beginnenden Wörter jedoch von denen, die mit Konsonanten anfangen: Die Realisierung des <e> ist vor *h aspiré* in allen Kontexten obligatorisch, wohingegen es vor Konsonanten in bestimmten Umgebungen auch stumm bleiben kann bzw. muss (allerdings nur in der Phonie), z.B. *et le hameau* [eləamo] vs. *et l(e) copain* [el(ə)kɔpɛ̃], *une hausse* [ynəos] vs. *un(e) copine* [ynkɔpin].

		initiales *h aspiré*	**initialer Konsonant**
kein *enchaînement*		*sept hameaux* [sɛt.amo]	*sept copainṣ* [sɛt.kɔpɛ̃]
± Elision	**Einsilbler**	*le hameau* [ləamo]	*l(e) copain* [l(ə)kɔpɛ̃]
	Mehrsilbler	*une hausse* [ynəos]	*un(e) copine* [ynkɔpin]
keine Liaison		*les hameaux* [leamo]	*les copains* [lekɔpɛ̃]

Abb. 112: Verhalten von mit *h aspiré* und mit Konsonant beginnenden Wörtern

Das *h aspiré* findet sich in Lehnwörtern, v.a. aus germanischen Sprachen, in denen das [h] realisiert wird. Auch im Französischen wurde es bis zum 16. Jahrhundert ausgesprochen (und in einigen Dialekten und französisch basierten Kreolsprachen wird es dies immer noch). Die frühesten Wörter stammen aus dem fränkischen Superstrat (z.B. *hameau* 'Weiler' < afr. *ham* < frk. **haim*; vgl. dt. *Heim*), andere aus späteren Adstratkontakten, u.a. mit dem Deutschen (z.B. *hamster*), Englischen (z.B. *hockey*) oder skandinavischen Sprachen (z.B. *homard*).

Die Liste in Abb. 113 stellt eine Auswahl der gebräuchlichsten Wörter mit *h aspiré* dar. Die vollständige Liste kann bei Fouché 1959 nachgeschlagen werden.

Da das *h aspiré* zwar diachron erklärbar, aber synchron nicht erkennbar ist, verwundert es kaum, dass sein Sonderverhalten zunehmend abgebaut wird. So haben etwa zahlreiche Sprecher das <h> in *haricot* oder *handicap* als *h muet* reanalysiert und sprechen [lezaʁiko] bzw. [lezɑ̃dikap] aus. Auch Derivationen von *h aspiré*-Wörtern enthalten häufig ein *h muet*, z.B. *le héro* > *l'héroïne*. Umgekehrt werden aber auch einige *h muets* als *h aspiré* umgedeutet (z.B. in *hameçon* 'Angelhaken' oder *hiatus*).

Wort mit *h aspiré*	Übersetzung	Wort mit *h aspiré*	Übersetzung
hache	'Axt'	*haschisch*	'Haschisch'
haie	'Hecke'	*hâte*	'Eile'
haillon	'Lumpen'	*haut*	'Hoch'
haine	'Hass'	*havre*	'Hafen'
haïr	'hassen'	*héro*	'Held'
hall	'Halle'	*hêtre*	'Buche'
halle	'Markthalle'	*hibou*	'Eule'
hamac	'Hängematte'	*hippie*	'Hippie'
hameau	'Weiler'	*hocher*	'nicken'
hamster	'Hamster'	*hockey*	'Hockey'
hanche	'Hüfte'	*holding*	'Holdinggesellschaft'
hand-ball	'Handball '	*hold-up*	'Raubüberfall'
handicap	'Behinderung'	*homard*	'Hummer'
hangar	'Hangar'	*honte*	'Scham'
hanneton	'Maikäfer'	*hors*	'außer, außerhalb'
hanter	'spuken'	*hotte*	'Abzug; Korb'
harceler	'bedrängen'	*houblon*	'Hopfen'
hardi	'kühn'	*houille*	'Steinkohle'
harem	'Harem'	*houx*	'Stechpalme'
hareng	'Hering'	*huguenot*	'Hugenotte'
haricot	'Bohne'	*hurler*	'schreien'
harpe	'Harfe'	*hussard*	'Husar'
hasard	'Zufall'	*hutte*	'Hütte'

Abb. 113: Die gebräuchlichsten Wörter mit *h aspiré*

Auch zahlreiche nicht mit <h> beginnende Wörter verhalten sich so, als hätten sie einen initialen 'unsichtbaren Konsonanten': Siglen, Zahlwörter, Buchstabennamen, bestimmte mit Gleitlaut beginnende Wörter (vgl. Kapitel 6.2), *verlan*-Wörter (vgl. Kapitel 6.5), Eigennamen sowie alles, was man phonisch 'in Anführungszeichen setzen will', z.B. *l'auteur de „Amitié unique", Je ne veux plus entendre de „il m'embête"*.

9.5 Realisierungsfaktoren

Die Liaison wird häufig als eine Strategie zur Verbesserung der **Phonotaktik** angesehen, nämlich zur Vermeidung von Hiaten. Es gibt jedoch zahlreiche Fälle, in denen die Realisierung der Liaison nicht der Vermeidung eines Hiats dient, wenn nämlich dem Liaison-Konsonanten ein anderer Konsonant vorangeht, z.B. in *chers amis* [ʃɛʁzami], *court-il?* [kuʁtil] oder *toujours été* [tuʒuʁzete]. In den ersten beiden Beispielen, in denen die Liaison obligatorisch ist, spielt vielmehr die Morphologie eine Rolle (Plural-[z] bzw. [t] der 3. Person), bei der seltenen Liaison nach *toujours* die Graphie. Nur in einigen wenigen Fällen dient die Liaison tatsächlich der Vermeidung von Hiaten. So ist beispielsweise nach nicht-klitischen Pronomen die Liaison häufiger, wenn dadurch ein Hiat vermieden werden kann (z.B. *certains* [z] *ont dit*), als wenn es auch ohne Liaison nicht zu einem Hiat käme (z.B. *plusieurs* ([z]) *ont dit*). Zudem wird entsprechend dem Hiatgesetz (vgl. Kapitel 6.3) die Liaison häufiger realisiert, wenn durch sie eine Folge zweier gleicher Vokale vermieden werden kann (z.B. in *vous avez* [z] *été*), als wenn es sich um zwei unterschiedliche Vokale handelt (z.B. in *nous avons* ([z]) *été*).

Von zentraler Bedeutung für die Liaison ist dagegen die **Prosodie**: Je stärker die prosodische Kohäsion, desto wahrscheinlicher auch die Liaison. Zwischen Akzentphrasen, d.h. nach akzentuierten Silben, findet dagegen in der Spontansprache keine Liaison statt. So wird beispielsweise in *Vont-*[t]*ils / arriver?* eine Liaison zwischen dem klitischen Pronomen *ils* und der davor stehenden konjugierten Verbform *vont* realisiert, auf das es sich direkt bezieht, nicht aber zwischen *ils* und dem darauf folgenden Infinitiv *arriver*. Ein anderer Fall liegt beim Wort *petit* vor: Es zieht eine Liaison nach sich, wenn es als unakzentuiertes Adjektiv ein nachfolgendes Substantiv modifiziert (z.B. in *petit* [t] *enfant* [pətitɑ̃ˈfɑ̃]), nicht aber, wenn es als Substantiv verwendet und am Phrasenende akzentuiert wird (z.B. in *un petit / avec son père* [ɛ̃pəˈti | avɛksɔ̃pɛʁ]). Innerhalb der Phrasen ist die Liaison sehr wahrscheinlich, allerdings nicht immer obligatorisch, wie der Fall der Präpositionen und Adverben zeigt (z.B. *chez* ([z]) *une amie*; vgl. Kapitel 9.3). Fakultative Liaisons tauchen insbesondere in den Fällen auf, in denen eine Phrasengrenze möglich, aber nicht nötig ist, z.B. zwischen Substantiv und nachgestelltem Adjektiv oder zwischen konjugiertem Verb und Objekt (z.B. in *pâtes* ([z]) *italiennes*, *ils ont* ([t]) *un chat*; vgl. Kapitel 9.3).

Eine besonders geringe prosodische Autonomie besitzen die Klitika, die sich in der Regel an ein akzentuierbares Wort ‘anlehnen’. Dies führt dazu, dass sie mit dem folgenden Wort eine Akzentphrase bilden, innerhalb derer die Liaison stattfindet, während eine Nominalgruppe mit derselben syntaktischen Funktion als eigene Phrase realisiert wird und (fast) nie die Liaison nach sich zieht, z.B. *ils* [z] *ont fait les courses*, aber *les enfants // ont fait les courses*. Eine etwas größere Autonomie als Klitika besitzen vorangestellte Adjektive, Präpositionen und Adverben, nach denen die Liaison nicht obligatorisch, aber sehr häufig ist (vgl. z.B. *très* [z] *aimable*, *plus* [z] *aimable*, *trop* ([p]) *aimable*).

Für den Grad der Autonomie ist insbesondere die Silbenzahl von Relevanz: Einsilbige Wörter 'lehnen' sich an das akzentuierte Folgewort oft vollständig 'an', während mehrsilbige einen Nebenakzent erhalten (vgl. Kapitel 7.1). Dementsprechend ist die Liaison nach einsilbigen Präpositionen und Adverben obligatorisch bzw. häufig, nach zweisilbigen dagegen selten. Bei den Konjunktionen und Pronomen muss unterschieden werden, ob sie einen Haupt- oder einen Nebensatz einleiten: Im zweiten Fall sind sie obligatorisch, im ersten fakultativ oder unmöglich. Zudem spielt auch hier wieder die Silbenzahl eine Rolle: Während die Liaison nach den Hauptsätze einleitenden einsilbigen Konjunktionen wie *mais* oder *puis* fakultativ ist, ist sie nach mehrsilbigen Konjunktionen wie *alors* oder *maintenant* unmöglich (vgl. Kapitel 9.3). Doch nicht nur die Silbenzahl des Wortes, das den Liaison-Konsonanten beinhaltet, sondern auch die des Folgewortes ist relevant für den Kohäsionsgrad und damit für die Liaison-Wahrscheinlichkeit. So wird die Liaison nach den Präpositionen *chez* und *dans* stets realisiert, wenn ein Einzelwort folgt (z.B. in *chez* [z] *eux*), aber nur häufig vor einer Nominalgruppe (z.B. in *chez* ([z]) *un ami*). Ferner kann ein Insistenzakzent eine Liaison verhindern, da dadurch die Kohäsion gebrochen wird, z.B. *c'est* | *impossible* [sɛˈʔɛ̃pɔsibl].

Da die **Syntax** die Basis der Akzentuierung ist (vgl. Kapitel 7.1), spiegelt sich ihr Einfluss in einigen der soeben genannten Beispiele wider, z.B. in $(\textit{Vont-}[\mathrm{t}]\textit{ils})_{\mathrm{VP}}$ *arriver?* und $(\textit{petit}\ [\mathrm{t}]\ \textit{enfant})_{\mathrm{NP}}$ vs. $(\textit{un petit})_{\mathrm{NP}}$ $(\textit{avec}\ (\textit{son père})_{\mathrm{NP}})_{\mathrm{PP}}$.[3] Manchmal geht die Prosodie jedoch nicht mit der Syntax einher. So können bei schnellem Sprechtempo, in familiärem Register oder aufgrund der Kürze der Wörter mehrere syntaktische Gruppen zu einer Akzentphrase zusammengefasst werden; bei mangelnder syntaktischer Kohäsion ist hier aber dennoch keine Liaison möglich.

Innerhalb derselben Wortart und sogar zwischen den Formen ein und desselben Wortes lassen sich Unterschiede in Bezug auf die Realisierungsfrequenz der Liaison beobachten. So variiert insbesondere die Liaison nach Verbformen abhängig von ihrem **Grammatikalisierungsgrad** und der damit zusammenhängenden **Frequenz im Sprachgebrauch** (je grammatischer ein Wort, desto häufiger ist es in der Regel): Am häufigsten ist die Liaison nach *être*, dann nach anderen Hilfsverben und am seltensten nach Vollverben. Frequenzunterschiede erklären möglicherweise auch das unterschiedliche Verhalten der vorangestellten Adjektive: Während die Liaison beim frequenten *petit* kategorisch ist, ist dies bei selteneren Adjektiven nicht der Fall. Unterschiede zwischen den Formen desselben Wortes wurden beim Verb *être* nachgewiesen; sie können z.T. wenigstens durch die Frequenz im Sprachgebrauch und die Silbenzahl erklärt werden (vgl. Abb. 114).

3 VP = Verbalphrase, NP = Nominalphrase, PP = Präpositionalphrase.

	Agren 1973 (Radio)		De Jong 1994 (Orléans)		PFC 2008 (Mallet) (Frankreich)	
	n	Liaison-Frequenz	n	Liaison-Frequenz	n	Liaison-Frequenz
est	2 668	97%	1 692	69%	636	44%
sont	280	86%	200	46%	208	19%
étant	29	76%	10	20%	---	---
était	367	75%	212	19%	343	8%
êtes	34	71%	11	0%	16	31%
étaient	57	63%	34	21%	71	11%
sommes	74	58%	28	71%	27	44%
suis	139	47%	209	29%	430	13%
seraient	41	41%	2	0%	---	---
soit	54	41%	37	11%	---	---
étais	21	21%	76	5%	---	---

Abb. 114: Frequenz der Liaison bei den Verbformen von *être* in verschiedenen Korpora

Außerdem verhalten sich manche **feste Konstruktionen** unterschiedlich, obwohl sie dem gleichen Bildungsmuster entsprechen, z.B. *pot* [t] *à eau* 'Wasserkrug' und *pot* [t] *au lait* 'Milchkanne' mit Liaison, dagegen *pot* | *à lait* 'Milchtopf' ohne.

Ein seltenes, aber sehr aufschlussreiches Phänomen ist die **(normwidrige) epenthetische Liaison**, die in Anlehnung an Formen wie *je ne sais pas* [t] *à qui est-ce* auch *pataquès* genannt wird. Bei Einfügung eines /t/ spricht man von einem *cuir*, z.B. in *ça va* [t] *être* (vgl. auch den Titel des Liedes „Malbrough s'en va-t-en guerre" von 1704), bei Einfügung eines /z/ von einem *velour*, z.B. in *quatre* [z] *amis*, *Hommes d'État* [z] *africains*. Es fällt auf, dass diese falschen Liaisons nicht beliebig eingefügt werden, sondern eine **morphologische Funktion** besitzen: /t/ markiert nach dem Vorbild frequenter Formen wie *est* die 3. Person Singular des konjugierten Verbs, wie dies normkonform auch bei der Inversion geschieht (z.B. *pense-t-il* analog zu *dit-il*), /z/ seinerseits steht für den Plural, v.a. im Nominalbereich.

Einige Phonologen interpretieren diese falschen Liaisons dahingehend, dass zumindest das /z/ ein Präfix darstelle: Der Plural von *ami* [ami] sei beispielsweise [zami] (daher nicht nur *les amis* [lezami] und *deux amis* [døzami], sondern auch *quatre* [z] *amis* [katzami]).[4] Dafür sprechen auch Derivationen wie *zyeuter* 'anglotzen' aus *les/des* [z] *yeux* oder *zinzins* aus *les/des* [z] *investisseurs institutionnels* und *verlan*-Wörter wie [zi.va] für *vas-y* (vgl. Kapitel 6.5). Diese Plural-Markierung durch das Liaison-/z/ erklärt auch, warum die Liaison auf /z/ bei vorangestellten Adjektiven im Singular vermieden wird, z.B. in *gros* | *arbre*

4 Zu den akustischen und perzeptiven Detailunterschieden zwischen Liaison- und Anlautkonsonant vgl. Nguyen et al. 2007.

vs. *gros* [z] *arbres* (vgl. Kapitel 9.3). In Fällen wie *leur ami* vs. *leurs amis* oder *quel ami* vs. *quels amis* ist das Liaison-/z/ tatsächlich der einzige Pluralmarker; in den meisten anderen Kontexten wird dieser jedoch zusätzlich durch die Determinante *le* vs. *les* etc. markiert (vor Konsonant sogar ausschließlich dadurch). In einigen Fällen funktioniert das Plural-/z/ auch im Verbalbereich, z.B. in *il arrive* vs. *ils arrivent.* Ein großer Teil der obligatorischen Liaisons (vgl. Kapitel 9.3) erfüllt also eine morphologische Funktion.

Auch im Bereich des Lexikons kann die Liaison zu einem **Bedeutungsunterschied** führen. Dies ist insbesondere bei einigen *h aspiré*-Wörtern der Fall. So wäre beispielsweise *les héros* 'die Helden' mit Liaison homophon mit *les zéros* 'die Nullen' – also geradezu mit dem Gegenteil (vgl. Kapitel 9.4).

Normkonforme Liaison-Konsonanten haben immer ein Pendant in der Graphie. Daher verleitet die Graphie dazu, die Liaison auch an Stellen zu realisieren, in denen sie in der Spontansprache kaum oder gar nicht üblich ist (Buben-Effekt; vgl. Kapitel 2.5). Dies ist insbesondere beim Rezitieren klassischer Verse sowie beim Vorlesen der Fall, vor allem von Radio- und Fernsehnachrichten, wo beispielsweise regelmäßig das [ʁ] der Infinitive auf *-er* ausgesprochen wird, z.B. in *aller* [ʁ] *à Paris*. Diese Fälle sollten getrennt von der spontansprachlichen Liaison betrachtet und als **Epenthesen aus der Graphie** interpretiert werden (vgl. auch Kapitel 10.4 zum Schwa). Die Graphie trägt zudem ihren Teil zur Liaison ohne *enchaînement* bei, wo der Liaison-Konsonant am Ende des ersten Wortes – wie von der Graphie suggeriert – ausgesprochen wird, z.B. in *j'avais un rêve* [ʒavɛz.ʔɛ̃ʁɛv] (vgl. Kapitel 9.1).

9.6 Diasystematische Variation

Die Realisierungsrate der fakultativen Liaison steigt mit der Nähe zum Pol der **kommunikativen Distanz** und dem Grad der **Formalität** des Registers: Bei einem öffentlichen Vortrag werden beispielsweise mehr Liaisons realisiert als bei einem Gespräch unter Freunden, und auch wer sich in ein und derselben Situation gewählter ausdrücken möchte, erhöht den Anteil der Liaisons. Darüber hinaus wird die Realisierungsquote aber auch von zahlreichen außersprachlichen Faktoren beeinflusst: Einerseits ist sie als konservatives Merkmal bei **älteren Personen** und **in ländlichen Gebieten** besonders verbreitet, andererseits wird sie aufgrund ihrer Entsprechung in der Graphie mit Korrektheit verbunden und tritt besonders häufig bei Personen mit **hohem sozialen Status** sowie bei **Frauen** auf. Produziert ein Sprecher viele fakultative Liaisons, wird er als gebildet eingeschätzt, da man ihm eine hohe orthographische Kompetenz zuschreibt (z.B. Unterscheidung zwischen Infinitiv und Partizip in *il faut travailler* [ʁ] *aussi* vs. *j'ai travaillé* | *aussi* – ein Kontext, in dem Rechtschreibfehler verbreitet sind). Neuere empirische Studien zeigen jedoch, dass die Liaison sehr viel stärker von der **individuellen Kompetenz** abhängt als man bisher dachte. So realisieren beispielsweise nur bestimmte

Sprecher die Liaison nach mehrsilbigen Präpositionen wie *depuis* oder mit dem Liaison-Konsonanten /p/ (*trop*, *beaucoup*). Auch wenn man all diese sprachlichen und außersprachlichen Faktoren berücksichtigt, kann es immer noch vorkommen, dass von demselben Sprecher in derselben Situation und in demselben sprachlichen Kontext einmal die Liaison realisiert wird und einmal nicht (**inhärente Variation**).

9.7 Spracherwerb

Der Spracherwerb von Kindern ist für die Untersuchung von Sprachen, in denen die Schriftsprache eine große Rolle spielt, von besonderem Interesse, da der unmittelbare Einfluss der Graphie (vgl. Kapitel 2.5) hier ausgeblendet werden kann. Dies ist gerade bei einem Phänomen wie der Liaison wichtig, das so stark von der graphischen Form beeinflusst wird (vgl. Kapitel 9.5).

Bei französischen Kindern können im Zusammenhang mit der Liaison folgende Fehlertypen beobachtet werden (vgl. Abb. 115):

Fehlertyp	Beispiel
Agglutination des Liaison-Konsonanten	*un ours* → *le nours* (> *le nounours* 'Teddybär')
	des ours → *un zours*
Deglutination initialer Konsonanten	*un nain* → *les ains*
	des zèbres → *un èbre*
Absenz der Liaison	*des* | *éléphants*
Epenthese eines Liaison-Konsonanten	*Papa* [t] *Ours* / *Papa* [z] *Ours* (statt *Papa Ours*)

Abb. 115: Liaison-Fehler bei 2- bis 4-Jährigen (vgl. Wauquier-Gravelines/Braud 2005)

Kinder gehen zunächst davon aus, dass Wörter wie *un* oder *des* jeweils nur eine einzige Aussprachemöglichkeit besitzen (d.h. [ɛ̃] bzw. [de]) und interpretieren die Liaison-Konsonanten /n/ bzw. /z/ daher als zum folgenden Substantiv gehörig (z.B. *nours* oder *zours* statt *ours*). Begreifen sie, dass diese Konsonanten vielmehr von der vorangehenden Determinante abhängen, ordnen sie dieser fälschlicherweise auch wortinitiales /n/ und /z/ zu; den entsprechenden Wörtern fehlt dieser Konsonant dann in anderen Kontexten (z.B. *ain* für *nain* oder *èbre* für *zèbre*). Beim Erlernen des instabilen Status der Liaison-Konsonanten schließlich kann die Liaison gelegentlich schlicht fehlen (z.B. *des* | *éléphants*) oder mit falschem Konsonanten realisiert werden (z.B. *Papa* [t] *Ours*). Im Schulalter, wenn die Kinder die Liaison in der Regel beherrschen, führt die Instabilität der Liaison-Konsonanten schließlich zu interessanten Rechtschreibfehlern wie <les s'amis> oder < il était tune fois> (vgl. Sabio 2000).

Diese Fehler deuten an, wie schwierig es ist, den kognitiven Status der Liaison-Konsonanten zu bestimmen, insbesondere in einer rein synchronen und graphiefreien Perspektive, wie sie die meisten phonologischen Theorien einnehmen (vgl. Kapitel 9.8).

9.8 Theoretische Modellierung

Da es bei der Liaison um die Beziehung zwischen mehreren Formen desselben Wortes geht (z.B. [le] und [lez] für *les*), ist sie ein Paradebeispiel eines phonologischen Prozesses (vgl. Kapitel 4 und 8). Dementsprechend hat sich der **Strukturalismus** (vgl. Kapitel 4.1) diesem Phänomen kaum gewidmet. Allein für das *h aspiré* wurde ein Nullphonem vorgeschlagen, was allerdings umstritten blieb, da ein Phonem eigentlich einem Laut entsprechen muss und sich außerdem das *h aspiré* im Detail nicht identisch wie ein Konsonant verhält (vgl. Kapitel 9.4).

Für die **generative Phonologie** (vgl. Kapitel 4.2) war die Liaison dagegen eines der bevorzugten Testfelder (vgl. v.a. Schane 1967). Sie führt Liaison und Elision auf ein einziges Phänomen zurück, nämlich die Wortkürzung an einer schwachen Wortgrenze: Finale Obstruenten werden vor Obstruent und Liquid elidiert, finale Vokale vor Vokal und Gleitlaut; Liquide und Gleitlaute sind dagegen von der Elision nicht betroffen (vgl. Abb. 116).

		Anfang Wort 2			
		Obstruent	**Liquid**	**Gleitlaut**	**Vokal**
Ende Wort 1	**Obstruent**	*peti(t) copain*	*peti(t) rabbin*	*petit oiseau*	*petit ami*
	Liquid	*cher copain*	*cher rabbin*	*cher oiseau*	*cher ami*
	Gleitlaut	*pareil copain*	*pareil rabbin*	*pareil oiseau*	*pareil ami*
	Vokal	*le copain*	*le rabbin*	*l(e)' oiseau*	*l(e)' ami*

Abb. 116: Verhalten von Phonemkombinationen an der Wortgrenze

Dies lässt sich mit Hilfe einer Variablen (α), die positiv oder negativ spezifiziert werden kann, sehr ökonomisch in einer einzigen Regel zusammenfassen:

Wortkürzungs-Regel:

$$\begin{pmatrix}\alpha\ \text{kons}\\ -\alpha\ \text{vok}\end{pmatrix} \rightarrow \emptyset^{5}\ /\ \_\_\ [\alpha\ \text{kons}]$$

(„In finaler Position werden Segmente, die [α kons] und [– α vok] sind, vor Segmenten, die [α kons] sind, elidiert.")

---

5 Ø ist das mathematische Zeichen für die leere Menge. Es darf nicht in eckige Klammern gesetzt werden, da es dann dem IPA-Symbol [ø] für den vorderen halbhohen Vokal entspräche.

Wenn α positiv ist, handelt es sich um eine Regel für die Elision finaler Konsonanten, also im strengen Sinne um eine Regel für die Nicht-Realisierung der Nicht-Liaison.

Nicht-Liaison-Regel:

$$\begin{bmatrix} +\text{kons} \\ -\text{vok} \end{bmatrix} \rightarrow \varnothing \; / \; \_\_ \; [+\text{kons}]$$

(„Obstruenten werden vor Obstruenten und Liquiden elidiert.")

Wenn α negativ ist, handelt es sich um eine Elisions-Regel:

Elisions-Regel:

$$\begin{bmatrix} -\text{kons} \\ +\text{vok} \end{bmatrix} \rightarrow \varnothing \; / \; \_\_ \; [-\text{kons}]$$

(„Vokale werden vor Vokalen und Gleitlauten elidiert.")

Die Wörtkürzungs-Regel muss allerdings durch eine weitere Regel ergänzt werden, die finale Konsonanten am Ende einer Wortgruppe elidiert, z.B. das /t/ von *petit* in *un petit* [ɛ̃pəti] oder *il est petit* [ilɛpəti].

In Abb. 117 soll die Anwendung dieser Regeln anhand der Wörter *petit* /pətit/ und *le* /lə/ vor dem mit Obstruent anlautenden *copain* und dem mit Vokal anlautenden *ami* demonstriert werden.

	keine Liaison *petit copain*	**Liaison** *petit ami*	**keine Elision** *le copain*	**Elision** *l'ami*
Repräsentation	pətit#kɔpɛ̃	pətit#ami	lə#kɔpɛ̃	lə#ami
Effekt der Wort-kürzungsregel	(α = +) /t/ → Ø	---	---	(α = –) /ə/ → Ø
Realisierung	[pətikɔpɛ̃]	[pətitami]	[ləkɔpɛ̃]	[lami]

Abb. 117: Anwendung der Wortkürzungsregel auf *petit* und *le* vor Vokal und Konsonant

Für diese einheitliche Wortkürzungsregel müssen die Liaison-Konsonanten als in den Repräsentationen zugrunde liegend angenommen werden, z.B. das /t/ in *petit* /pətit/. Kognitiv ist es allerdings unplausibel, dass ein Sprecher jedesmal ein /t/ elidieren muss, um [pəti] auszusprechen und nicht einen direkten Zugriff auf diese einfachere und zudem hochfrequente Form haben soll. Zudem stellt sich das Problem, dass nicht zwischen stabilen finalen Konsonanten (z.B. in *sept*) und variablen Liaison-Konsonanten (z.B. in *petit*) unterschieden werden kann. Um zu verhindern, dass durch die Wortkürzungsregel auch die stabilen Konsonanten elidiert werden, müssen die betreffenden Wörter bzw. Konsonanten nun extra markiert werden. Sinnvoller ist sicherlich die autosegmentale Lösung (s.u.), die nicht den stabilen Konsonanten, sondern den Liaison-Konsonanten eigens kennzeichnet, wodurch dann nicht die Nicht-Liaison, sondern die Liaison durch eine Regel ausgedrückt wird. Was das *h aspiré* betrifft: Es wird in der generativen Phonologie genauso wie im Strukturalismus durch einen zugrunde liegenden Konsonanten ausgedrückt, der in jedem Fall getilgt wird und somit stumm bleibt.

Die **autosegmentale Phonologie** erlaubt es, den speziellen Status der Liaison-Konsonanten in den Repräsentationen anzuzeigen. Sie werden hier nämlich als Elemente modelliert, die keinen festen Platz im abstrakten Skelett der Zeiteinheiten (x) besitzen. Mit diesem Skelett werden die Informationen zur Substanz der Segmente verknüpft (z.B. [+ kons], [– son] etc. für [z]), wobei einzelne Merkmale prinzipiell auch unabhängig voneinander sein und sich auch auf mehrere Zeiteinheiten beziehen können (vgl. Kapitel 4.3). Die Liaison-Konsonanten werden in diesem Rahmen als 'schwebende' Segmente modelliert (weswegen sie in Abb. 118 nicht durch eine Assoziationslinie mit einer Zeiteinheit x verbunden sind). Sie werden nur an der phonetischen Oberfläche realisiert, wenn der entsprechende Kontext eine freie Zeiteinheit zur Verfügung stellt, an der sie 'verankert' werden können (gestrichelte Linie in Abb. 118). Geht man davon aus, dass jede Silbe idealerweise aus einer Folge von Konsonant und Vokal besteht, liefern mit Vokal anlautende Wörter am Wortanfang eine solche freie Zeiteinheit.

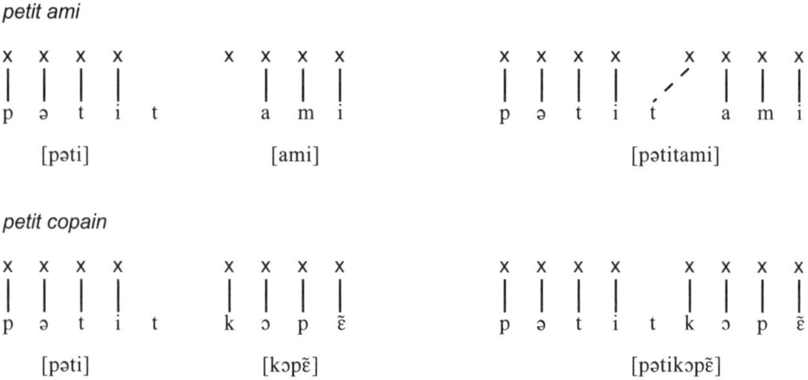

Abb. 118: Die Liaison als 'Verankerung' eines 'schwebenden' Segments

Dieses 'Schweben' wird in phonologischen Transkriptionen durch ein spezielles diakritisches Zeichen für die Instabilität markiert, nämlich durch geschweifte Klammern (z.B. /pəti{t}/).

Im Falle des *h aspiré* ist die erste Zeiteinheit des betreffenden Wortes mit einem Null-Element gefüllt (vgl. Abb. 119). Es steht also keine freie Zeiteinheit zur Verfügung, an der der 'schwebende' Liaison-Konsonant 'ankern' könnte.

petit haricot

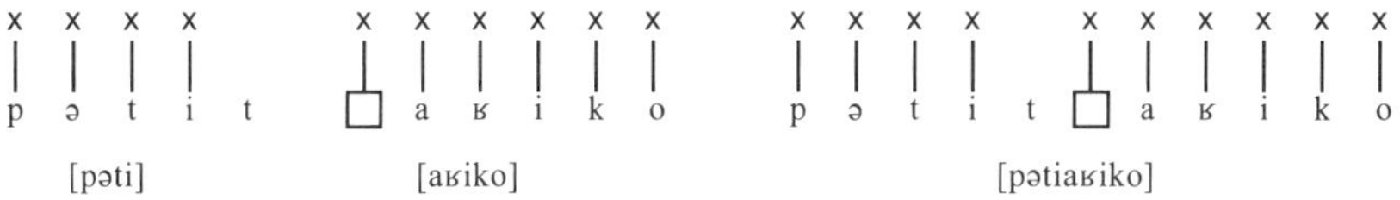

Abb. 119: Keine 'Verankerung' eines 'schwebenden' Segments vor *h aspiré*

Im Rahmen der **Optimalitätstheorie** (vgl. Kapitel 4.4) wird die Liaison als eine Strategie zur Hiat-Vermeidung beschrieben. Dafür wird allerdings weder die Epenthese eines völlig beliebigen Konsonanten (z.B. *petit ami* *[pətipami][6]) noch die Elision eines Vokals (*[pətami], *[pətimi]) in Kauf genommen, sondern lediglich die Epenthese eines in der Repräsentation vorhandenen 'schwebenden' Liaison-Konsonanten (/pəti{t} ami/ > [pətitami]). Dafür ist zum einen der **Markiertheits-Constraint *VV** von Bedeutung, demzufolge der Output keine Hiate enthalten soll. Zum anderen sind drei **Treue-Constraints** relevant: **DEP (C)** und **DEP (L)** besagen, dass keine Epenthesen – von Konsonanten (C) generell sowie von Liaison-Konsonanten (L) im Speziellen – stattfinden sollen; **MAX (V)** seinerseits fordert, dass Vokale (V) nicht elidiert werden sollen. Diese Constraints sind in folgendem **Ranking** hierarchisiert: **DEP(C), MAX (V) » *VV » DEP (L)**. Das **Tableau** in Abb. 120 zeigt, wie sich aus der Repräsentation /pəti{t} ami/ die Realisierung [pətitami] ergibt.

Input: /pəti{t}ami/	**DEP(C)**	**MAX (V)**	***VV**	**DEP (L)**
a. pəti p ami	* !			
☞ b. pəti t ami				*
c. pəti ami			* !	
d. pət ami		* !		
e. pəti mi		* !		

Abb. 120: Optimalitätstheoretisches Tableau für *petit ami* [pətitami]

Diese Reduktion der Liaison auf die Hiat-Vermeidung vernachlässigt allerdings die Tatsache, dass Liaison-Konsonanten auch nach Konsonanten auftreten können und dort der Markierung des Plurals oder der 3. Person Singular dienen bzw. die graphische Kompetenz des Sprechers hervorheben (vgl. Kapitel 9.5).

In der **exemplaristischen Phonologie** (vgl. Kapitel 4.5) werden für die von der Liaison betroffenen Wörter mindestens zwei verschiedene Exemplare angenommen, eines mit und eines ohne Liaison-Konsonanten, für *petit* z.B. /pəti/ und

6 Im Gegensatz zu Tranel 2000, dem diese Analyse entnommen ist, wird hier das IPA-Zeichen [ə] für die Realisierung des so genannten *e muet* oder Schwa verwendet (vgl. Kapitel 10).

/pətit/. Die Liaison wird dadurch zu einem Fall von Suppletion (wie *ce*/*cet*; vgl. Kapitel 9.2). Da diese Exemplare sich in ihrer lexikalischen Stärke unterscheiden können, ist es möglich, die Frequenzunterschiede der fakultativen Liaison zu modellieren, wie in Abb. 121 für vier Formen des Verbs *être* – *est*, *sont*, *était* und *étais* (vgl. Kapitel 9.5) – illustriert.

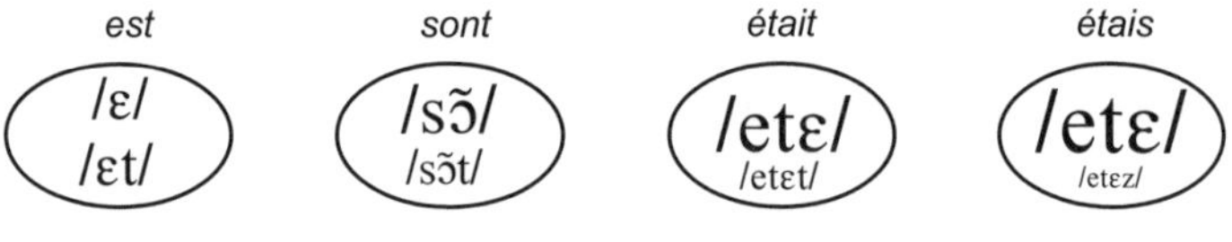

Abb. 121: Stärkeunterschied von Exemplaren mit und ohne Liaison-Konsonant

Zusammenfassung

Bei der Liaison wird in der zusammenhängenden Rede zwischen zwei Wörtern ein Konsonant realisiert, der bei der Aussprache dieser Wörter in Isolation stumm ist, z.B. das [t] in *petit ami* [pətitami] (vs. *petit* [pəti]). In der Graphie gehört dieser Konsonant zum ersten der beiden Wörter (<petit>); realisiert wird er allerdings als Onset der ersten Silbe des mit Vokal anlautenden Folgewortes ([pə.ti.ta.mi]). Die Liaison findet nur innerhalb phonologischer Phrasen statt; es handelt sich also in erster Linie um ein (auf der Syntax basierendes) prosodisches Phänomen und weniger um eine Strategie zur Vermeidung von Hiaten. Sie ist obligatorisch zwischen Klitika und Wörtern, an die sich diese 'anlehnen', z.B. zwischen Determinante und Substantiv (z.B. in *les* [z] *amis*) oder Pronomen und Verb (z.B. in *on* [n] *est*). Sehr häufig ist sie außerdem nach der Verbform *est* (z.B. in *est* [t] *allé*). Diese typischen Kontexte erklären, warum die häufigsten Liaison-Konsonanten /z/, /n/ und /t/ sind. /z/ markiert dabei meist den Plural und /t/ die 3. Person Singular, weswegen sie auch in Kontexte eingefügt werden, in denen die (graphienahe) Norm keine Liaison vorsieht, z.B. in *quatre* [z] *amis* oder *ça va* [t] *être*. Die fakultative Liaison ist nach neuester Forschungslage sehr viel seltener als bisher angenommen und weniger von der Diaphasik als vielmehr vom Einfluss der Graphie abhängig. Zudem bestehen hier große individuelle Unterschiede.

Weiterführende Literatur: Die für den Fremdsprachenunterricht entwickelte Dreiteilung in obligatorische, fakultative und verbotene Liaisons lässt sich bei Delattre 1966a nachlesen, der sehr detaillierte Tabellen mit zahlreichen Beispielen liefert. Eine sehr ausführliche Literaturschau, eine empirische Untersuchung zur Liaison ohne *enchaînement* sowie eine autosegmentale Modellierung der Liaison-Konsonanten finden sich bei Encrevé 1988. Für eine generative Herangehensweise siehe Schane 1967, für die Optimalitätstheorie Tranel 2000 und für die exemplaristische Phonologie Bybee 2005. Zur Bedeutung der Morphologie vgl. Morin/ Kaye 1982, zur Graphie Laks 2005 und zum Spracherwerb Wauquier-Gravelines/ Braud 2005.

Übungsaufgaben

1. **Folgende Wortgruppen können sowohl nur mit *enchaînement consonantique* als auch mit Liaison realisiert werden. Notieren Sie jeweils beide Möglichkeiten in Lautschrift und markieren Sie die Silbengrenzen und den resyllabierten Konsonanten.**

   a) *fort aimable*
   b) *des heures historiques*
   c) *plusieurs ont dit*
   d) *ils vivent encore*
   e) *belles à voir*

2. **Ist die Liaison in den folgenden Fällen obligatorisch, fakultativ oder verboten?**

   a) *cent* [z] *amis*
   b) *son* [n] *ami*
   c) *il était* [t] *une fois*
   d) *il était* [t] *aux Etats-Unis*
   e) *et* [t] *aux Etats-Unis*

3. **Welche zwei Möglichkeiten gibt es, *ce savant étranger* auszusprechen? Besteht dazwischen ein Bedeutungsunterschied?**

4. **Welche zwei Möglichkeiten existieren, [paʁotœʁ] zu syllabieren? Welchen graphischen Formen entsprechen sie?**

5. **Untersuchen Sie folgende feste Konstruktionen mit obligatorischer Liaison danach, ob die Realisierung den allgemeinen Liaisonregeln entspricht (obligatorisch oder fakultativ) oder widerspricht:**

   a) *pot* [t] *au feu*
   b) *comment* [t] *allez-vous?*
   c) *arts* [z] *et métiers*
   d) *avant* [t]-*hier*
   e) *fait* [t] *accompli*

6. Transkribieren Sie folgenden Text:

Pourquoi les oiseaux ont-ils des plumes?
Les oiseaux sont les seuls animaux à avoir des plumes. La réponse à la question de savoir pourquoi peut sembler évidente. „Pour voler!“ vient tout de suite à l’esprit et à la bouche. Mais en fait, non. Deux exemples le prouvent. Le premier est celui des chauves-souris qui, même si elles ne sont pas des oiseaux mais des mammifères, sont capables de voler sans plumes. Le second exemple est celui des Indiens (ou des danseuses de revue) couverts de plumes et qui ne volent pas. Il y a aussi l’exemple des oiseaux (à plumes) qui ne volent pas, des poissons volants ou des avions, mais bon. Le plumage d’un volatile (…) va certes lui permettre (…) de voler, mais va surtout assurer son isolation thermique, sa protection solaire et son imperméabilité. Il va rester au chaud et au sec dans pratiquement toutes les conditions climatiques et pendant tous ses vols, à toutes les altitudes. Mais, pour cela, il faut qu’une plume soit une petite merveille technologique.

(*Le Figaro* vom 09.12.2008)

10. *E muet* und Schwa

Wenn ein Frankophoner einen vorderen mittleren gerundeten Vokal ausspricht, können sich dahinter neun verschiedene phonologische Phänomene verbergen, die sich zwar im Detail unterscheiden, aber ohrenphonetisch nicht immer leicht auseinander zu halten sind. Es handelt sich dabei um folgende:

(1) ein stabiles Phonem /ø/, das einem <eu> entspricht, z.B. in *jeu* [ʒø],
(2) ein stabiles Phonem /œ/, das ebenfalls einem <eu> entspricht, z.B. in *fleur* [flœʁ] (wobei zumindest diese ersten beiden voneinander gut unterscheidbar sind),
(3) ein phonetisches Schwa für <e>, das kontinuierlich bis hin zu Null reduziert werden kann, z.B. in südfr. *chante* [ʃantə]/[ʃant^{ə}]/[ʃant] (vgl. Kapitel 8.5),
(4) eine Alternanz zwischen phonetischem Schwa und Null für <e>, z.B. in *je* [ʒə]/[ʒ],
(5) eine Alternanz zwischen einem Vollvokal [ø] und Null für <e>, z.B. in *petit* [pøti]/[pti] (in diesem Fall spricht man traditionell ebenfalls von einem 'Schwa' und transkribiert ein /ə/ bzw. [ə], d.h. *petit* [pəti]),
(6) ein epenthetisches Schwa, z.B. in *ours brun* [uʁsəbʁɛ̃] (vgl. Kapitel 6 und 8.2),
(7) ein präpausales Schwa, das v.a. bei jungen Pariserinnen beobachtet wurde und unabhängig von einem graphischen <e> auftreten kann, z.B. in *bonjour* [bɔ̃ʒuʁə] – und sogar nach Vokal, z.B. in *photos* [fotoə] (vgl. Hansen 1997),
(8) ein Hesitations-*euh*, z.B. in *je suis euh parti* [ʒəsɥiøːpaʁti] (vgl. Kapitel 7),
(9) eine *détente consonantique*, z.B. in fr. *dame* [dam^{ə}] im Gegensatz zu dt. *Damm* [dam] (vgl. Kapitel 5.2).

Das folgende Kapitel konzentriert sich auf das Phänomen des einem graphischen <e> entsprechenden Vokals in offener Silbe, also auf die Fälle *je* (4) und *petit* (5).

10.1 Definition

Für die Tatsache, dass in Wörtern wie *petit* ein vorderer mittlerer gerundeter Vokal entweder ausgesprochen werden kann ([pəti]) oder auch nicht ([pti]), existieren zahlreiche Bezeichnungen.[1] Am verbreitetsten sind wohl *e muet* und *Schwa*,

1 *E instable*, *e féminin*, *e sourd*, *e caduc*, *e barré*, *e français*, *e menu*, *e bref*, *e clos* etc. Einen Überblick über die Terminologie liefert Walter 1990.

wobei diese durchaus nicht synonym sind: Während *e muet* darauf verweist, dass es sich um ein graphisches <e> handelt, das 'stumm' bleiben kann, spielt *Schwa* auf die Instabilität des Segments an (vgl. hebr. *sewa* 'nichts'; diakritisches Zeichen im hebräischen Alphabet für die fakultative Realisierung eines /ə/).[2]

Der Begriff ***e muet*** ist problematisch. Auf der einen Seite vernachlässigt er die Tatsache, dass es im Französischen einige – wenn auch zahlenmäßig überschaubare – Fälle gibt, in denen der entsprechende Vokal gar nicht <e> geschrieben wird: *monsieur* [məsjø]/[msjø], Formen des Verbes *faire*, u.a. *faisait* [fəzɛ]/[fzɛ], *faisant* [fəzɑ̃]/[fzɑ̃] und *faisable* [fəzabl]/[fzabl], *faisan* [fəzɑ̃]/[fzɑ̃] sowie *déjeuner* [deʒəne]/[deʒne]. Auf der anderen Seite existieren zahlreiche Kontexte, in denen der dem Graphem <e> entsprechende Vokal nicht ohne Realisierung bleiben kann, das <e> also niemals 'stumm' ist. Dies ist beispielsweise in der Anfangssilbe nach einem Obstruent-Liquid-Cluster der Fall (z.B. *premier* [pʁəmje], *[pʁmje]). Die Graphie spiegelt dieses 'Stummbleiben' nur zum Teil wider, nämlich in den Klitika vor vokalischem Anlaut: Dort kann das <e> grundsätzlich nicht realisiert werden und man schreibt z.B. <l'homme> und nicht *<le homme>.

Der Begriff **Schwa** sowie das ihm entsprechende lautschriftliche Symbol /ə/ sind ihrerseits ambig. In der Phonologie werden sie häufig für einen instabilen vorderen mittleren gerundeten Vokal verwendet, auch wenn dieser nicht dem phonetischen Schwa entspricht, das mit einer neutralen Stellung der Artikulationsorgane (d.h. in Ruheposition) produziert wird, was zu einer Äquidistanz der Formanten führt (F1: 500 Hz, F2: 1 500 Hz, F3: 2 500 Hz). Korrekter wäre es sicherlich, diese beiden Faktoren voneinander zu trennen, d.h. einerseits in der phonologischen Repräsentation den instabilen Vokal im Sinne der autosegmentalen Phonologie als 'schwebendes Segment' zu modellieren (vgl. Kapitel 4.3, 9.8 und 10.5) und andererseits in der phonetischen Transkription die Vokalqualität präzise zu notieren.

Solche Transkriptionen sind allerdings nur für einen sehr geübten Ohrenphonetiker und erst nach einer eingehenden phonologischen Analyse des betreffenden sprachlichen Systems möglich und im Rahmen einer Einführung in die Phonetik und Phonologie 'des' Französischen weder praktikabel noch sinnvoll. Daher gilt in diesem Buch folgende Transkriptionskonvention: [ə] ist das Symbol für alle vorderen mittleren gerundeten Vokale, die einem <e> in der Graphie entsprechen (bzw. in den oben genannten Ausnahmefällen <on>, <ai> oder <eu>).

Dies lässt sich auch aus phonetischer Sicht durchaus vertreten. Denn akustische Studien haben gezeigt, dass das französische Schwa zwar stärker den Vokalen [œ] und v.a. [ø] ähnelt als dem idealisierten Neutralvokal, jedoch keineswegs mit ihnen identisch ist (vgl. Malécot/Chollet 1977, Fougeron et al. 2007): *je dis* und *jeudi* werden beispielsweise von den meisten Sprechern nicht homophon realisiert

[2] In einem morphophonologischen Ansatz könnte auch die Alternanz mit /ɛ/ ein Kriterium für die Annahme eines Schwa sein, z.B. in *appeler* /apəle/ vs. *appelle* /apɛl/.

(auch wenn dies z.T. an der Prosodie liegt). Dafür spricht auch die Tatsache, dass in einem Teil der Kontexte zumindest nicht eine Vokal/Null-Alternanz, sondern ein gradueller Reduktionsprozess vorliegt, der in Artikulation und Akustik Spuren hinterlässt. So unterscheiden sich die Konsonanten [d] und [ʁ] in *drôle* und *d(e) rôle* in Bezug auf die Größe, Stärke und Länge des Kontaktes zwischen Zunge und Gaumen (vgl. Fougeron/Steriade 1997). Es ist allerdings unklar, ob dies nur für das *e muet* der Klitika oder auch für andere Kontexte gilt.

10.2 Diachronie

Das französische *e muet* ist Resultat von Schwächungsprozessen, die in der Entwicklung vom Lateinischen zum Französischen verschiedene Vokale getroffen haben (vgl. Kapitel 8.2). Es ist in drei Kontexten entstanden: aus finalem [a] (z.B. lat. PORTA(M) > fr. *porte* [pɔʁt]), aus [a] nach Palatalkonsonant in offener Silbe im Nebenton (z.B. vlat. *caballu* > fr. *cheval* [ʃəval]/[ʃval]) sowie aus [ĕ] im Nebenton in offener Silbe (z.B. lat. LĒVARE > fr. *lever* [ləve]/[lve]). Außerdem wird ein <e> nach Konsonantenclustern eingefügt, z.B. lat. ĬN-SĔMŬL > **enseml* > afr./nfr. *ensemble*. Diese Entwicklungen waren bereits vor den ersten schriftlichen Dokumenten des 9. Jahrhunderts abgeschlossen. Vom 17. Jahrhundert an wurde das *e muet* unter dem Einfluss der Graphie dann wieder zunehmend ausgesprochen (Buben-Effekt; vgl. Kapitel 2.5). Dies betrifft insbesondere die erste Silbe, was möglicherweise in Zusammenhang mit der Herausbildung des Initialakzents steht (vgl. Kapitel 7.1). Das französische Schwa ist also nur diachron ein Reduktionsvokal; synchron handelt es sich z.T. um eine Vokal/Null-Alternanz, z.T. um einen stabilen Vokal oder eine stabile Absenz (mit etymologisierender Graphie). In einigen wenigen Fällen hat sich die Nicht-Realisierung auch auf die Graphie ausgewirkt und damit stabilisiert, z.B. in *vrai* (< afr. *verai* < lat. VĒRĀCE).

10.3 Ausspracheregeln

Im Folgenden wird ein Überblick über die wichtigsten Regeln zur Realisierung bzw. Nicht-Realisierung des *e muet* gegeben. Auch wenn in vielen Fällen das Graphem <e> nie oder immer ausgesprochen wird und es sich daher im strengen phonologischen Sinne nicht um ein 'Schwa' (im Sinne einer Vokal/Null-Alternanz) handelt, ist es für den Fremdsprachenerwerb sinnvoll, von der Graphie auszugehen. Nach diesem knappen Regelwerk werden im Anschluss die verschiedenen Faktoren, die dieses sehr komplexe phonologische Phänomen bedingen, im Detail betrachtet.

Das <e> wird in folgenden Kontexten **nie ausgesprochen**, weswegen auch kein Schwa in den Repräsentationen angenommen werden sollte:

- nach Vokal (*Və), z.B. in *joi(e)* [ʒwa] *[ʒwaə],
- vor Vokal (*əV), z.B. in *pât(es) italiennes* [patitaljɛn] *[patəitaljɛn] (bei den Klitika wird diese Elision sogar in der Graphie markiert, z.B. <l'ami> *<le ami> *[ləami]),
- am Ende mehrsilbiger[3] Lexeme, z.B. in *jeun(e)* [ʒœn], *artist(e)* [aʁtist] (Ausnahme: zwischen Obstruent-Liquid-Cluster und einem weiteren Konsonanten (OLəC); vgl. S. 183),
- im Wortinneren nach einem und vor einem Konsonanten (*VCəC), z.B. in *tell(e)ment* [tɛlmɑ̃], sowie
- in bestimmten festen Konstruktionen, z.B. in *c(e) que* [skə], *c(e) qui* [ski], *pa(r)c(e) que* [paskə], *tout l(e) temps* [tultɑ̃], *tout l(e) monde* [tulmɔ̃d], u.a. in bestimmten Klitika bei der Inversion (z.B. *qui est-c(e)?* [kiɛs], *que sais-j(e)?* [kəsɛʒ], *comment dirais-j(e)* [kɔ̃mɑ̃diʁɛʒ]). – In *ce que* und *ce qui* kann das Schwa beim Vorlesen allerdings realisiert werden.

Taucht in diesen Fällen doch ein Vokal auf, handelt es sich um eines der anderen oben aufgeführten Phänomene (Epenthese, Hesitations-*euh* etc.).

Fakultativ ist die Realisierung des <e> in folgenden Kontexten:

- in den Klitika *ce*, *de*, *je*, *le*, *me*, *ne*, *se*, *te* vor Konsonant,
- in der ersten Silbe mehrsilbiger Lexeme, z.B. in *ch(e)val* (Tendenz zur Realisierung um einer besseren Wiedererkennung Willen; z.T. lexemabhängige Stabilisierung der Aussprache mit oder ohne Schwa, z.B. in *belote*, *peser* vs. *s(e)maine*, *s(e)ra*, *p(e)tit*),
- im Wortinneren nach zwei Konsonanten und vor einem Konsonanten (CCəC) mindestens zwei Silben vom Akzent entfernt, z.B. in *départemental* [depaʁt(ə)mɑ̃tal].

Dabei müssen allerdings zahlreiche entgegenlaufende Tendenzen berücksichtigt werden, die weiter unten noch ausführlicher besprochen werden. So wird etwa auch in den genannten Fällen das *e muet* im Kontext OLəC stets realisiert (z.B. *premier* [pʁəmje]). Zudem fördert die Position am Phrasenbeginn die Realisierung des *e muet* in den Klitika (z.B. *le village* [ləvilaʒ]). Auch in festen Konstruktionen kann von den beschriebenen Tendenzen abgewichen werden, z.B. *c(e) que* [skə], *j(e) te* [ʒ̊tə], *je n(e)* [ʒən].

In all diesen Fällen hängt die Wahrscheinlichkeit der Realisierung des *e muet* auch vom Akzeptabilitätsgrad des Konsonantenclusters ab, das bei Nicht-Realisierung entstehen würde. So ist beispielsweise *la secrétaire* [la.skʁe.tɛʁ] möglich, da die

3 Die Silbenzahl bezieht sich hier – wie der Begriff *e muet* – auf die Graphie, d.h. <jeu-ne>.

Folge /skʁ/ im Silbenanlaut auftauchen kann (z.B. *scribe* [skʁib]), nicht aber *le degré* *[lə.dgʁe] (vgl. Kapitel 6).

In den Lösungen zu den Transkriptionsübungen im Anhang werden die fakultativen *e muets* als realisiert notiert, da es sich um Transkriptionen von geschriebenen Texten handelt und da beim Lesen tendenziell mehr *e muets* ausgesprochen werden. Zudem ist es für den Lerner am einfachsten, dieser Aussprache zu folgen. Damit liegt er in allen Situationen richtig und wird überall in der Frankophonie verstanden.

Es folgen nun die Kontexte, in denen <e> (fast) **immer ausgesprochen** wird:

- zwischen Obstruent-Liquid-Cluster und einem weiteren Konsonanten (OLəC), z.B. in *premier* [pʁəmje], *autrement* [otʁəmɑ̃][4],
- CCəC in der Silbe vor dem Akzent (vgl. Kapitel 7.1): in Komposita, z.B. in *porte-plume* [pɔʁtəplym] 'Federhalter' (vs. *port(e)manteau* [pɔʁtmɑ̃to] 'Kleiderständer') sowie in Akzentphrasen, z.B. in *la terre se vend* (vs. *la terre s(e) vend bien*),
- in akzentuierter Silbe: in nachgestelltem *le* im Imperativ (z.B. *prends-le!* [pʁɑ̃lə]), in exklamativem *que* (z.B. *Que c'est joli!* [kəsɛʒɔli]) sowie in pronominalem *ce* in der Konstruktion *sur ce* und vor Nebensätzen (*ce à quoi*, *ce dont* etc.),
- in der ersten Silbe der Akzentphrase, z.B. in *le village* [ləvilaʒ], *[lvilaʒ] (Ausnahmen: *j(e)* und *c(e)* in der Nähesprache, v.a. in den Konstruktionen *j(e) sais pas* [ʃepa], *c(e) que* [skə] und *c(e) qui* [ski]),
- am Ende bestimmter, auf zwei Konsonanten fallender Sonorität endender Wörter vor Konsonant und Pause: *jusque*, *lorsque*, *puisque*, *parce que*, *quelque*, *presque*,
- vor *h aspiré*, z.B. in *le hameau* [ləamo] *[lamo], *dehors* [dəɔʁ] *[dɔʁ] (vgl. Kapitel 9.4), sowie
- vor Liquid + /j/, z.B. in *aimeriez* [ɛməʁje] *[ɛmʁje], *hôtelier* [otəlje] *[otlje].

Diese Regeln zur Realisierung bzw. Nicht-Realisierung des *e muet* werden im Anschluss anhand des PFC-Textes *Le village de Beaulieu* illustriert.

4 Wortfinales Schwa nach Obstruent-Liquid-Cluster, z.B. in *quatre copains* [katʁəkɔpɛ̃], lässt sich als epenthetisch interpretieren (vgl. Kapitel 8.5). Eine (eher nähesprachliche) Alternative ist die Elision des Liquids, z.B. [katkɔpɛ̃].

PFC-Text *Le village de Beaulieu: e muet*

Le̲ villag(e) / de̲ Beaulieu // est en grand émoi. // Le̲ Pre̲mier Ministr(e) // a en effet / décidé / d(e̲) fair(e) étap(e) / dans cett(e) commun(e) // au cours d(e̲) sa tourné(e) / d(e̲) la région // en fin d'anné(e). // Jusqu'ici // les seuls titre̲s / de̲ gloir(e) / de̲ Beaulieu // étai(e)nt / son vin blanc sec, // ses ch(e̲)mis(e̲)s / en soi(e), // un champion local / de̲ cours(e) à pied // (Louis Garret), // quatrièm(e) / aux jeux olympiqu(e)s / de̲ Berlin / en mill(e) neuf cent trent(e)-six // et plus récemment, // son usin(e) / de̲ pât(e)s italienn(e)s.

10.4 Realisierungsfaktoren

Die Regeln in Kapitel 10.3 deuten bereits an, dass die Realisierung bzw. Nicht-Realisierung des *e muet* von einer ganzen Reihe widersprüchlicher Faktoren abhängt. Neben der Phonotaktik spielen die Prosodie sowie die damit eng zusammenhängende Syntax eine Rolle, aber auch die Frequenz der betreffenden Lexeme im Sprachgebrauch sowie die Graphie.

Die oben aufgelisteten Ausspracheregeln haben gemeinsam, dass ein *e muet* realisiert wird, wenn sich sonst ungünstige Silbenstrukturen ergäben (vgl. Kapitel 6). Die Aussprache des *e muet* hat also eine **phonotaktische Funktion**. So wird beispielsweise zur Vermeidung eines Hiats kein *e muet* vor oder nach einem Vollvokal ausgesprochen. Zur Umgehung von Konsonantenclustern zu großer Länge oder mit ungünstigem Sonoritätsverlauf wird es im Gegenzug realisiert. In solchen Fällen kann es sogar zu einer (nicht normkonformen) Schwa-Epenthese kommen (z.B. in *ours brun* [uʁsəbʁɛ̃]; vgl. Kapitel 8.5). Cluster mit initialem /s/ sind dagegen unproblematisch, da sich Letzteres in extra-silbischer Position wiederfinden kann (z.B. in *c(e) que* [skə], *la secrétaire* [la.skʁe.tɛʁ]). Gleichzeitig entstehen durch Schwa-Elisionen aber auch für das Französische neue oder ungewöhnliche Konsonantencluster, z.B. [ʃp] in *je pense* [ʃpɑ̃s], [pt] in *p(e)tit*, die sich ansonsten höchstens in einigen seltenen Fremdwörtern aus dem Griechischen finden, z.B. in *ptose* [ptoz] 'Organabsenkung'.

Das Verhalten des *e muet* ist außerdem durch die **Prosodie** bedingt, insbesondere durch den Finalakzent des Französischen sowie die zunehmende Tendenz zu Initial- und Nebenakzenten (vgl. Kapitel 7.1). In akzentuierter Silbe wird das *e muet* grundsätzlich nicht elidiert, z.B. in *prends-le̲!*. In der Silbe nach dem akzentuierten Vollvokal wird es umgekehrt nie realisiert, z.B. in *jeun(e)* [ʒœn], in der davor dagegen schon, z.B. in *porte-plume* [ˌpɔʁ.tə.ˈplym] *[ˌpɔʁt.ˈplym] – damit wird ein *accent clash* vermieden. Über die Größe der Akzentphrasen ist das Verhalten des *e muet* auch von der Sprechgeschwindigkeit abhängig: Je schneller gesprochen wird, desto weniger Akzentphrasen gibt es und dementsprechend weniger realisierungsfördernde Phrasenanfänge.

Daneben spiegelt die Akzentuierung aber auch die **Syntax** wider. Während deren Einfluss im Falle der Liaison wohlbekannt ist (vgl. Kapitel 9.5), wird sie bei den meisten Betrachtungen des *e muet* oder Schwa außer Acht gelassen. Doch auch hier spielt der Grad der syntaktischen Kohäsion eine entscheidende Rolle: Je stärker die Kohäsion in einem variablen Kontext (z.B. nach zwei Konsonanten), desto größer die Wahrscheinlichkeit, dass das Schwa ausgesprochen wird – wie im Inneren eines Einzelwortes (vgl. Abb. 122).

	Elle met [la liste d'artistes] [dans sa poche].
wahrscheinlicher	*Ell(e) met la liste d'artist(e)s dans sa poch(e).*
unwahrscheinlicher	*Ell(e) met la list(e) d'artistes dans sa poch(e).*

Abb. 122: Abhängigkeit der <e>-Realisierung von der syntaktischen Kohäsion

Die Ausnahmen von den in Kapitel 10.3 präsentierten Regeln zeigen, dass sich das Verhalten des *e muet* auch lexikalisieren kann. Dabei spielt die **Frequenz** der Wörter eine entscheidende Rolle: Kommen sie im Sprachgebrauch häufig vor, stabilisiert sich die Form ohne Vokal (z.B. *f(e)nêtre*), sind sie dagegen selten, setzt sich die – von der Graphie abgeleitete (vgl. Kapitel 2.5) – Form mit Vokal (z.B. *fenaison*) durch. Treten Wörter in bestimmten **Konstruktionen** häufig zusammen auf, kann sich die Konstruktion wie ein Einzelwort verhalten, z.B. *est-c(e) que*, *qu'est-c(e) que*, *tout l(e) monde* oder *tout l(e) temps*: Hier wird das *e muet* – wie im Wortinneren zwischen zwei einzelnen Konsonanten – nie realisiert.

Aber auch die **Semantik** spielt beim Verhalten des *e muet* eine Rolle, insbesondere die Tatsache, dass für die Wiedererkennung der Wörter die erste Silbe von besonderer Bedeutung ist: Hört man beispielsweise [elef…], weiß man sofort, dass es sich um fr. *éléfant* handeln muss. Dies erklärt, warum in der ersten Silbe von Lexemen – genauso wie von Wortgruppen – tendenziell weniger ('entstellende') Elisionen auftreten als an deren Ende. Aber auch die Stabilisierung einer Nicht-Realisierung ist eine Strategie zur Wahrung der Lexemidentität: Wenn *petit* grundsätzlich [pti] ausgesprochen wird, stellt sich das Problem der Wiedererkennung nicht mehr. Die Realisierung des *e muet* in Klitika lässt sich ebenfalls auf diese Weise nachvollziehen: Da diese nur aus der Folge eines Konsonanten und eines Schwa bestehen, würden sie durch eine Schwa-Elision entscheidend an Substanz verlieren, bis hin zur Unkenntlichkeit.

Beim Vorlesen ist die Realisierungsfrequenz besonders hoch, da die optische Präsenz der graphischen Form die Aussprache des *e muet* suggeriert. Dies betrifft auch Kontexte, in denen in der Spontansprache nie ein Vokal realisiert wird, weswegen man diese Fälle als Schwa-Epenthesen ausgehend von der **Graphie** betrachten sollte. Ein solcher Fall liegt etwa bei der seltenen Realisierung des *e muet* am Ende mehrsilbiger Wörter vor, z.B. in *petite* [pətitə] (im Südfranzösischen dagegen entspricht dieses <e> einem Schwa). Diese Aussprache, die erst sekundär in der Schule über die Schrift erlernt wird, erscheint insbesondere beim Singen traditioneller Lieder und beim Rezitieren von Versen (z.B. in der französischen Nationalhymne: *Allons enfants de la patri-i-e*). Sie wird auch bewusst eingesetzt, um gegen Verständnis- oder Hörprobleme anzukämpfen oder um zu insistieren, z.B. *parce que* [paʁsəkə]. Dementsprechend handelt es sich bei Zitierformen, wie sie beim Vorlesen von Wortlisten erscheinen, nicht um zugrunde liegende Repräsentationen oder diaphasische Varianten, sondern um durch die Graphie hervorgerufene hyperdistinkte Formen.

10.5 Diasystematische Variation

Der klassischen Auffassung zufolge gilt eine hohe Realisierungsquote des <e> als diastratisch und diaphasisch hoch markiert bzw. als für die Distanzsprache typisch. Unter Berücksichtigung von Sprechgeschwindigkeit, Frequenz und Graphie (vgl. Kapitel 10.4) verlieren diese Faktoren jedoch an Gewicht. Ein Unterschied zwischen *lento-* und *allegro*-Formen dürfte eher bei kontinuierlichen Reduktionsprozessen als bei stabilisierten Vokal/Null-Alternanzen zu beobachten sein (vgl. Kapitel 8.2). Dagegen weist das Verhalten des *e muet* eine starke diatopische Variation auf. Insbesondere im Südfranzösischen wird es sehr viel häufiger realisiert als im Normfranzösischen (vgl. Kapitel 11.2). Generell betreffen allerdings diese diasystematischen Variationen nicht das *e muet* an sich, sondern nur ganz bestimmte Kontexte.

10.6 Theoretische Modellierung

Der Begriff der Schwa-*Elision* impliziert bereits eine prozessphonologische Modellierung mit einem Schwa in der zugrunde liegenden Form, das an der Oberfläche entweder realisiert oder elidiert werden kann, z.B. /pəti/ → [pəti]/[pti]. Der **Strukturalismus** (vgl. Kapitel 4.1) stand diesem Phänomen dementsprechend hilflos gegenüber. Im Rahmen der **generativen Phonologie** (vgl. Kapitel 4.2) lässt sich dagegen etwa die Elision vor Vokal (z.B. in *l'ami*, **le ami*) mit Hilfe der Wortkürzungsregel aus Kapitel 9.8 beschreiben (die allerdings nicht zwischen Schwa und Vollvokalen unterscheidet):

Elisions-Regel:

$$\begin{bmatrix} -\text{kons} \\ +\text{vok} \end{bmatrix} \rightarrow \emptyset \; / \; \_\_ \; [-\text{kons}]$$

(„Vokale werden vor Vokalen und Gleitlauten elidiert.")

Im Rahmen einer **autosegmentalen** Modellierung (vgl. Kapitel 4.3) kann man sich das Schwa – wie die Liaison-Konsonanten (vgl. Kapitel 9.8) – dagegen als 'schwebendes' Segment vorstellen, das sich nur unter bestimmten kontextuellen Bedingungen an eine Zeitposition ankern kann (vgl. Abb. 123).

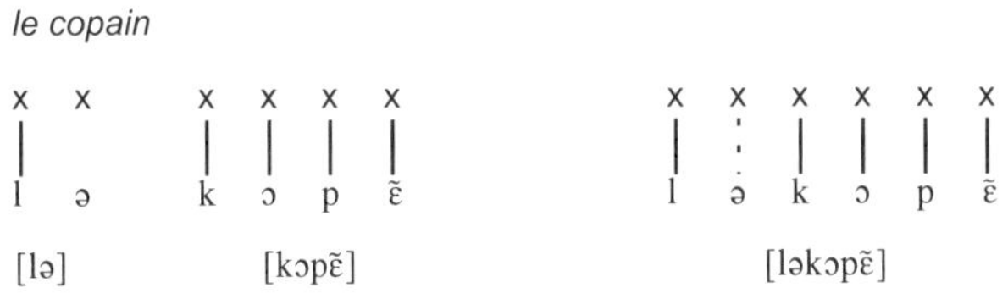

Abb. 123: Modellierung eines 'schwebenden' Schwa in *le*

Die **Optimalitätstheorie** (vgl. Kapitel 4.4) fokussiert ihrerseits die Silbenstrukturen an der Oberfläche sowie den Bezug zwischen Input und Output. Das Beispiel *l'ami* zeigt, dass die Elision eines Schwa im Französischen weniger gravierend in Bezug auf die Wohlgeformtheitsbeschränkungen ist als die eines Vollvokals (*[ləno]; vgl. Abb. 124). Man nimmt sie auch eher in Kauf als die Epenthese eines Konsonanten (*[lətano]) oder die Aussprache eines Hiats (*[ləano]) – auch wenn in anderen Fällen Konsonantenepenthesen (z.B. bei der Liaison) oder Hiate (z.B. in *joli hôtel*) durchaus vorkommen.

Input: /lə ami/	DEP(C)	MAX (V)	*VV	MAX (ə)
☞ a. l ami				*
b. lə mi		* !		
c. lə ami			* !	
d. lə t ami	* !			

Abb. 124: OT-Tableau für *l'ami*

Im Rahmen eines **exemplaristischen** Ansatzes (vgl. Kapitel 4.5) können die zahlreichen, z.T. frequenzbedingten, lexikalischen Besonderheiten beim Verhalten des *e muet* berücksichtigt werden. So kann man beispielsweise annehmen, dass ein Wort wie *petit* mehrere phonologische Repräsentationen besitzt, u.a. /pəti/ und /pti/. Durch die hohe Frequenz von /pti/ in pränominalen Kontexten sowie der festen Konstruktion *un petit peu* kann diese Form an lexikalischer Stärke gewinnen und dann auch in anderen Kontexten zunehmend realisiert werden.

Zusammenfassung

Im Französischen wird das Graphem <e> in offener Silbe mal als Schwa-ähnlicher Vokal, mal gar nicht ausgesprochen, z.B. in *je pense* [ʒəpɑ̃s]/[ʃpɑ̃s] oder *petit* [pəti]/[pti]. Sowohl die traditionelle Bezeichnung *e muet* 'stummes e' als auch der modernere phonologische Schwa-Begriff (der auf die Instabilität des Segments verweist) sind allerdings irreführend. Denn zum einen kann <e> in manchen Fällen gar nicht unrealisiert bleiben (z.B. in *premier*), zum anderen wird es in zahlreichen Kontexten in der spontansprachlichen Norm nie ausgesprochen: vor und nach einem Vollvokal (z.B. in *l'ami* oder *joi(e)*), am Ende mehrsilbiger Wörter (z.B. in *pens(e)*) sowie im Wortinneren zwischen zwei Einzelkonsonanten (z.B. in *tell(e)ment*). Zudem handelt es sich nicht um einen klassischen Reduktionsvokal, da keine kontinuierliche Schwächung, sondern eine Vokal/Null-Alternanz vorliegt. Die Null-Realisierung lässt sich auch nur zum Teil als Strategie zur phonotaktischen Optimierung interpretieren (z.B. zur Vermeidung von Hiaten oder komplexen Silbenrändern). In vielen Fällen ist sie lexikalisiert, insbesondere in frequenten Lexemen und Konstruktionen, und führt dabei auch zu neuen und ungewöhnlichen Konsonantenclustern.

Weiterführende Literatur: Zwei immer noch lesenswerte Klassiker zum *e muet* sind Martinet 1969b und Walter 1990. Einen Überblick über die Forschungslage und die Schwatilgungsregeln liefert Pustka 2007. Zudem empfehlen sich folgende Detailstudien: Morin 1978 zur Diachronie, Hansen 1994 zur lexikalischen Variation und Durand/Slater/Wise 1987 zum Südfranzösischen.

Übungsaufgaben

1. **Erklären Sie, warum im PFC-Text auf S. 33 das *e muet* in manchen Fällen sowohl realisiert werden kann als auch nicht.**

2. **Unterstreichen Sie in folgendem Text alle <e>, die im Normfranzösischen ausgesprochen werden und klammern sie alle <e> ein, die nicht ausgesprochen werden. Ist beides möglich, notieren Sie auch dies.**

   Comment attraper une mouche à la main?
   Tout le monde en a fait l'expérience. Même en s'approchant à pas de loup d'une mouche posée sur une table, en choisissant de se placer dans son dos, de rapprocher sa main tout doucement de l'insecte avant, d'un geste le plus vif possible, de tenter de le saisir au creux de sa main, l'animal, s'il n'est pas malade ou drogué, s'échappera. Peut-être certaines personnes, plus douées que d'autres, réussissent-elles régulièrement ce petit exploit mais, même avec une tapette, la mouche est très difficile à attraper. En fait, ce n'est pas

étonnant. Elle est spécialement conçue pour cela. (…) Lorsque la mouche est posée, tous ses sens en éveil, elle rectifie constamment sa position au sol via ses pattes. (…) Pour attraper, ou plus simplement écraser une mouche, il faut donc être plus malin qu'elle. Rien ne sert de viser l'endroit où elle est posée, mais, en choisissant son angle d'attaque, il faut viser directement une dizaine de centimètres à côté en anticipant son saut et son envol.

(*Le Figaro* vom 18.09.2008)

3. Identifizieren Sie folgende Wörter und erklären Sie, welche Prozesse an ihrer Aussprache beteiligt sind:

a) [oskuʁ]
b) [tuskə]
c) [ʁəʃte]
d) [ti]

4. Erklären Sie, warum in den beiden folgenden Wortpaaren das eine Schwa realisiert wird, das andere (eher) nicht (vgl. auch Kapitel 6):

a) *d(e)mi*, aber *depuis*
b) *quatre*, aber *artist(e)* vor Konsonant

5. Transkribieren Sie folgenden Text:

Pourquoi les poules n'ont-elles pas de dents?
Tout le monde sait que les poules, et les oiseaux en général, n'ont pas de dents. On sait peut-être moins que ces volatiles en ont eu par le passé et que l'on est aujourd'hui capable de créer des poules avec des dents. Car elles possèdent dans leurs cellules toutes les instructions génétiques nécessaires à la pousse des dents. Simplement, ces instructions sont comme cachées, illisibles. Sauf brièvement, pendant le développement de l'embryon aviaire, au cours duquel elles font semblant d'apparaître avant de s'évanouir et qu'une unique dent, appelée „dent de l'œuf", va pousser au bout du bec du poussin avant de tomber. Cette „dent" va lui permettre de briser la coquille de l'œuf lorsqu'il voudra sortir.

(*Le Figaro* vom 08.04.2009)

11. Varietäten

Das **Französische** ist vermutlich im **13. Jahrhundert** als eine Mischung (Koinê) von Dialekten in **Paris** entstanden, als die Stadt zum politischen, wirtschaftlichen und kulturellen Zentrum wurde (vgl. Lodge 2004). Von dort aus hat sich die Sprache auf dem Territorium des heutigen Frankreich und in der ganzen Welt verbreitet. Während zur Zeit der Französischen Revolution erst drei von 25 Millionen Bewohnern des Landes die Nationalsprache sprachen, war sie am Ende des zweiten Weltkriegs in der gesamten Bevölkerung gebräuchlich. Seit 1992 ist Französisch sogar in der Verfassung als einzige offizielle Sprache Frankreichs festgeschrieben: „La langue de la République est le français." (Artikel 2) Weltweit gibt es **heute schätzungsweise 110 bis 200 Millionen Frankophone** (vgl. Erfurt 2005). Das Französische wird auf allen fünf Kontinenten gesprochen: in Europa vornehmlich in Frankreich selbst sowie in der Schweiz und in Belgien, in Amerika in Kanada, einigen US-amerikanischen Sprachinseln und der Karibik, in Afrika im Maghreb sowie in diversen Ländern Schwarzafrikas, in Ozeanien in Französisch-Polynesien und Neukaledonien, in Asien (allerdings kaum noch) in Kambodscha und Vietnam. In all diesen Gebieten haben sich durch die Bewahrung alter Sprachzustände, eigenständige Entwicklungen und Sprachkontakt **diatopisch markierte Varietäten des Französischen** herausgebildet.

Die gallo-romanischen Varietäten, die direkte Fortsetzer des Lateinischen sind und bereits vor der Entstehung des Französischen selbst in Nordfrankreich gesprochen wurden, nennt man **primäre *oïl*-Dialekte** (da man hier *oïl* für 'ja' sagte – im Gegensatz zu *oc* im Süden, woraus die Bezeichnung *Okzitanisch* abgeleitet ist). Beispiele dafür sind etwa das Pikardische und das Normannische (vgl. Abb. 125). Sowohl die *oïl*-Dialekte als auch das Okzitanische sind heute – wie die meisten übrigen Minderheitensprachen Frankreichs auch – vom Aussterben bedroht. Bei den außerhalb Frankreichs gesprochenen Varietäten, wie etwa dem *québécois* und dem *acadien* in Kanada, handelt es sich ursprünglich um Migrationsvarietäten. Diese sind aus einer Hafen-Koinê französischer Dialekte entstanden und haben sich isoliert von den Varietäten Frankreichs weiterentwickelt. Man nennt sie auch **sekundäre Dialekte.**[1] Die **tertiären Dialekte** schließlich sind im Kontakt zwischen dem Pariser Normfranzösisch und einer in dem jeweiligen Gebiet bereits ansässigen Sprache oder Varietät entstanden. Beispiele dafür sind

[1] Streng genommen handelt es sich im Falle des Québec-Französischen allerdings nicht mehr um eine Varietät *des* Französischen, sondern um einen Regionalstandard (Plurizentrik; vgl. Oesterreicher 2000).

das Südfranzösische auf dem ehemaligen Territorium des Okzitanischen, das elsässische Regionalfranzösisch, das im Kontakt mit alemannischen und fränkischen Dialekten entstanden ist, oder auch das Antillenfranzösische, das vom Kreolischen beeinflusst wird.

Abb. 125: Ausgewählte Kontaktsprachen des Regionalfranzösischen

Ein großer Teil der Merkmale tertiärer Dialekte geht auf Interferenzen der jeweiligen L1 auf die L2 Französisch zurück, die sich bei der L1-Werdung des Französischen z.T. konventionalisiert haben. So werden zum Beispiel im elsässischen Französisch – wie im Deutschen – Plosive aspiriert und eher die erste oder zweite als die letzte Silbe akzentuiert (vgl. z.B. *qualité* [ˈkʰɑliˌte]). Stirbt das ansässige Idiom aus, kann man von *Substrateinfluss* sprechen. Daneben spielt aber auch der L2-Erwerbsprozess selbst eine große Rolle: Erfolgt er über die Graphie, übt diese ihren Einfluss aus. So lässt sich beispielsweise die Aussprache des finalen [s] von *moins* in Südfrankreich und auf den Antillen erklären, wohin das Französische vor allem über die Schrift und den Schulunterricht gelangt ist (vgl. Kapitel 11.2 und 11.5). Zudem werden im Französischen bereits angelegte Tendenzen systematisiert, z.B. die komplementäre Distribution der mittleren Vokale (vgl. Kapitel 5.1).

Sowohl sekundäre als auch tertiäre Dialekte des Französischen werden als **Regionalfranzösisch** bezeichnet, während der Begriff *Dialekt* in der Regel auf die primären Dialekte verweist. Die einzelnen diatopischen Varietäten variieren wiederum in sich hinsichtlich der Dimensionen Diastratik, Diaphasik und Nähe/Distanz. In der Regel entspricht das sprachliche System der älteren Männer auf dem Lande (der so genannten NORMs: *non-mobile older rural males*) dem Prototyp der jeweiligen Varietät, während sich das der jüngeren, gebildeten und mobilen Sprecher in zahlreichen Aspekten dem Normfranzösischen annähert.

Die lautlichen Aspekte einer Varietät, wie sie auch von Laien wahrgenommen werden, fasst man unter dem Begriff des **Akzents** zusammen; besonders markante Merkmale eines Akzents, an denen man die geographische und soziale Herkunft eines Sprechers sofort erkennen kann, heißen **Schibboleths**[2]. Als 'neutrale' Vergleichsbasis fungiert dabei je nach Varietätengemeinschaft entweder die eigene oder eine fremde, prestigereiche Aussprache (dann meist die nationale Norm). In letzterem Fall kann die **sprachliche Unsicherheit** der Sprecher zu **Hyperkorrektismen** führen, d.h. zu Aussprachefehlern, die auf dem missglückten Versuch beruhen, besonders korrekt zu sprechen. Sie entstehen u.a. dadurch, dass Korrespondenzregeln zwischen dem eigenen und dem angestrebten System auf falsche Kontexte ausgeweitet werden. So kann es beispielsweise passieren, dass antillische Sprecher im Bemühen um Korrektheit nach finalem Obstruenten einen Liquid einfügen (z.B. in *cive* 'Lauchzwiebel' *[sivʁ] statt [siv]), da sie in diesem Kontext sehr häufig keine Liquide realisieren (z.B. in *livre* [liv]).

In diesem Kapitel sollen exemplarisch einige Varietäten des Französischen vorgestellt werden, die in den verschiedensten Konstellationen entstanden sind und sich in ihren Merkmalen deutlich unterscheiden. Den Beginn macht das Nordfranzösische, innerhalb dessen nicht nur die Aussprachenorm angesiedelt wird (vgl. Kapitel 1.3), sondern das auch von dieser abweichende diastratische und diaphasische Variationen aufweist. Anschließend wird der von seiner Sprecherzahl her bedeutendste und auch bekannteste Akzent Frankreichs vorgestellt, nämlich der südfranzösische. Stellvertretend für die in Europa beheimateten Varietäten wird daraufhin das belgische Französisch behandelt, für Amerika das Québec-Französische. Der letzte Abschnitt ist dem Antillenfranzösisch gewidmet, dem jüngsten Regionalfranzösisch, das zudem die Besonderheit aufweist, dass sein Substrat, das Kreolische, selbst u.a. aus dem Französischen entstanden ist. Die jeweiligen Varietäten werden durch Transkriptionen des PFC-Textes (vgl. Kapitel 2.3) illustriert.

2 Der Begriff *Schibboleth* geht auf einen Abschnitt in der Bibel zurück (Buch der Richter 12, 5–6), laut dem die Ephraimiten an ihrer Aussprache des Wortes *Schibboleth* (hebräisch 'Ähre') mit [ʃ] (statt mit [s]) erkannt wurden (vgl. Glück 2000).

11.1 Nordfranzösisch

Die Aussprache des Französischen im ehemaligen *oïl*-Gebiet – zumindest die der gebildeten Städter – wird oft als die Norm angesehen oder zumindest als normnah eingestuft (vgl. Kapitel 1.3). Dies bedeutet jedoch nicht, dass sie in der gesamten Frankophonie auch als neutral wahrgenommen würde. Im Gegenteil: Der so genannte ***accent parisien*** ist sogar einer der bekanntesten französischen Akzente. Er wird als besonders korrekt und seriös eingeschätzt, aber auch als arrogant – ist also nicht durchweg positiv konnotiert, was für eine Norm aber typisch ist (vgl. Pustka 2008). In zahlreichen Gebieten außerhalb Nordfrankreichs gelten beispielsweise die hier übliche Schwa-Elision in der ersten Silbe (z.B. in *ch(e)mise* [ʃmiz]) sowie die präpausalen Schwas (z.B. in *bonjour* [bɔ̃ʒuʁə]; vgl. Hansen 1997) als diatopisch markiert.

Daneben existiert selbstverständlich auch in Nordfrankreich eine **diatopische Variation** (vgl. Carton et al. 1983, www.projet-pfc.net). Diese nivelliert sich allerdings bei jüngeren und gebildeten Städtern (vgl. Armstrong/Boughton 1998). Zudem werden mehrere diastratische Akzente sekundär auch lokal situiert.

Der **diastratisch hoch markierte Akzent** wird dem vornehmen 16. Arrondissement im Pariser Südwesten, speziell den Vierteln Auteuil und Passy, sowie dem angrenzenden Vorort Neuilly zugeordnet und daher auch *accent du 16ème* oder *accent NAP* (= Neuilly-Auteuil-Passy) genannt. Diese feingeographischen Verortungen sind jedoch nur sekundär; in erster Linie handelt es sich um den Akzent der Oberschicht. In Karikaturen wird ihm ein velares [ɫ] am Wortende zugesprochen (wie im Englischen *pill* [pɪɫ]), eine Aspiration der Plosive, eine Aussprache von [ɛ] statt [e] (also gerade entgegen der *loi de position*; insbesondere in *les* [lɛ]), ein gelängtes finales [ɑ], eine Realisierung von [ɑ̃] für [ɛ̃] (z.B. in *bien* [bjɑ̃] statt [bjɛ̃]) sowie ein präpausales *hein* (im Gegensatz zum üblichen nicht-nasalierten *euh*; vgl. Pustka 2008). Die tatsächliche Aussprache der Pariser Oberschicht ist allerdings weit weniger markiert. Sie unterliegt den gleichen Entwicklungen wie die übrigen (nord-)französischen Varietäten auch, ist insgesamt allerdings konservativer: So hat sich hier beispielsweise der Quantitätskontrast (z.B. in *faites* [fɛt] vs. *fête* [fɛːt]) oder die Opposition /a/:/ɑ/ (z.B. in *patte* [pat] vs. *pâte* [pɑt]) besonders lang erhalten; zudem werden mehr Liaisons realisiert und weniger Schwas getilgt (vgl. Lyche/Østby 2009).

Beim **diastratisch niedrig markierten Akzent** hat sich im Laufe des 20. Jahrhunderts eine wichtige Verschiebung ergeben: Der traditionelle Pariser Arbeiterakzent ist heute fast verschwunden; dafür haben sich in den *banlieues* neue Akzente herausgebildet. Der **Arbeiterakzent** wird typischerweise im 20. Arrondissement im Pariser Nordosten, v.a. in den Arbeitervierteln Belleville und Ménilmontant (den ehemaligen Vorstädten: *faubourgs*), situiert. Dementsprechend wird er u.a. *accent des faubourgs, accent de Belleville/Ménilmontant, accent parigot, accent (du) titi* *parisien* oder auch einfach *accent populaire* genannt. Gerade beim Begriff *accent populaire* ist umstritten, ob er sich tatsächlich auf eine soziale Gruppe oder vielmehr auf ein Sprachregister bezieht und inwiefern er überhaupt geographisch verankert ist. Als typische Merkmale werden in der Literatur Palatalisierungen genannt (bereits bei Molière findet sich <quiens!> für <tiens!>; vgl. Kapitel 8.1.), die Opposition /a/:/ɑ/, Anteriorisierungen (vgl. den Titel des berühmten Artikels von André Martinet 1969: „C'est jeuli le Mareuc!“) und die Akzentuierung auf der vorletzten Silbe, die ihm das Attribut *traînant* beschert hat. Mit den steigenden Mietpreisen verschwinden jedoch die benachteiligten sozialen Schichten immer mehr aus Paris und mit ihnen auch ihr Akzent.

Gleichzeitig ist in den vergangenen Jahrzehnten ein neuer diastratisch niedrig markierter Akzent in der ***banlieue*** entstanden. Der Prototyp dieses Akzents wird in den Hochhaussiedlungen des 93. Departements nordöstlich von Paris verortet, insbesondere in Saint-Denis und La Courneuve. Aber auch in anderen *banlieues* in ganz Frankreich findet sich ein vergleichbarer Akzent, der allerdings unterschiedliche diatopische Färbungen haben kann (vgl. z.B. Binisti/Gasquet-Cyrus 2003 zum Akzent der Marseiller *banlieue*). Dieser Akzent wird u.a. *accent de banlieue*, *accent des cités*, *accent du 93* oder *accent beur* bzw. *reubeu* (vgl. Kapitel 6.5 zum *verlan*) genannt. Ihm werden folgende Merkmale zugesprochen: mit Palatalisierungen verbundene Affrizierungen (z.B. in *enculé* [ɑ̃tʃyle]; vgl. Kapitel 8.1), Vokalschwächungen (z.B. in *f(ê)te des mères*, *ch(ou)-fleur*; vgl. Fagyal 2007) sowie eine Akzentuierung auf der vorletzten Silbe.

Neben diesen klar umrissenen diastratischen Akzenten lassen sich auch Variationen in der **Nähe/Distanz-Dimension** sowie in der **Diaphasik** beobachten. Dabei zeichnen sich Nähesprache und informelle Register durch die Tendenz zur Optimierung der Silbenstruktur aus (vgl. Kapitel 6 und 8): Dies geschieht u.a. durch Elisionen von Konsonanten (z.B. *quatre* /katʁ/ > [kat], *exprès* /ɛkspʁɛ/ > [ɛspʁɛ], *plus* /ply/ > [py]) und die Epenthese von Schwas (z.B. *ours brun* [uʁsəbʁɛ̃], *exprès* [ɛksəpʁɛ]). Distanzsprache und formelle Register dagegen sind durch eine größere Übereinstimmung mit der graphischen Form charakterisiert, was auch zu einer höheren Frequenz von Liaison (vgl. Kapitel 9) und Schwa (vgl. Kapitel 10) führt.

Im Folgenden sind zur Illustration der nordfranzösischen Spontansprache die Transkriptionen zweier Interviewpassagen aus dem PFC-Korpus abgedruckt. Die erste Sprachprobe stammt von einem jungen Mann (*1977) aus Villejuif in der nahen Pariser *banlieue*, der von Beruf Buchhalter ist (PFC-Code: 75wbv1), die zweite von der Besitzerin einer *brasserie* im Viertel Les Halles (*1961; PFC-Code: 75wcn1).[3]

[3] Die Familien der beiden Sprecher stammen teilweise aus Südfrankreich. Die Sprecher selbst sind aber in Paris geboren und aufgewachsen.

Spontansprachliche Beispiele

Sprecher aus Villejuif

Ouais, parce que un vrai Parisien n'a pas, n'a normalement pas les mêmes habitudes que nous, et euh aura plutôt tendance à, à, comment dire, à se déplacer sans voiture, à faire des choses euh de manière euh, comment dire, euh à mon avis euh, peut-être euh, euh, moins réfléchies dans ses sorties, il y a d/, enfin il y a des choses qui vont se faire peut-être beaucoup plus automatiquement que nous qui devons prendre la voiture quand même pour faire certaines choses, même si il y a le transport en commun, mais je veux dire, bon, après euh, je pense que oui, la vie parisienne n'est, vraiment ceux qui habitent Paris intra muros euh peuvent mener une autre vie, une vie différente de la notre, complètement.

[wɛ ‖ paskəɛ̃vʁɛpaʁizjɛ̃ | napa: ‖ nanɔʁmalmɑ̃ | palemɛmzabityd̥kənu ‖ eø: |
oʁaplytotɑ̃dɑ̃sa: | a: ‖ komɑ̃diʁ̥ ‖ as̬deplase | sɑ̃vwatyʁ̥ ‖ afɛʁdeʃozø: |
dəmanjɛʁ̥ø: ‖ komɑ̃diʁ̥ ‖ amonaviø: | ptɛtø: ‖ ø: ‖ mwɛ̃ʁefleʃi: ‖ dɑ̃sesɔʁti: ‖
ijad ‖ fɛ̃jadeʃoz̥kivɔ̃sfɛʁ | pøtɛtbokuplyzotomatikmɑ̃ | kənu ‖ kidəvɔ̃ |
pʁ̥ɑ̃dlavwatyʁ̥kɑ̃mɛm | puʁ̥fɛʁ̥ ‖ sɛʁ̥tɛnʃoz ‖ m̩sijalətʁ̥ɑ̃spɔʁɑ̃kɔmɛ̃ ‖
mɛʒvødiʁ̥ ‖ bɔ̃ ‖ apʁ̥ɛø: ‖ ʃpɑ̃skəwi ‖ lavipaʁizjɛne ‖ vʁɛmɑ̃søkiabit |
paʁiɛ̃tʁ̥amyʁosø: ‖ pœvməne | ynotʁ̥əvi ‖ ynvidifeʁɑ̃tdəlanotʁ̥ ‖ kɔ̃plɛtmɑ̃]

Sprecherin aus Paris

Ben, moi je vais dans ma, dans la, dans ma belle famille euh, les enfants, c'est comme les lapins et les poulets. On les nourrit, on leur change la cage régulièrement, donc euh la couche, mais pour le reste, pour ce qui est de jouer avec eux, de, de, de leur faire faire les devoirs, de leur euh, de les inscrire à la danse, au judo euh, de les emmener à Pétauchnok pour faire ou pour voir tel musée ou telle, c'est du superflu, c'est du, c'est un truc de Parisien. C'est un truc de Parisien.

[bɛ̃ | mwaʒvɛdɑ̃ma | dɑ̃la | dɑ̃mabɛlfamijø: ‖ lezɑ̃fɑ̃ ‖ sekɔmlelapɛ̃ |
elepulɛ ‖ ɔ̃lenuʁi: ‖ ɔ̃lœʁʃɑ̃ʒ | lakaʒ | ʁegyljɛʁmɑ̃: ‖ dɔ̃kø: | lakuʃ° ‖
mepuʁləʁɛstə ‖ puʁ̥skiɛ | dəʒweavɛkø: ‖ də | də | dəlœʁ̥fɛʁ̥fɛʁledəvwa:ʁ ‖
dəlœʁø: ‖ dəlezɛ̃skʁ̥i:ʁ | aladɑ̃s | oʒydoø: ‖ dəlezamne | apetawʃnɔk ‖ puʁ̥fɛʁ |
upuʁvwaʁ̥ | tɛlmyze ‖ utɛlø: ‖ sedysypɛʁ̥fly ‖ sedy ‖ seɛ̃tʁ̥ykdəpaʁizjɛ̃ ‖
setɛ̃tʁ̥ykdəpaʁizjɛ̃]

11.2 Südfranzösisch

Das Französische gelangt ab dem 16. Jahrhundert (Edikt von Villers-Cotterêts 1539) in das okzitanischsprachige Gebiet (vgl. Abb. 125), wird dort aber lange Zeit nur als L2 von Rechtsgelehrten, Adeligen und Mitgliedern des hohen Bürgertums gesprochen. Erst in der zweiten Hälfte des 19. Jahrhunderts verbreitet es sich langsam mit dem Wehrdienst und der allgemeinen Schulpflicht – ein Prozess, der auf dem Land erst nach dem Zweiten Weltkrieg abgeschlossen ist. In dieser Zeit ist durch den Kontakt zwischen okzitanischem Substrat und dem v.a. über die Graphie in den Süden gelangten Normfranzösisch ein tertiärer Dialekt entstanden, der sicherlich der bekannteste und beliebteste Frankreichs ist: das *français du Midi*, *français du Sud* oder *français méridional* (wobei innerhalb des Südfranzösischen zumindest eine südöstliche und eine südwestliche Varietät unterschieden werden müssen). Das Okzitanische seinerseits ist heute vom Aussterben bedroht.

Das Schibboleth des südfranzösischen Akzents ist die Realisierung einer **Folge von Oralvokal und Nasalkonsonant** anstelle eines nasalierten Vokals, z.B. in *bien* [bjɛŋ] statt [bjɛ̃] (mit zahlreichen Zwischenformen: [bjɛɛ̃ŋ], [bjɛ̃ŋ] etc.). Der Artikulationsort des Nasalkonsonanten assimiliert sich mit wachsender syntaktischer Kohäsion zunehmend an den Folgekonsonanten, mit dem er homorgan ist (z.B. in *entre* [antʁə], *ample* [amplə]); vor einer Pause wird ein velares [ŋ] produziert. Außerdem wird der dem oralen Vokal /a/ entsprechende nasalierte Vokal weiter vorne ausgesprochen als im Normfranzösischen, d.h. **[ã]** (bzw. [aŋ]) und nicht [ɑ̃].

Dagegen findet sich die viel zitierte 'gerollte' Aussprache des **/r/ als apikaler Trill [r] oder Tap [ɾ]** nur bei den ältesten Personen auf dem Lande, die das Okzitanische noch als L1 sprechen. Die große Mehrheit der Südfranzosen realisiert dagegen einen uvularen Frikativ [ʁ], der im Gegensatz zur Norm am Wortende stimmlos ist (z.B. in *mer* [mɛχ]), allerdings nicht, wenn er erst durch die Elision eines Schwa in die finale Position gelangt ist (z.B. in *mère* [mɛʁ]).

Ein weiteres Schibboleth ist die **häufige Realisierung des e *muet***, auch wenn die berühmte Formulierung von Auguste Brun „L'*e* dit *muet* n'est pas muet." (Brun 1931: 31) übertrieben ist. Vor und nach Vokal (z.B. in *ami(e)*, *pât(e)s italiennes*) wird es nämlich sehr wohl elidiert. Dasselbe gilt für bestimmte Lexeme und Konstruktionen (z.B. *est-c(e) que*, *qu'est-c(e) qui*, *n'est-c(e) pas?*, *parc(e) que*, *p(e)tit*, *maint(e)nant*, *ach(e)ter*, *ell(e)*, *j(e) sais pas*, *comm(e) ça*, *tout l(e) temps*, *tout l(e) monde*, *c(e) qui*, *c(e) que*). Außerdem lässt sich aktuell bei jungen und gebildeten Sprechern, Frauen[4] sowie Personen mit geringer Ortsloyalität eine zunehmende Schwa-Elision, d.h. eine Entwicklung in Richtung der Norm, feststellen. Dies betrifft v.a. das Lexemende (z.B. in *jeun(e)*), die Klitika (z.B. in *j(e) suis*) und die mittlere Position in mehrsilbigen Wörtern nach einem Konsonanten (z.B. in

4 Nach traditionellem Rollenverständnis trägt die Frau Verantwortung für den schulischen Erfolg der Kinder, weswegen sie sich um eine standardnähere Aussprache bemüht.

tell(e)ment). Dennoch werden insgesamt immer noch sehr viel mehr *e muets* ausgesprochen als in der Norm. Dies führt dazu, dass die Wörter mehr Silben haben und daher weniger Wörter eine Akzentgruppe bilden.

Stabil ist dagegen die **komplementäre Distribution der mittleren Vokale (*loi de position*)**. Es wird z.B. *c'est* [se] statt [sɛ] ausgesprochen, *gauche* [gɔʃ(ə)] statt [goʃ] oder *coiffeuse* [kwafœz(ə)] statt [kwaføz] (vgl. Kapitel 5.1). Auch die Opposition /ɛ̃/:/œ̃/ (z.B. in *brin* vs. *brun*) wird in den meisten Fällen eingehalten – da die entsprechenden Vokale meist als [ɛŋ] und [œŋ] realisiert werden, ist ihr phonematischer Status jedoch umstritten. Zudem ist in vielen Kontexten, in denen in der nordfranzösischen Nähesprache die Synärese üblich ist, im Südfranzösischen die **Diärese** verbreitet (vgl. Kapitel 8.5). Je nach Lexem wird entweder ein Gleitlaut eingefügt (z.B. in *lion* [lijɔ̃ŋ]) oder ein Hiat realisiert (z.B. in *nuage* [nyaʒ(ə)], *louer* [lue]).

Bei der Aussprache **finaler Konsonanten** zeigen sich einige Unterschiede zum Normfranzösischen. So wird etwa *moins* mit [s] ausgesprochen, *basket* im Sinne von 'Sportschuh' hingegen ohne finales [t], um es vom Sport 'Basketball' – mit finalem [t] – zu unterscheiden (vgl. Kapitel 2.5). Bei einigen Sprechern besitzen zwei Wörter im Gegensatz zur Norm einen Liaison-Konsonanten: *avec* mit {k} und *Tarn* mit {n}.

Ferner wird die Prosodie des Südfranzösischen von den Sprechern als 'singend' beschrieben (***accent chantant***). Dies ist möglicherweise darauf zurückzuführen, dass die häufige Realisierung des Schwa zu einer Abwechslung betonter und unbetonter Silben führt.

Im Folgenden soll die südfranzösische Aussprache durch die (weite) Transkription einer Lektüre des PFC-Textes veranschaulicht werden (für Graphie und Normaussprache vgl. Kapitel 2.3). Der Sprecher ist ein Schreiner (*1948) aus einem kleinen Dorf in Südfrankreich (PFC-Code: 12bbr1).

PFC-Text *Le village de Beaulieu:* Südfranzösisch

[ləvilaʒə | dəboljø ‖ e ‖ aŋgʁantemwa ‖ ləpʁ̥əmjeministʁ̥ə ‖ a ‖ anefe | deside | dəfɛʁetapə ‖ dansɛtəkomynə ‖ okuʁdəsatuʁne | dəlaʁeʒjɔŋ ‖ aɱfɛndãŋne ‖ ʒyskisi ‖ lesœltitʁ̥ə | dəglwaʁə | dəboljø ‖ etesɔɱvɛmblaŋ | sɛk ‖ seʃəmizə | answa ‖ œnʃampjɔnlokal | dəkuʁ̥sapje ‖ lujgaʁe ‖ katʁ̥iɛmoʒøzolɛmpikə | dəbɛʁlɛŋ | ammilnœfsan | tʁ̥antsis ‖ eplyʁesaman ‖ sɔnyzinə | dəpatə | ʔitaljɛnə ‖ kɛsəkiadɔɱ | valyaboljø ‖ səgʁ̥antonœʁ̥ ‖ ləazaʁ̥ | tubɛtəmaŋ ‖ kaʁləpʁ̥əmjeministʁ̥ə ‖ lasedesiʁ̥kɥiabityɛl ‖ kituʁnetuʒuʁotuʁdemɛməvilə ‖ vødekuvʁiʁ̥ | səkilapɛlə ‖ lakampanjə | pʁ̥ofɔndə]

11.3 Belgisches Französisch

Belgien ist ein dreisprachiges Land (vgl. Abb. 126): In der im Süden gelegenen **Wallonie** spricht man französisch, im nördlichen Flandern Varietäten des Niederländischen, die unter dem Begriff *Flämisch* subsumiert werden, und nur die Hauptstadt **Brüssel**, eine frankophone Insel im flämischen Gebiet, ist offiziell zweisprachig. Im Osten der Wallonie lebt außerdem eine deutschsprachige Minderheit (ca. 65 000 Sprecher). Von den knapp 10 Millionen Einwohnern Belgiens sind schätzungsweise **vier Millionen frankophon**: 3,2 Millionen davon leben in Wallonien und 800 000 in Brüssel (vgl. Pöll 1998).

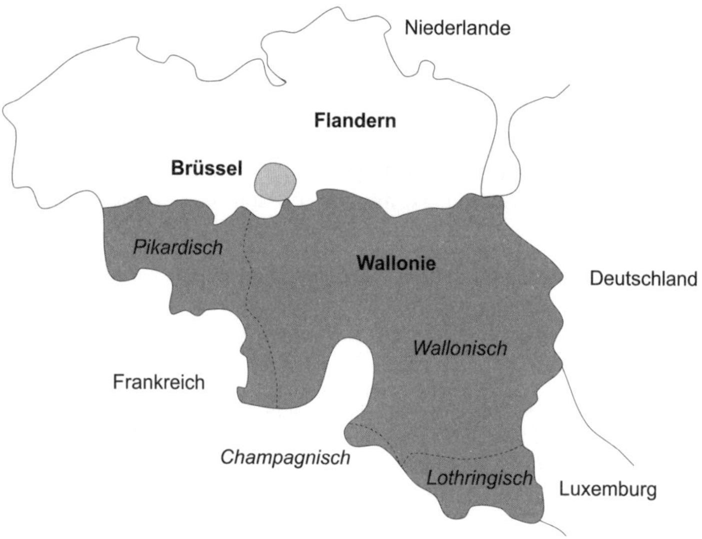

Abb. 126: Das frankophone Belgien

Das Territorium des französischsprachigen Belgiens wurde 51. v. Chr. im Gallischen Krieg unter Cäsar erobert und anschließend romanisiert. Aus dem dort gesprochenen Latein entwickelten sich ***oïl*-Dialekte**, die in Kontinuität zu denen Nordfrankreichs stehen. Das größte Gebiet deckt das **Wallonische** ab; im Westen ragt der **pikardische** Sprachraum nach Belgien hinein, im Süden der **champagnische** und der **lothringische** (vgl. Abb. 126). Vom 17. Jahrhundert an hat das **Französische** jedoch zunehmend die Dialekte verdrängt, zunächst in den Städten, ab Ende des 19. Jahrhunderts auch auf dem Land. Heute sind die Dialekte – wie in Nordfrankreich – vom Aussterben bedroht. Brüssel dagegen, das im ursprünglich flämischen Territorium liegt, wurde erst ab dem 17. Jahrhundert französisiert. Die dortige Aussprache hat aufgrund des Prestiges der Hauptstadt normbildenden Charakter (neben dem Pariser Französisch).

Während der südfranzösische Akzent als besonders sympathisch gilt, hat der Akzent Belgiens – genauso wie der der angrenzenden Pikardie (*accent chti*) – den Ruf, besonders hässlich zu sein (vgl. Kuiper 1999). Selbstverständlich ist es vereinfachend, von 'einem' belgischen Französisch zu sprechen. Diatopische Unterschiede bestehen insbesondere zwischen dem pikardischen und dem wallonischen Substratgebiet sowie der Hauptstadt Brüssel.

Dem belgischen Französisch wird ein ***accent traînant*** zugesprochen. Dies liegt u.a. an der **Akzentuierung**, die im Gegensatz zum Normfranzösischen (vgl. Kapitel 7.1) nicht immer nur die letzte Silbe der Phrase trifft (z.B. in *réparer* [ˈʁepaˌʁej]) sowie am hohen Anteil **langer Vokale**. Es werden nämlich nicht nur, wie dies im Normfranzösischen der Fall ist (vgl. Kapitel 7.1), bestimmte Vokale in bestimmten geschlossenen Silben am Phrasenende gelängt, sondern einige Vokale immer (/e/, /o/, /ø/ und die nasalierten Vokale, z.B. in *chanter* [ʃɑ̃:te:]) und andere in zahlreichen weiteren phonotaktischen und prosodischen Kontexten (z.B. /ɛ/ vor Nasalen, /l/ und /s/). Zudem ist bei /i/, /y/, /u/, /ɛ/ und /a/ die **Vokallänge bedeutungsunterscheidend** und markiert u.a. das Femininum (z.B. in *ami* [ami] vs. *amie* [ami:j]), aber auch lexikalische Unterschiede (z.B. in *faites* [fɛt] vs. *fête* [fɛ:t]). Im belgischen Französisch wird *patte* und *pâte* noch unterschieden, allerdings nicht über die Qualität des Vokals (/pat/:/pɑt/), sondern über seine Quantität (/pat/:/pa:t/). Die Längung kann mit einer **Diphthongierung** verbunden sein, wie im Québec-Französischen (vgl. Kapitel 11.4), z.B. in *beauté* [bo:ʷte], *épée* [epe:ʲ].

Durch die häufigere Akzentuierung entsteht im belgischen Französisch eine größere Abwechslung zwischen akzentuierten und nicht akzentuierten Silben. Diese wird durch die **Reduktion unbetonter Vokale** noch verstärkt. Sie können sich **zentralisieren**, in Brüssel sogar bis hin zum Schwa, z.B. in *publici̲té* [pyblisəte:j] oder *télé̲phone* [teləfɔn] (vgl. Abb. 100 in Kapitel 8.2). Im Extremfall kann es zur **Elision** kommen, z.B. in *nat(u)rellement* [ˈnatʁɛlˌmɑ̃] oder *env(i)ronnante* [ˈɑ̃vʁɔˌnɑ̃:t]. Außerdem werden *les*, *mes*, *des* etc. konsequent mit [ɛ] statt mit [e] ausgesprochen.

Bei den **nasalierten Vokalen** fällt auf, dass die **Opposition /ɛ̃/:/œ̃/** (z.B. in *brun* vs. *brin*) stabiler ist als in Nordfrankreich, wenngleich sie ebenfalls langsam verschwindet. Zudem kann man eine **Annäherung von /ɔ̃/ und /ɑ̃/** feststellen, wie sie auch in Paris beobachtet wurde; *banc* und *bon* beispielsweise werden fast homophon ausgesprochen. Im Osten der Wallonie unterbleibt häufig die Nasalierung, d.h. *beau* und *bon* werden homophon [bo:] realisiert. Dagegen entstehen im Westen der Wallonie zusätzliche nasalierte Vokale vor Nasalkonsonanten als Ergebnis einer regressiven Assimilation (vgl. Kapitel 8.1), z.B. in *jaune* [ʒɔ̃:n].

Bei den **mittleren Vokalen** fällt auf, dass die Opposition **/ɔ/:/o/** auch in Kontexten realisiert wird, in denen sie im Normfranzösischen neutralisiert ist (vgl. Kapitel 5.1): in offener Endsilbe, z.B. in *sot* vs. *seau* (/sɔ/:/so/), und in unbetonten Silben, z.B. in *beauté* vs. *botté* (/bɔte/:/bote/).

Bei den **Gleitlauten** bestehen ebenfalls Unterschiede zum Normfranzösischen. Zum einen verfügen die meisten Belgier über **kein Phonem /ɥ/**. An dessen Stelle realisieren sie entweder das weiter hinten artikulierte /w/ (d.h. *juin* und *joint* sind homophon [ʒwɛ̃]) oder aber den entsprechenden Vokal /y/ (z.B. in *habituel* [abityɛl]). Generell besteht eine größere Tendenz zur **Diärese**. Bei älteren Sprechern aus dem Osten und Zentrum der Wallonie kann man **Gleitlautepenthesen** zur Vermeidung von Hiaten beobachten, z.B. in *théatre* [teja:t], *clouer* [kluwe:].

Im **konsonantischen** Bereich ist das Schibboleth des belgischen Französisch zweifelsohne die **Auslautverhärtung** (vgl. Kapitel 8.1): Wortpaare wie *visse* [vis] vs. *vise* [vi:s] unterscheiden sich also lediglich durch die Vokallänge. Auch im Inlaut finden sich manchmal stimmlose statt stimmhafte Konsonanten, z.B. (am Morphemende) in *curieu*<u>*s*</u>*ement* [kyʁjø:smɑ̃:]. Außerdem kann man, v.a. bei älteren Sprechern, eine mit einer **Palatalisierung** verbundene **Affrizierung** (vgl. Kapitel 8.1) **von /t/ und /d/** vor /j/ zu [tʃ] und [dʒ] beobachten, z.B. in *héritier* [eʁitʃe], *dieu* [dʒø] (regressive Assimilation), wie auch im Französischen Québecs und der Antillen (vgl. Kapitel 11.4 und 11.5). Ältere Sprecher im Osten der Wallonie realisieren außerdem das ***h aspiré* als [h]** (vgl. Kapitel 9.4). Sporadisch finden sich neben [ʁ] auch die 'gerollten' Varianten **[r]** und **[ʀ]**.

Zur Illustration ist im Folgenden die Transkription der Lektüre des PFC-Textes durch eine 1955 geborene Sprecherin aus Liège – um einige Versprecher bereinigt – abgedruckt (PFC-Code: blavm1).

PFC-Text *Le village de Beaulieu:* belgisches Französisch

[ləvilaʒ | dəˈboljø ‖ etɑ̃gʁɑ̃ˈtemwa ‖ ləpʁ̥əmjeministʁ̥ ‖ aɑ̃nefe | deside | dəfɛʁetap | dɑ̃sɛtkomyn ‖ okuʁ | dəsatuʁne | dəlaʁeʒjɔ̃ | ɑ̃fɛ̃dane:ʲ ‖ ʒyskisi | lɛsœltitʁ̥ə | dəglwaʁ | dəboljø ‖ etɛ | sɔ̃vɛ̃blɑ̃sɛk ‖ sɛʃəmizɑ̃swa ‖ œ̃ʃɑ̃pjɔ̃ | lokal | dəkuʁ̥sapje ‖ lujgaʁɛ ‖ katʁ̥ijɛm | oʒøolɛ̃pik | dəbɛʁlɛ̃ ‖ ɑ̃milnœfsɑ̃ | tʁ̥ɑ̃tsi:s ‖ eplyʁesamɑ̃ ‖ sɔ̃nyzin | dəpa:titaljɛnᵊ ‖ kɛskiadɔ̃k | valy | aboljø ‖ səgʁɑ̃tɔnœʁ ‖ ləazaʁ ‖ tuˈbe:tmɑ̃ ‖ kaʁləpʁ̥əmjeministʁ̥ə | lase | desiʁ̥kwiabityɛl ‖ kituʁnɛ | tuʒuʁotuʁ | dɛmɛmvil ‖ vødekuvʁiʁ̥ ‖ səkilapɛlᵊ ‖ lakɑ̃paɲ | pʁ̥ɔfɔ̃t]

11.4 Québec-Französisch

Kanada ist ein zweisprachiges Land, in dem sowohl Englisch als auch Französisch offizielle Sprachen sind. In den meisten Provinzen dominiert jedoch der Anteil der englischsprachigen Bevölkerung – mit einer Ausnahme: In Québec (vgl. Abb. 127) sind 80% der Einwohner (fast sechs Millionen Menschen) L1-Sprecher des Französischen, das dort die **alleinige offizielle Sprache** ist. Im Gegensatz zu den meisten anderen frankophonen Gebieten der Welt ist Französisch in Kanada traditionell nicht die Sprache der dominierenden, sondern der sozial benachteiligten Bevölkerungsgruppen. Durch die *Révolution Tranquille* der 1960er Jahre emanzipierte sich die französischsprachige Bevölkerung jedoch und damit auch ihre Sprache. Heute ist in Québec der **Widerstand gegen das Englische** sogar größer als in Frankreich, weswegen beispielsweise Anglizismen wie *stop* oder *e-mail* durch französische Pendants (*arrêt*, *courriel*) ersetzt werden. Umgekehrt sorgt der direkte Kontakt mit dem Englischen aber auch dafür, dass Entlehnungen aus dem Englischen weniger ans französische Sprachsystem angeglichen werden, was sich insbesondere auf die Aussprache auswirkt, z.B. *pool* [pu:l] (vs. *poule* [pʊl] – im hexagonalen Französisch sind diese Wörter homophon [pul]).

Abb. 127: Kanada mit Québec

Die Franzosen entdeckten 1535 unter Jacques Cartier die Gegend um den Lorenzstrom und nahmen sie in ihren Besitz. Die Siedler, die sich ab 1608 in der Region niederließen, stammten vorwiegend aus dem **Norden und Westen Frankreichs**. Sie sprachen eine **Koinê**, die sich auf Basis der dortigen primären Dialekte und des Regionalfranzösischen in den **Hafenstädten** herausgebildet hatte. Dazu kam das Französische von Paris, denn der König schickte zwischen 1663 und 1673 ca. 800 Waisenmädchen nach Kanada, um den männlichen Überhang der Bevölkerung auszugleichen. Aufgrund der Isolation vom Mutterland entwickelte sich bald eine Migrationsvarietät, d.h. ein sekundärer Dialekt. Die Sprachen der amerikanischen

Ureinwohner spielten dabei praktisch keine Rolle (bis auf den Namen *Canada* < irokesisch *kanata* 'Siedlung'). Seit der englischen Eroberung 1759 befindet sich das Französische allerdings in dauerhaftem engen Kontakt mit dem Englischen.

Inzwischen hat sich das *québecois* zu einem Regionalstandard entwickelt, der eine umfangreiche diatopische, diastratische und diaphasische Variation überdacht. Während beispielsweise die Affrizierung von /t/ (z.B. in *tu dis* [tsydzi] für [tydi]; s.u.) in Québec völlig unauffällig und in allen Kommunikationssituationen verbreitet ist, gelten Diphthongierungen wie in *part* [pɑw] oder die Aussprache von *moi* als [mwe] als diastratisch und diaphasisch stark markiert. Die folgende Liste von Merkmalen liefert einen Überblick über die im Québec-Französischen auftretenden Abweichungen von dem in diesem Buch behandelten Normfranzösischen; diese sind jedoch auch in Québec zu einem großen Teil nicht Standard.

Im Französischen Québecs erhält sich die Quantitätsopposition /ɛ/ vs. /ɛː/, z.B. in *faites* [fɛt] vs. *fête* [fɛːt], wie auch im belgischen Französisch (vgl. Kapitel 11.3). Außerdem werden halb-geschlossene und nasalierte **Vokale** in geschlossenen finalen Silben grundsätzlich und in vortonigen offenen Silben fakultativ **gelängt**, z.B. in *arrêter* [aʁɛːte] (vs. *arrêt* [aʁɛ]). Dazu kommt die im Normfranzösischen übliche Längung in finaler Silbe vor bestimmten Konsonanten (vgl. Kapitel 7.1). Die gelängten Vokale können **diphthongiert** werden (vgl. z.B. *neige* [nejʒ], *part* [pɑw]). Diese langen und diphthongierten Vokale werden als akzentuiert wahrgenommen. In den anderen Kontexten schwächen sich die Vokale dagegen ab. Die hohen Vokale /i/, /y/ und /u/ werden in geschlossenen finalen Silben (außer vor längenden Konsonanten) zu ihren ungespannten Pendants **zentralisiert** (vgl. Kapitel 8.2), z.B. in *vite* [vɪt], *lune* [lʏn], *loupe* [lʊp]. Dies kann sich über eine Vokalharmonie (vgl. Kapitel 8.1) auch auf die davorliegenden Silben ausbreiten, z.B. in *piscine* [pɪsɪn] (neben [pisɪn]). Zudem können sie wortintern in stimmloser Umgebung **entstimmt** und sogar **elidiert** werden, z.B. *p(i)scine* [psɪn], was zu einer Längung des vorangehenden Frikativs führen kann, z.B. *univers(i)té* [univɛʁsːte]. Durch diese Stärkungen und Schwächungen vergrößert sich der Kontrast zwischen betonten und unbetonten Silben, und es entsteht – wie im belgischen Französisch (vgl. Kapitel 11.3) – der Eindruck eines **akzentzählenden Rhythmus** (vgl. Kapitel 7.2).

Die aus dem Normfranzösischen verschwundene **Opposition /a/:/ɑ/** wird im Québec-Französischen sogar besonders deutlich realisiert: /a/ nähert sich [æ] an und /ɑ/ tendiert in Richtung [ɔ] bzw. wird diphthongiert, z.B. in *patte* [pæt] vs. *pâte* [pɑwt], *ça va*? [savɔ]. Zudem kann man wortfinal und vor /ʁ/ eine **Öffnung von /ɛ/ zu [æ] oder [a]** beobachten, z.B. in *était* [eta], *verte* [vaʁt]. Auch die **nasalierten Vokale** besitzen eine andere Qualität als im Normfranzösischen: So spricht man etwa *vin* [vẽ] statt [vɛ̃] aus oder *vent* [vɛ̃] statt [vɑ̃].

Daneben haben sich im *québecois* **ältere Aussprachevarianten von <oi> erhalten** (lat. /ē/ > vlat. /e/ > /ei/ > /oi/ > /we/ > /wa/ bzw. /ɛ/; vgl. Kapitel 2.4). In zahlreichen Wörtern wurde die Variante /we/ (neben /wa/) konserviert, z.B. in *moi*, *doigt*, *fois* etc., und in einem Wort ist /ɛ/ lexikalisiert: *fret* [fʁɛt] (Intensivierung von *froid*). Das /wa/ der heutigen französischen Norm beruht auf der Öffnung von /we/, die ursprünglich in den niedrigen sozialen Schichten von Paris verbreitet war und sich nach der Französischen Revolution durchsetzte (z.B. lat. DĒBET > afr. *deit* > nfr. *doit* [dwa]); in den Imperfekt- und Konditionalendungen sowie in Ethnonymen entwickelte sich der Diphthong dagegen zu /ɛ/ (z.B. lat. DEBḖBAT > afr. *deveit* > *devoit* [dəvɛ]), weswegen die Graphie zu <ai> angepasst wurde (nfr. *devait*; vgl. auch afr. *françois* vs. nfr. *français*). Ein Relikt der Stufe /we/ findet sich im Normfranzösischen in *couette* [kwɛt] 'Federbett' sowie beim Öffnungsgrad des entsprechenden nasalierten Vokals (z.B. *coin* [kwɛ̃]; vgl. Kapitel 2.4). Zudem existieren einige Entlehnungen aus Dialekten, in denen die Entwicklung /ei/ > /ɛ/ in einem größeren Teil des Wortschatzes stattgefunden hat, z.B. *craie* [kʁɛ] 'Kreide'. Im Québec-Französischen entspricht <oi> außerdem in manchen Wörtern einem /o/, z.B. in *moitié* [motje].

Bei den **Konsonanten** ist das auffälligste Merkmal die **Affrizierung von /t/ und /d/** vor [i], [y], [j] und [ɥ], z.B. in *tu dis* [tsydzi] für [tydi], wie man sie auch im Französischen Belgiens (vgl. Kapitel 11.3) und der Antillen (vgl. Kapitel 11.5) antrifft. Diese ist in manchen Fällen mit einer **Palatalisierung** verbunden, z.B. *Dieu* [dʒø], *tiens* [tʃjɛ̃]. Außerdem werden stimmhafte Plosive nach nasalierten Vokalen **nasaliert**, z.B. *ensemble* [ɑ̃sɑ̃m], *blonde* [blɔ̃n], *langue* [lɑ̃ŋ] (vgl. Antillenfranzösisch; Kapitel 11.5). Ferner wird in manchen Wörtern das **finale /t/ ausgesprochen**, z.B. in *tout, bout, lit, nuit* und *fret* (< *froid*) – bei *ici* wird sogar ein /t/ eingefügt, das auch in der Graphie Niederschlag findet: <icitte>. Zudem sind **Liquid-Elisionen** besonders häufig, z.B. in *trois* [twɑ] oder *elle* [a] (mit Öffnung des Vokals). Die Aussprache des /r/ als [r] in der Region um Montréal verliert sich mittlerweile in der jüngeren und mittleren Generation, und nur mehr bei älteren Sprechern auf dem Land finden sich noch Realisierungen des ***h aspiré*** als [h].

Folgender Ausschnitt stammt von einer 1965 geborenen Grundschullehrerin aus Montréal (PFC-Code: cqmaht1):

PFC-Text *Le village de Beaulieu:* Québec-Französisch

[ləvila:ʒ | dəboljø | etãgʁã:temwæ ‖ ləpʁ̥əmjemɪnɪstʁ̥ ‖ ɑ | ãnɛfɛ |
desidedəfɛʁetap | dãsɛtkɔmʏn ‖ okʊ:ʁ | dəsatʊʁnej | dəlaʁe:jʒjɔ̃ ‖ ãfɛ̃:jdæne ‖
ʒʏskisi ‖ lɛ:sœltsɪtʁ̥ə | dəglwɑwʁ | dəbo:ljø ‖ etɛsɔ̃vẽblãsɛk ‖
seʃəmizã:swæ ‖ œ̃ʃã:pjɔ̃ | lɔka:l | dəkʊʁ̥sapje ‖ lwigaʁɛt ‖ katʁ̥ijɛm |
oʒøɔlẽpɪk | dəbɛʁlẽ ‖ ãmɪlnœfsãtʁ̥ãtsɪs ‖ eplyʁesæmã ‖ sɔ̃nʏzɪn |
dəpɑ:t | itæljɛn ‖ kɛ:skiadɔ̃:k | valyabo:ljø ‖ səgʁã:tɔnœ:ʁ ‖ ləazɑ:ʁ ‖
tubɛ:tmã ‖ kæʁləpʁ̥əmjeminɪs | lɑ:se | desɪʁ̥kɥiabitʃyɛl ‖ kitʊʁnɛ |
tʊʒʊ:ʁ | otʊʁdemɛjmvɪl ‖ vødekuvʁɪ:ʁ ‖ səkɪlæpɛ:l ‖ lakã:pæɲ | pʁ̥ɔfɔ̃n]

11.5 Antillenfranzösisch

Auf den französischen Antillen Martinique und Guadeloupe (vgl. Abb. 128) ist momentan ein Regionalfranzösisch im Entstehen begriffen (vgl. Pustka 2007, Bellonie 2010). Zwar wurde dort seit der Besiedlung durch die Franzosen in der zweiten Hälfte des 17. Jahrhunderts immer auch Französisch gesprochen, allerdings nur von einer sehr kleinen Minderheit der Bevölkerung, nämlich den weißen Kolonisatoren. Ihre Varietät basiert vermutlich auf derselben westfranzösischen Hafen-Koinê wie das *québécois* (vgl. Kapitel 11.4). In der außergewöhnlichen Sprachkontaktsituation auf den Plantagen hat sich aus diesem Kolonialfranzösisch und den zahllosen afrikanischen Sprachen der Sklaven eine neue Sprache herausgebildet, das **Kreolische**, das lange Zeit die einzige Sprache der schwarzen Bevölkerungsmehrheit war. Sein Wortschatz ist überwiegend französisch, allerdings besitzt es eine völlig andere Grammatik, insbesondere präverbale Marker für Tempus, Modus und Aspekt anstelle von Flexionssuffixen (z.B. im Guadeloupe-Kreol: *an ka palé* 'ich spreche gerade', *ka* = Progressivmarker; *an te ka palé* 'ich war gerade dabei, zu sprechen', *te* = Vergangenheitsmarker; vgl. Stein 1984).

Abb. 128: Die französischen Antillen

Mit Abschaffung der Sklaverei 1848 begann das sich herausbildende schwarze Bürgertum, Französisch zu sprechen; seit der Departementalisierung 1946 und der Einführung der Schulpflicht hat es sich in der gesamten Bevölkerung verbreitet. Während die erste Generation noch ein L2-Französisch mit kreolischen Interferenzen sprach, stabilisiert sich mittlerweile ein L1-Regionalfranzösisch. Die meisten seiner Sprecher sind allerdings weiterhin zweisprachig. Das Besondere an diesem tertiären Dialekt ist, dass das Substrat ebenfalls auf das Französische zurückgeht, weswegen Archaismen über das Kreolische bewahrt wurden und nun ins Regionalfranzösische zurückgelangen.

Das Schibboleth des Antillenfranzösischen ist die **Elision des /r/**. Karikaturen erwecken bisweilen den Eindruck, jedes /r/ würde hier getilgt, was allerdings nicht mit der Realität der Sprachproduktion übereinstimmt. Es muss vielmehr grob zwischen drei Kontexten unterschieden werden: Im Onset vor ungerundeten Vokalen wird es wie im Normfranzösischen [ʁ] realisiert (z.B. in *rat* [ʁa]), vor gerundeten Vokalen und nach bilabialen oder labio-dentalen Konsonanten wird es meist [w] ausgesprochen (z.B. in *roc* [wɔk]), und in der Koda wird es elidiert oder zu [w] oder [ɐ] vokalisiert (z.B. *toujours* [tuʒu], *dire* [diw], *pêcheur* [peʃœɐ]).

Außerdem besteht eine **Tendenz zur komplementären Distribution der mittleren Vokale**, d.h. die Sprecher schwanken z.B. zwischen [ʃɔz] und [ʃoz] für *chose* oder [me] und [mɛ] für *mais*. Auch bei der Opposition /ɛ̃/:/œ̃/ (z.B. in *brin* vs. *brun*) sind Unregelmäßigkeiten zu beobachten (z.B. *aucun* [okɛ̃]~[okœ̃]). Die **Qualität der nasalierten Vokale** weicht vom Normfranzösischen ab und ähnelt der im Québec-Französischen, z.B. wird /ɛ̃/ als [ẽ] realisiert (vgl. Kapitel 11.4). Bei den **Konsonanten** finden verschiedene Arten von Assimilationen statt: die **Nasalierung der vorderen Plosive** nach einem nasalierten Vokal, z.B. in *jambe* [ʒɑ̃m], *apprendre* [apʁɑ̃n] sowie die für Martinique typische **Affrizierung von /t/ und /d/** vor hohen Vokalen und Gleitlauten zu [tʃ] und [dz] (z.B. in *moitié* [mwatʃje], *dit* [dzi]), wie man sie auch in der Pariser *banlieue* sowie in Belgien und Québec findet (vgl. Kapitel 11.1, 11.3 und 11.4). Außerdem kann man im Antillenfranzösischen die **Realisierung finaler Konsonanten** beobachten, die im Normfranzösischen stumm sind, z.B. *moins* [mwɛ̃s], wie auch im Südfranzösischen (vgl. Kapitel 11.2).

Die Prosodie des Antillenfranzösischen gilt als ‘singend’ (***accent chantant***). Im Gegensatz zum Südfranzösischen wird mit diesem Ausdruck jedoch vermutlich weniger auf den Rhythmus, sondern mehr auf die oft stark schwankende Intonationskurve angespielt. Eine innerantillische Besonderheit stellen die Akzente der von Weißen bewohnten Inseln Les Saintes und Saint-Barthélémy dar, die aufgrund der Längung der vorletzten Silbe als *traînant* gelten.

Zur Illustration des antillischen Akzents folgt die Transkription der Lektüre des PFC-Textes durch eine 1985 geborene Schülerin aus einer ländlichen Gegend in Guadeloupe mit L1 Französisch und L2 Kreol (PFC-Code: 97asc1).

PFC-Text *Le village de Beaulieu:* Antillenfranzösisch

[ləvilaʒdəbœljøː ‖ ɛɑ̃gʁɑ̃emwa ‖ ləpʁ̥əmjeminist ‖ aɑ̃nefɛdeside | dəfɛʁetap | dɑ̃sɛtkomyn ‖ oku | dəsatuneː | dəlaʁeʒjɔ̃ | ɑ̃fɛ̃dane ‖ ʒyskisi | lesœltit | dəglwaʁ | dəbøljøː ‖ etɛsɔ̃vẽblɑ̃ | sɛk ‖ seʃəmizɑ̃swa ‖ œ̃ʃɑ̃pjɔ̃lokal | dəkusapje ‖ lujgaʁe ‖ katʁ̥ijɛm | oʒøolẽpik̬dəbɛʁlɛ̃ ‖ ɑ̃milnœfsɑ̃tʁ̥ɑ̃tsis ‖ eplyʁesamɑ̃ ‖ sɔ̃nyzin | dəpatitaljɛn ‖ kɛskiadɔ̃k | valyabøljø ‖ səgʁɑ̃tɔnœɐ ‖ ləazaw ‖ tubɛtmɑ̃ː ‖ kaʁləpʁ̥əmjeminis ‖ lasedesiwkɥiabityɛl ‖ kitunɛ | tuʒuʁotuʁ | demɛmvil ‖ vødekuviɐ ‖ səkiapɛl ‖ lakɑ̃pan | pʁ̥ofɔ̃dᵊ]

Zusammenfassung

Bereits dieser kleine Einblick in das Varietätenspektrum des Französischen zeigt, dass eine ganze Reihe von Merkmalen, die von der Aussprachenorm abweichen, zahlreichen Varietäten gemein sind. Einige von ihnen sind Archaismen: der Quantitätskontrast (z.B. in *faites* [fɛt] vs. *fête* [fɛːt]), die Oppositionen /a/:/ɑ/ (z.B. in *patte* [pat] vs. *pâte* [pɑt]) und /ɛ̃/:/œ̃/ (z.B. in *brin* vs. *brun*) sowie die Aussprache des /r/ als apikaler Trill [r] und des *h aspiré* als [h]. Daneben finden sich auch Merkmale, die möglicherweise durch die – archaisierende – Graphie suggeriert wurden: die Aussprache bestimmter Auslautkonsonanten sowie die z.T. häufigere Realisierung des *e muet*. In anderen Punkten sind die Varietäten dagegen progressiver als die Pariser Norm und generalisieren dort angelegte Tendenzen wie etwa die komplementäre Distribution der mittleren Vokale. Zudem haben sich hier einige nähesprachliche Schwächungsphänomene konsequenter durchgesetzt, etwa Palatalisierungen oder Vokalreduktionen. Schließlich fällt auf, dass einige Charakteristika, mit denen sich das Französische typologisch absetzt, in der Peripherie verschwinden, z.B. die nasalierten Vokale oder auch der finale Phrasenakzent und der silbenzählende Rhythmus.

Weiterführende Literatur: Die größten empirischen Studien zur Variation des Französischen in ganz Frankreich bzw. der gesamten Frankophonie sind Martinet 1945, Walter 1982 und das Projekt PFC (www.projet-pfc.net). Daneben werden auch in den Sammelbänden von Hintze/Pooley/Judge 2001 sowie Durand/Laks/Lyche 2009 eine Vielzahl französischer Akzente vorgestellt. Didaktisch aufbereitete Hörbeispiele liefern Carton et al. 1983 und Détey et al. 2010. Zu den einzelnen in diesem Kapitel vorgestellten Varietäten sei auf Armstrong 2001 (diastratische und diaphasische Variation im Nordfranzösischen), Pustka 2007 (Südfranzösisch und Antillenfranzösisch), Wilmet 1997 (belgisches Französisch) sowie Walker 1984 und Ostiguy/Tousignant 2008 (Québec-Französisch) verwiesen.

Lösungen zu den Übungsaufgaben

Kapitel 2: Graphematik

1. Friedrich der Große: *deux mains sous Pé, cent sous scie?* [dømɛ̃supe] [sɑ̃susi]? – homophon mit: *Demain souper, Sanssouci?*
Voltaire: *Gé grand, A petit!* [ʒegʁɑ̃apəti]
– homophon mit: *J'ai grand appétit!* ([e] statt [ə])

2. *au*, *aux*, *haut*, *hauts*, *eau*, *eaux*, *os* (‘Knochen’), *aulx* (Plural von *ail* ‘Knoblauch’), *ho*!, *oh*!, *ô*

3. A: Kikoo (= *coucou*), t(u) es toujours occupé. Qu’est-ce (que) tu fais?
B: Rien. Et toi, quoi de neuf?
A: J’ai cassé la caisse (‘voiture’) de mes vieux. Je suis énervé, j’ai la haine. En plus, j’ai raté mon rendez-vous business. Je dois acheter une nouvelle caisse. Tu fais quoi demain, toi qu(i) est dans les bons coups, t(u)’aurais pas une idée de ciné(ma)?
B: Je sais pas. J’ai d(é)jà tout vu. Un café plutôt?
A: Ok, où?
B: Je sais pas, t(u)’ (n’) as qu’à décider.
A: Où tu veux, mais pas le $11^{\text{ème}}$, j’ai pas envie de croiser mon ex, elle est avec quelqu’un de nouveau.
B: Comment tu sais, tu l’as revue?
A: Oui, mais sans succès.
B: Faudrait que tu la zappes (‘oublier’).
A: T(u)’as raison. Pour le café, on se chèque demain. Tu m’écris un SMS.
B: Ok, pas de problème.
A: À demain, kiss (‘bisous’).

4. a) <point>, b) <lent>, c) <cheveux>, d) <zèle>, e) <bruit>, f) <ai>, g) <bœufs>, h) <second>

5. Les humains aux yeux bleus ont-ils un ancêtre commun?
Après des années d’études et de recherches, une équipe scientifique danoise ose l’affirmer: tous les humains ayant les yeux bleus, sur l’ensemble de la planète, sont les descendants d’un unique ancêtre commun. Celui-ci, homme ou femme, on ne sait pas, serait né avec une mutation génétique spontanée qui aurait transformé les yeux marron, que tout le monde avait alors, en yeux bleus. Cela se serait passé il y a entre 6 000 et 10 000 ans. Et depuis, ce

caractère bleu se serait lentement mais sûrement répandu dans toutes les populations. Une conclusion basée sur des études génétiques sérieuses, mais qui ne font pas l'unanimité.

(*Le Figaro* vom 07.02.2008)

6. [jatilvʁɛmɑ̃ ‖ bokudəfɛʁ | dɑ̃lezepinaʁ ‖ lalezɑ̃d | dəlepinaʁ ‖
fɛpaʁti | dəsemit | ɑ̃kɔʁbjɛ̃vivas ‖ kisəsɔ̃ʁɑ̃fɔʁse ‖ ofildezane ‖
lepinaʁ ‖ səʁɛtʁɛʁiʃɑ̃fɛʁ ‖ edeʒeneʁasjɔ̃ | dəmamɑ̃ ‖ ɔ̃kʁybjɛ̃fɛʁ ‖
ɑ̃nɔbliʒɑ̃ | lœʁzɑ̃fɑ̃ ‖ malgʁelœʁkʁi | dədezɛspwaʁ ‖ aɑ̃navale ‖
dɔ̃k ‖ ilfolədiʁ | oefɔʁ ‖ lepinaʁ ‖ avɛksedøviʁgylsɛt | miligʁam |
dəfɛʁ ‖ puʁsɑ̃gʁam | dəfœjfʁɛʃ ‖ nepadytu | lalimɑ̃ | ləplyʁiʃɑ̃fɛʁ ‖
ilɑ̃pɔsɛdmwɛ̃ ‖ paʁɛgzɑ̃pl ‖ kəlelɑ̃tij | uleaʁiko]

Kapitel 3: Phonetik

1. a) [ŋ], b) [f], c) [ɥ], d) [ɛ]

2. a) stimmhafter alveolarer Frikativ
b) stimmhafter bilabialer Nasal
c) stimmhafter labio-velarer Approximant
d) nasalierter vorderer halb-offener ungerundeter Vokal

3. a) Artikulationsart: Frikativ
b) Artikulationsort: alveolar
c) Lippenrundung: gerundet
d) Stimmbeteiligung: stimmhaft

4. a) *achat*, b) *ici*, c) *épi*, d) *auto*

5. Je weiter vorne der Frikativ artikuliert wird, desto weiter oben beginnt die Schwärzung. Die Frikative, die post-alveolar oder weiter hinten artikuliert werden, weisen eine formantenähnliche Struktur auf.

6. [ləkɔʁbo ‖ atil ‖ ynmemwaʁ | delefɑ̃ ‖ ilɛbjɛ̃kɔny ‖ kəlelefɑ̃ ‖
nubli | niɛ̃kɔ̃plimɑ̃ ‖ ni ‖ syʁtu ‖ ɛ̃nafʁɔ̃ ‖ kilsɛmemɔʁize ‖
sepist | dədeplasmɑ̃ ‖ elezɑ̃dʁwa ‖ uilpø ‖ omjø ‖ sənuʁiʁ ‖
ɑ̃fɔ̃ksjɔ̃ | dekɔ̃disjɔ̃ | klimatik ‖ mɛlɛkspʁɛsjɔ̃ ‖ avwaʁ |
ynmemwaʁ | delefɑ̃ ‖ kivødiʁ ‖ avwaʁ | yntʁɛbɔnmemwaʁ ‖
ɛtutafɛ(t)ɛ̃ʒyst ‖ puʁdənɔ̃bʁøzəzotʁəzɛspɛs(əz)animal ‖ kaʁboku ‖
ɔ̃dekapasite | dəmemɔʁizasjɔ̃ | etɔnɑ̃t ‖ kidepas ‖ edəlwɛ̃ ‖
səkəlɔ̃nakutym | daple ‖ ləsɛ̃plɛ̃stɛ̃ ‖ ulaksjɔ̃ | deʁeflɛks]

Kapitel 4: Theorien

1. /ɛ/ vs. /ɛ̃/: u.a. *baie* 'Bucht'/'Beere' vs. *bain*, *fait* vs. *fin/faim*, *lait* vs. *lin* 'Leinen', *mais* vs. *main*, *paix* vs. *pain*, *sait* vs. *saint*
/ɥ/ vs. /w/: u.a. *lui* vs. *Louis*, *suint* 'Wollfett' vs. *soin*, *juin* vs. *joint*, *huis* 'Tür' vs. *oui*, *loueur* 'Vermieter' vs. *lueur* 'Lichtschein', *bouée* 'Boje' vs. *buée* 'Dampf'

2. $\begin{bmatrix} -\text{vokalisch} \\ +\text{konsonantisch} \end{bmatrix} \rightarrow [+\text{stimmhaft}] \;/\; \_\_\; [+\text{stimmhaft}]$

3.

/lue/	DEP-IO	*VV
☞ a. [lu.e]		*
b. [lwe]	*!	

/lue/	*VV	DEP-IO
☞ a. [lu.e]	*!	
b. [lwe]		*

*VV = Markiertheitsconstraint, demzufolge keine Hiate realisiert werden sollen.

4. Vgl. dazu z.B. die Analyse in Pustka 2009 zum Aufnahmeort in der Vendée.

5. [ləgudypwasɔ̃ ‖ pane ‖ səpwasɔ̃la ‖ ɛsɛʁtɛnmɑ̃ | ləplyzɛgzɔtik ‖
kəlamɛʁ ‖ ɛʒamɛpɔʁte ‖ ʁɛktɑ̃gylɛʁ ‖ ilna | nikø | nitɛt ‖ ilɛtɔʁɑ̃ʒ ‖
mjø ‖ upiʁ ‖ ilnəsɑ̃mɛmpa | ləpwasɔ̃ ‖ amidi ‖ malgʁetu ‖
kɔmsɛtfʁɑ̃sɛ | syʁdis ‖ vukʁɔkʁe | pøtɛtʁ | avɛkapeti ‖ dɑ̃laʃɛʁ |
adəmifʁɛʃ ‖ dybatɔnɛ | dəsyʁimi ‖ plys | kynʁevɔlysjɔ̃ | dəpalɛ ‖
lɛ̃vɑ̃zjɔ̃ | dəsɛtnuvɛlɛspɛs ‖ odeby | dezane | katʁəvɛ̃dis ‖
fydabɔʁ | ɛ̃fɔʁmidabl | kudəmaʁketiŋ ‖ esilekɔ̃sɔmatœʁ ‖
avɛ(t)alɔʁ | timidmɑ̃ | mɔʁdyalamsɔ̃ ‖ labilte | dezɛ̃dystʁijɛl |
adəpɥi | pɛʁmi | dəleʁamne | dɑ̃lœʁfile]

Kapitel 5: Segmente

4. Fehler: [pim<u>ɔ̃</u>] statt [pim<u>ɑ̃</u>], [divɛʁ<u>z</u>ifje] statt [divɛʁ<u>s</u>ifje], [oʒuʁd<u>w</u>i] statt [oʒuʁd<u>ɥ</u>i], [mɔ̃<u>t</u>] statt [mɔ̃<u>d</u>], [øʁ<u>o</u>p] statt [øʁ<u>ɔ</u>p], [v<u>o</u>jaʒ] statt [v<u>wa</u>jaʒ], [k<u>u</u>ltive] statt [k<u>y</u>ltive], [kɔl<u>õ</u>] statt [kɔl<u>ɔ̃</u>], [ameʁ<u>ɛn</u>djɛ̃] statt [ameʁ<u>ɛ̃</u>djɛ̃]

5. Systematische Verwechslung stimmhafter und stimmloser Obstruenten (z.B. *pon* statt *bon*, *za* statt *ça*).

6. [salɛʁminimɔm ‖ puʁlestaʒ ‖ apaʁtiʁ | dymwa | dəfevʁije ‖ efɛktɥe(ʁ)ɛ̃staʒ | dəsimwa ‖ ekite | lɑ̃tʁəpʁiz | sɑ̃zɛ̃su | ɑ̃pɔʃ ‖ mɛsœlmɑ̃ | avɛklekɔ̃plimɑ̃ | dypatʁɔ̃ ‖ nəsəʁaplypɔsibl ‖ lezetydjɑ̃ ‖ səʁɔ̃(t)omwɛ̃ | ʁemyneʁe | tʁwasɑ̃ | katʁəvɛ̃zøʁo | paʁmwa ‖ swa | tʁɑ̃tpuʁsɑ̃ | dysmik ‖ mɛsɛtʁevɔlysjɔ̃ | dɑ̃lɑ̃tʁəpʁiz ‖ apʁɔvɔke | lakɔlɛʁ | depʁɛ̃sipozɛ̃teʁese ‖ avɛktʁwasɑ̃ | katʁəvɛ̃zøʁo | paʁmwa ‖ pad̥kwa | pɛje(ʁ)ɛ̃lwaje ‖ ʁəgʁɛtʒyljɛ̃ ‖ pɔʁtəpaʁɔl | dəʒeneʁasjɔ̃pʁekɛʁ ‖ ilɛtuʒuʁlegal | dəʁɑ̃plase | ɛ̃salaʁje ‖ paʁɛ̃staʒjɛʁ]

Kapitel 6: Silbe

1.

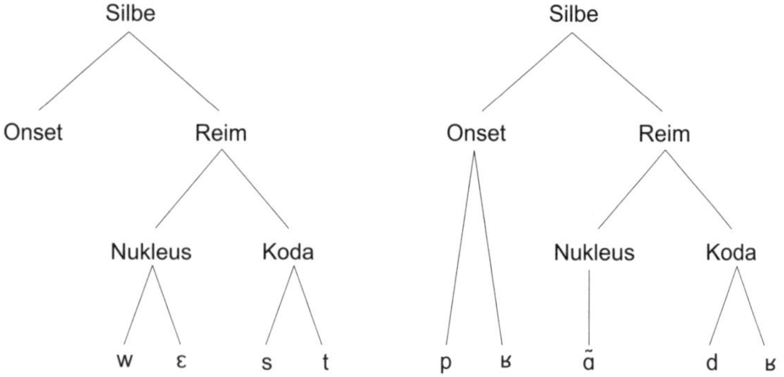

ouest *prendre*

2. Faut-il fermer les zoos?
Il y a les quatre étoiles [ka.tʁe.twal] avec piscine, jacuzzi, espaces de jeu et de détente. Et il y a les auberges de campagne au charme simple et désuet. (…) Certains zoos permettent à [pɛʁ.mɛ.ta] leurs pensionnaires de vivre en [vi.vʁɑ̃] semi-liberté dans de vastes espaces tandis que d'autres ne peuvent leur offrir [lœ.ʁɔ.fʁiʁ] que des enclos, voire des cages. (…) Il y a donc zoo et zoo. (…) Les parcs animaliers [paʁ.ka.ni.ma.lje] deviennent plus encore [ply.sɑ̃.kɔʁ] que par le passé des outils pédagogiques de communication scientifique sur la biodiversité et sa nécessaire sauvegarde, sur les équilibres écologiques [e.ki.li.bʁe.kɔ.lɔ.ʒik], sur la protection des écosystèmes et habi-

tats naturels. Et l'on sait l'importance de cette approche animale [a.pʁɔ.ʃa.ni.mal] pour, par exemple [pa.ʁɛg.zɑ̃pl], les enfants. (…) Car c'est bien là que le bât blesse pour ceux qui réclament l'abolition des zoos, estimant qu'ils ne sont que des lieux de souffrance animale [su.fʁɑ̃.sa.ni.mal].

3. *Est en* und *étend* sind homophon: [ɛtɑ̃]. Man kann daher die Frage *elle est en quoi?* 'Sie ist aus was?' also auch verstehen als *elle étend quoi?* 'Sie streckt was aus?'

4. a) *mère*: [mɛ.ʁə] > [mɛ.ʁø] > [ʁø.mɛ] > *[ʁøm] > [ʁœm] <reum> (vgl. *femme > meuf*)
b) *chaud*: [ʃo] > [oʃ] <och> (vgl. *fou > ouf*)
c) <nez> > *[nɛz] > [zɛn] <zen> (vgl. *cul > luc*)
d) *énervé* > [e.nɛʁ.ve] > *[ve.e.nɛʁ] > [ve.nɛʁ] <vénère> (312 + Elision)
e) *femme > meuf* [mœf] > [mœ.fə] > [mœ.fø] > *[fø.mœ] > [fø.mø] <feumeu>
f) *possible* [pɔ.silb] > [pɔ.sib] (Liquidelision; vgl. Kapitel 8.1) > [sib.pɔ] > [sibpo]

5. [lɔm ‖ pøtil | səpase ‖ demɛʁvɛjø | vɛʁaswa ‖ ɔ̃nəpuvɛʁɛve ‖ plypaʁfɛt | pətityzinanimal ‖ lɔʁskɛlfabʁik | sɔ̃kɔkɔ̃ ‖ ynʃənij | dəbɔ̃biks | dymyʁje ‖ lotʁənɔ̃ | dyvɛʁaswa ‖ pøpʁɔdɥiʁ ‖ ʒyskaɛ̃kilɔmɛtʁ | dəfildəswa ‖ ɑ̃vɛ̃tkatʁœʁ ‖ esəla | dyʁ ‖ dəpɥi | ɑ̃viʁɔ̃ | sɛ̃kmilenɛʁ ‖ lelvaʒ | dybɔ̃biks ‖ puʁpʁɔdɥiʁ | dəlaswa ‖ aetedekuvɛʁ | ɑ̃ʃin ‖ dømilsɛ̃ksɑ̃ | utʁwamilɑ̃ | avɑ̃ʒezykʁi ‖ ɔ̃di ‖ kətukɔmɑ̃sa | paʁyntas̬dəte ‖ ynpʁɛ̃sɛs ‖ byvɛsɔ̃te ‖ suzɛ̃myʁje ‖ ɛ̃kɔkɔ̃ ‖ tɔ̃badɑ̃satas ‖ vulɑ̃ləʁətiʁe | dypus | edəlɛ̃dɛks ‖ ɛltiʁa | ɛ̃fil | kisədeʁula ‖ sədeʁula ‖ ləfildəswa ‖ blɑ̃ | kɔmlanɛʒ ‖ leʒe | kɔmlenɥaʒ ‖ etɛdəvny | ləsɛ̃bɔl | dyljɛ̃ | ɑ̃tʁələsjɛl | elatɛʁ ‖ ɑ̃tʁəlezimɔʁtɛl | enu]

Kapitel 7: Prosodie

1. Combien de temps / faudrait-il // pour remplir / le lac Léman? //
Ce n'est pas / le plus grand, // ce n'est pas / le plus profond, // pas le plus riche / ou le plus pauvre, // biologiquement parlant. // Mais il porte / une très noble / distinction: // le lac Léman // est à l'origine / de la création / d'une discipline / scientifique / très importante, // au nom / peu connu, // la limnologie, // dont le champ d'action // (lacs, // étangs // et autres étendues d'eaux / continentales) // ne fait mystère / pour personne. // (…) Le Léman // est alimenté / par le Rhône // mais aussi / par une kyrielle / de rivières // comme la Morge, // le Foron, // la Serine, // l'Aubonne… // En sortie de lac, // le débit moyen / de l'eau // est de quelque 8 milliards / de mètres cubes /

par an. // Il faudrait donc / en moyenne 11 ans // pour le remplir, // à supposer / qu'il se soit vidé.

2. a) [ləfʁɛʁdəpjɛʁɔlivje ‖ esɔ̃kuzɛ̃]: *le frère de Pierre Olivier et son cousin – Pierre Olivier* ist hier ein Doppelname
b) [ləfʁɛʁdəpjɛʁ ‖ ɔlivje ‖ esɔ̃kuzɛ̃]: *le frère de Pierre, Olivier, et son cousin – Olivier* steht hier in Apposition; es ist der Name von Pierres Bruder
c) [ləfʁɛʁdəpjɛʁ ‖ ɔlivjeesɔ̃kuzɛ̃]: *le frère de Pierre, Olivier et son cousin* – hier sind drei Personen gemeint: 1) Pierre, 2) Olivier, 3) Oliviers Cousin

3. Die Akzentuierung in „Petit Papa Noël" entspricht nicht den spontansprachlichen Prinzipien. Ansonsten nicht-akzentuierbare Wörter (z.B. die Präposition *à*) oder Silben, insbesondere die Anfangssilben von Lexemen, werden hier sehr häufig akzentuiert:

C'est la belle nuit de Noël / La neige étend son manteau blanc / Et les yeux levés vers le ciel / À genoux, les petits enfants / Avant de fermer les paupières / Font une dernière prière.

Refrain: *Petit papa Noël / Quand tu descendras du ciel / Avec des jouets par milliers / N'oublie pas mon petit soulier. / Mais avant de partir / Il faudra bien te couvrir / Dehors tu vas avoir si froid / C'est un peu à cause de moi.*

4. Oszillogramm und Grundfrequenzverlauf der Tonleiter in PRAAT könnten wie folgt aussehen:

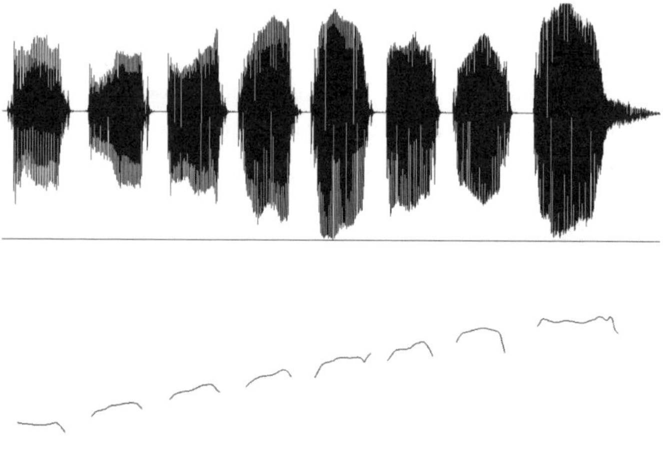

5. [puʁkwa | sɛʁtɛnplɑ̃t ‖ mɑ̃ʒ̊tɛl ‖ dəlavjɑ̃d ‖ dətutɑ̃ ‖ ɛlzɔ̃fasine ‖ dətutɑ̃ ‖ ɛlzɔ̃(t)etekʁɛ̃t ‖ eɔ̃sysite | lefɑ̃tasm | leplyzɛkstʁɛm ‖ dykanibalism ‖ kɔm | laʁbʁ | dəmadagaskaʁ ‖ kietɛsɑ̃se ‖ odiznœvjɛmsjɛkl ‖

ɛtʁəkapabl | dədevɔʁe | dezymɛ̃ ‖ ilɛvʁɛ ‖ kəsɛʁtɛnplɑ̃t | kaʁnivɔʁ ‖ nəsɔ̃pa | sipətit | kəsəla ‖ lœʁfœjpjɛʒ ‖ pœv(t)atɛ̃dʁ ‖ tʁɑ̃tsɑ̃timɛtʁ | dədjamɛtʁ ‖ ekəlœʁzepin ‖ sɔ̃plyʁyze | edɑ̃ʒʁøz ‖ kəsɛl | deʁoz ‖ səsɔ̃ | tudəmɛm | ɛl ‖ kiɔ̃(t)ɛ̃vɑ̃te ‖ ləpapje | tymuʃ ‖ mɛ(z)ynplɑ̃t ‖ kiabəzwɛ̃ | dəmɑ̃ʒe | dəlavjɑ̃d ‖ puʁvivʁ ‖ nəsɑ̃bləpa ‖ sinatyʁɛl ‖ pʁɔdɥinɔʁmal | dəlevɔlysjɔ̃ ‖ kʁwazmɑ̃ ‖ ɑ̃tʁəveʒetal | ekaʁnivɔʁ ‖ animal | degize | ɑ̃plɑ̃t ‖ abeʁasjɔ̃ | dəlanatyʁ ‖ bokud̥kɛstjɔ̃ ‖ ʁɛstuvɛʁt ‖ syʁlɔʁiʒin | dəlœʁɛgzistɑ̃s]

Kapitel 8: Prozesse

1. a) *était* /etɛ/ > [ɛ̠tɛ]: Vokalharmonie
b) *je pense* /ʒəpɑ̃s/ > [ʒpɑ̃s] > [ʃpɑ̃s]: Elision des Schwa, regressive Assimilation der Stimmbeteiligung des /ʒ/ zu [ʃ] (totale Assimilation)
c) *maintenant* /mɛ̃tənɑ̃/ > [mɛ̃tnɑ̃] > [mɛ̃nnɑ̃] > [mɛnɑ̃]: Elision des Schwa, regressive Assimilation der Artikulationsart des /t/ zu [n] (totale Assimilation), reziproke Assimilation der beiden [n] oder Elision eines der beiden
d) *aéroport* /aeʁɔpɔʁ/ > [aʁeɔpɔʁ]: Metathese von /e/ und /ʁ/
e) *quelque chose* /kɛlkʃoz/ > [kɛkʃoz]: Elision des /l/ in verzweigter Koda

2. a) <skeutadittaleur>: <ce que tu as dit tout à l'heure>; Elision des Schwa von *ce*, des /y/ von *tu* und des /u/ von *tout à l'heure*; Verlust der Wortgrenzen in der Akzentgruppe.
b) <chsuis>: <je suis>; Elision des Schwa und regressive totale Assimilation des /ʒ/ zu /ʃ/.
c) <jm'en fous>: <je m'en fous>; Elision des Schwa von *je*.
d) <essméfie>: <elle se méfie>; Elision des /l/; Akzentgruppe.
e) <çui-là>: <celui-là>; Elision des Schwa und des /l/.
f) <(apprends-nous) cexé>: <(…) ce que c'est>; Elision des Schwa von *que*.
g) <msieu>: <monsieur>; Elision des /ø/.
h) <esprès>: <exprès>; Elision des /k/ wegen ungünstigem Sonoritätsverlauf.
i) <exeuprès>: <exprès>; Epenthese eines Schwa wegen ungünstigem Sonoritätsverlauf.
j) <c'est hun (cacocalo que jveux)>: <c'est un>; das <h> suggeriert die Aussprache ohne Liaison (vgl. *h aspiré*).
k) <autt chose>: <autre chose>; Elision des postkonsonantischen finalen /r/.

3. a) und b) Aufgrund der phonetischen Ähnlichkeit von Schwa und /ø/ wird /ø/ als Schwa reanalysiert und getilgt.

4. a) *drapeau* [daʁapo]: Epenthese eines Vokals führt zu einfacherer Silbenstruktur: zwei CV-Silben statt CCV-Silbe mit Konsonantencluster [dʁ]; Vokalqualität [a] wegen Harmonie mit dem Folgevokal

b) *escargot* [ɛskago]: Elision des /ʁ/ führt zu einfacherer Silbenstruktur: CV- statt CVC-Silbe
c) *brouette* 'Schubkarre' [buʁɛt]: Metathese (Vertauschung von /ʁ/ und /u/) zu einfacherer Silbenstruktur: CV-Silbe [bu] statt CCV-Silbe [bʁu]; gleichzeitig Vermeidung des Hiats [uɛ]
d) *lunettes* [nynɛt]: regressive Assimilation der Artikulationsart vom /n/ auf das /l/, das ebenfalls [n] artikuliert wird (totale Assimilation)

5. [leʃɑ̃piɲɔ̃ ‖ sɔ̃til | deplɑ̃t ‖ pɑ̃dɑ̃desjɛkl | edesjɛkl ‖ dəlɑ̃tikite | ʒyskovɛ̃tjɛmsjɛkl ‖ leʃɑ̃piɲɔ̃ ‖ ɔ̃(t)ete | kɔ̃sideʁe ‖ kɔmdeplɑ̃t ‖ epɥi ‖ bʁyskəmɑ̃ ‖ omiljø | dyvɛ̃tjɛmsjɛkl ‖ ɑ̃milnœfsɑ̃ | swasɑ̃tnœf ‖ puʁɛtʁɛgzakt ‖ ilzɔ̃tete | ɛkskly ‖ dyʁɛɲ | bɔtanik ‖ leʃɑ̃piɲɔ̃ ‖ sɔʁɛdɔ̃k | dezanimo ‖ nɔ̃ply ‖ ilzɔ̃(t)ɛ̃pø | dedø ‖ mɛpa(z)ase ‖ puʁɑ̃fɛʁpaʁti ‖ ɑ̃fɛt ‖ ilaetekʁee | ɛ̃nuvoʁɛɲ ‖ ʁjɛ̃kəpuʁø ‖ ɔ̃puʁɛkʁwaʁ ‖ kovɛ̃teynjɛmsjɛkl ‖ laklasifikasjɔ̃ | sistematik ‖ dezɛtʁəvivɑ̃ ‖ ɑ̃ʁɛɲ ‖ ɔʁdʁ ‖ ɛspɛs ‖ ɛtseteʁa ‖ ɛ(t)ɑ̃fɛ̃ | tɛʁmine ‖ ebjɛ̃ ‖ ɔ̃nɑ̃nɛpa(z)ɑ̃kɔʁla ‖ ebjɛ̃dezon | dɛ̃sɛʁtityd ‖ dəmœʁ ‖ tɑ̃ | sɛʁtɛ̃zɛtʁəvivɑ̃ ‖ ʁezist | faʁuʃmɑ̃ ‖ asɛtmani | ymɛn ‖ dəletikɛt ‖ lataksinɔmi ‖ lasjɑ̃s | dyklasmɑ̃ ‖ edəlapɛlasjɔ̃ | dedifeʁɑ̃zɛtʁəvivɑ̃ ‖ ʁɛst | bɛlebjɛ̃ ‖ puʁlesjɑ̃tifik | dətupwal ‖ ɛ̃ʃɑ̃dbataj]

Kapitel 9: Liaison

1.

Beispiel	**Liaison**	***enchaînement consonantique***
a) *fort aimable*	[fɔʁ.tɛ.mabl]	[fɔ.ʁɛ.mabl]
b) *des heures historiques*	[de.zœʁ.zi.stɔ.ʁik]	[de.zœ.ʁi.stɔ.ʁik]
c) *plusieurs ont dit*	[ply.zjœʁ.zɔ̃.di]	[ply.zjœ.ʁɔ̃.di]
d) *ils vivent encore*	[il.viv.tɑ̃.kɔʁ]	[il.vi.vɑ̃.kɔʁ]
e) *belles à voir*	[bɛl.za.vwaʁ]	[bɛ.la.vwaʁ]

2. a) verboten, b) obligatorisch, c) obligatorisch (feste Wendung), d) fakultativ, e) verboten

3. a) *ce savant*$_{\text{Adj}}$ *étranger*$_{\text{Subst}}$ 'dieser weise Ausländer': [səsavɑ̃tetʁɑ̃ʒe] mit obligatorischer Liaison (Adjektiv +)
b) *ce savant*$_{\text{Subst}}$ *étranger*$_{\text{Adj}}$ 'dieser ausländische Weise': [səsavɑ̃etʁɑ̃ʒe] ohne Liaison (unmöglich: Substantiv$_{\text{Sg}}$ +)

4. *par auteur* [pa.ʁo.tœʁ] vs. *par hauteur* [paʁ.o.tœʁ]

5. a) *pot* [t] *au feu*: widerspricht Liaisonregeln (Substantiv$_{Sg}$ +)
b) *comment* [t] *allez-vous?*: fakultative Liaison (mehrsilbiges Fragepronomen +)
c) *arts* [z] *et métiers*: fakultative Liaison (Substantiv$_{Pl}$ +)
d) *avant* [t]-*hier*: fakultative Liaison (mehrsilbige Präposition +)
e) *fait* [t] *accompli*: widerspricht Liaisonregeln (Substantiv$_{Sg}$ +)

6. [puʁkwa | lezwazo ‖ ɔ̃til | deplym ‖ lezwazo ‖ sɔ̃lesœlzanimo ‖ aavwaʁ | deplym ‖ laʁepɔ̃s | alakɛstjɔ̃ | dəsavwaʁ | puʁkwa ‖ pøsɑ̃ble | evidɑ̃t ‖ puʁvɔle ‖ vjɛ̃tud̥sɥit | alɛspʁi ‖ ealabuʃ ‖ mɛ(z)ɑ̃fɛt ‖ nɔ̃ ‖ døzɛgzɑ̃pl ‖ ləpʁuv ‖ ləpʁəmje ‖ ɛsəlɥi | deʃoy̥suʁi ‖ ki ‖ mɛm | siɛlnəsɔ̃pa | dezwazo ‖ mɛdemamifɛʁ ‖ sɔ̃kapabl | dəvɔle | sɑ̃plym ‖ ləsəgɔ̃tɛgzɑ̃pl ‖ ɛsəlɥi | dezɛ̃djɛ̃ ‖ udedɑ̃søz | dəʁəvy ‖ kuvɛʁdəplym ‖ ekinəvɔlpa ‖ iljaosi ‖ lɛgzɑ̃pl | dezwazo ‖ aplym ‖ kinəvɔlpa ‖ depwasɔ̃vɔlɑ̃ ‖ udezavjɔ̃ ‖ mɛbɔ̃ ‖ ləplymaʒ | dɛ̃vɔlatil ‖ vasɛʁt | lɥipɛʁmɛtʁ | dəvɔle ‖ mɛvasyʁtu | asyʁe ‖ sɔ̃nizɔlasjɔ̃ | tɛʁmik ‖ sapʁɔtɛksjɔ̃ | sɔlɛʁ ‖ esɔ̃nɛ̃pɛʁmeabilite ‖ ilvaʁɛste | oʃo | eosɛk ‖ dɑ̃pʁatikmɑ̃ | tutlekɔ̃disjɔ̃ | klimatik ‖ epɑ̃dɑ̃ | tusevɔl ‖ atutlezaltityd ‖ mɛ ‖ puʁsəla ‖ ilfo | kynplym ‖ swa(t)ynpətitmɛʁvɛj | tɛknɔlɔʒik]

Kapitel 10: *E muet* und Schwa

1. a) *d(e̠)* (3x): In Klitika kann das *e muet* immer realisiert werden (bessere Wiedererkennung), wenn es nicht nach einem Obstruent-Liquid-Cluster steht, kann es aber auch wegfallen.
b) *ch(e̠)mis(e̠)s*: In der ersten Silbe mehrsilbiger Wörter kann das *e muet* immer ausgesprochen werden (bessere Wiedererkennung), im Kontext nach einem einzigen Konsonanten kann es aber auch wegfallen. Das *e muet* am Ende mehrsilbiger Wörter wird nie realisiert. Falls das Wort allerdings mit der (seltenen) fakultativen Liaison ausgesprochen wird, wird ein Schwa realisiert, um das Aufeinandertreffen zweier Sibilanten zu verhindern (vgl. Kapitel 8.5).

2. Comment attraper un(e) mouch(e) à la main?
Tout l(e) mond(e) en a fait l'expérienc(e). Mêm(e) en s'approchant à pas d(e̲) loup d'un(e) mouch(e) posé(e) sur un(e) tabl(e), en choisissant d(e̲) se̲ placer dans son dos, de̲ rapprocher sa main tout douc(e)ment d(e̲) l'insecte avant, d'un geste̲ le̲ plus vif possibl(e), de̲ tenter d(e̲) l(e̲) saisir au creux d(e) sa main, l'animal, s'il n'est pas malad(e) ou drogué, s'échapp(e)ra. Peut-être̲ certain(e)s personn(e)s, plus doué(e)s que̲ d'autr(e)s, réussiss(e)nt-ell(e)s réguliè r(e)ment c(e̲) p(e)tit exploit mais, mêm(e) avec un(e) tapett(e), la mouch(e) est très difficil(e) à attraper. En fait, c(e̲) n'est pas étonnant. Ell(e) est spécial(e)ment conçu(e) pour c(e̲)la. (...) Lorsque̲ la mouch(e) est posé(e), tous ses sens en éveil, ell(e) rectifi(e) constamment sa position au sol via ses patt(e)s. (...) Pour attraper, ou plus simple̲ment écraser un(e) mouch(e), il faut donc être̲ plus malin qu'ell(e). Rien ne̲ sert de̲ viser l'endroit où ell(e) est posé(e), mais, en choisissant son angle̲ d'attaqu(e), il faut viser directe̲ment un(e) dizain(e) de̲ centimètr(e)s à côté en anticipant son saut et son envol.

(*Le Figaro*, 18.09.2008)

3. a) [oskuʁ]: *au secours!* 'Hilfe!'; Elision des Schwa in *secours*
b) [tuskə]: *tout ce que*; Elision des Schwa in *ce*
c) [ʁəʃte]: *rejeter*; Elision des Schwa der zweiten Silbe und regressive Totalassimilation /ʒ/ > [ʃ]
d) [ti]: *petit*; Elision des Schwa der ersten Silbe und Elision des /p/ (möglicherweise in Folge einer Totalassimilation)

4. a) In *d(e)mi* steigt die Sonorität zum Silbenkern hin an, in *de̲puis* würde das [d] ein nicht-silbisches lokales Sonoritätsmaximum bilden.
b) In *artist(e)* fällt die Sonorität zum Ende ab, in *quatr(e)* entstünde ein nicht-silbisches lokales Sonoritätsmaximum (daher eher *quatre̲*).

5. [puʁkwa | lepul | nɔ̃tɛl | padədɑ̃ ‖ tulmɔ̃d | sɛ | kəlepul ‖ elezwazo | ɑ̃ʒeneʁal ‖ nɔ̃padədɑ̃ ‖ ɔ̃sɛ | pøtɛtʁəmwɛ̃ ‖ kəsevɔlatil | ɑ̃nɑ̃(t)y | paʁləpase ‖ ekəlɔ̃nɛtoʒuʁdɥi | kapabl | dəkʁee | depul | avɛkdedɑ̃ ‖ kaʁɛlpɔsɛd | dɑ̃lœʁsɛlyl ‖ tutlezɛ̃stʁyksjɔ̃ | ʒenetik | nesesɛʁ | alapus | dedɑ̃ ‖ sɛ̃pləmɑ̃ ‖ sezɛ̃stʁyksjɔ̃ ‖ sɔ̃kɔmkaʃe ‖ ilizibl ‖ sofbʁijɛvmɑ̃ | pɑ̃dɑ̃lədevlɔpmɑ̃ | dəlɑ̃bʁijɔ̃ | avjɛʁ ‖ okuʁdykɛl | ɛlfɔ̃sɑ̃blɑ̃ | dapaʁɛtʁ ‖ avɑ̃dəsevanwiʁ ‖ ekynynikdɑ̃ ‖ aple | dɑ̃dəlœf ‖ vapuse | obudybɛk | dypusɛ̃ | avɑ̃dətɔ̃be ‖ sɛtdɑ̃ | valɥipɛʁmɛtʁ | dəbʁize | lakɔkij | dəlœf ‖ lɔʁskilvudʁa | sɔʁtiʁ]

Bibliographie

Abercrombie, David (1967): Elements of General Phonetics, Edinburgh: Edinburgh UP.

Altenmüller, Hartwig (2005): Einführung in die Hieroglyphenschrift. Hamburg: Buske.

Anis, Jacques (1981): Pour une graphématique autonome. In: Langue française 59, 31–44.

Archangeli, Diana/Langendoen, Terence (Hrsg.) (1997): Optimality Theory – An Overview. Malden etc.: Blackwell, 1–32.

Argod-Dutard, Françoise (1996): Éléments de phonétique appliquée. Paris: Armand Colin.

Armstrong, Nigel (2001): Social and Stylistic Variation in Spoken French: A comparative approach. Amsterdam: John Benjamins.

Auer, Peter (2001): Silben- und akzentzählende Sprachen als phonologische Typen. In: Haspelmath, Martin et al. (Hrsg.): Language Typology and Language Universals/Sprachtypologie und sprachliche Universalien/La typologie des langues et les universaux linguistiques. Berlin/New York: de Gruyter (= HSK 20), Band 2, 1391–1399.

Azra, Jean-Luc/Cheneau, Véronique (1994): Jeux de langage et théorie phonologique: Verlan et structure syllabique du français. In: Journal of French Language Studies 4, 147–170.

Bellonie, Jean-David (2010): Repräsentationen des *accent antillais* und des *accent parisien* in Martinique. In: Krefeld, Thomas/Pustka, Elissa (Hrsg.): Perzeptive Varietätenlinguistik. Frankfurt am Main etc.: Peter Lang, 265–287.

Binisti, Nathali/Gasquet-Cyrus, Médéric (2003): Les accents de Marseille. In: Cahiers du français contemporain 8, 107–129.

Blanche-Benveniste, Claire/Chervel, André (²1978): L'orthographe. Paris: Maspéro.

Boersma, Paul/Hayes, Bruce (2001): Empirical Tests of the Gradual Learning Algorithm. In: Linguistic Inquiry 32: 45–86.

Boltanski, Jean-Élie (1999): Nouvelles directions en phonologie. Paris: PUF.

Börner, Wolfgang (1977): Die französische Orthographie. Tübingen: Niemeyer.

Brandão de Carvalho, Joaquim/Nguyen, Noël/Wauquier, Sophie (2010): Comprendre la phonologie. Paris: PUF.

Buben, Vladimir (1935): Influence de l'orthographe sur la prononciation du français. Paris: Droz.

Bürki, Audrey/Fougeron, Cécile/Gendrot, Cédric (2007): On the Categorical Nature of the Process Involved in Schwa Elision in French. In: Interspeech, August 2007. Antwerpen.

Bußmann, Hadumod (Hrsg.) (³2002): Lexikon der Sprachwissenschaft. Stuttgart: Kröner.

Bybee, Joan (2001): Phonology and Language Use. Cambridge: CUP.

Bybee, Joan (2005): La liaison: Effets de fréquence et constructions. In: Langages 158, 24–37.

Carton, Ferdinand et al. (1983): Les accents des français. Paris: Hachette.

Catach, Nina [1978] (1993): L'orthographe. Paris: PUF.

Catach, Nina (1995): Dictionnaire historique de l'orthographe française. Paris: Larousse.

Catford, Peter (1988): A Practical Introduction to Phonetics. Oxford: OUP.

Champagne-Muzar, Cécile/Bourdages, Johanne (1993): Le point sur la phonétique en didactique des langues. Paris: CLE International.

Charliac, Lucile/Motron, Annie-Claude (2008): Phonétique du français. Niveau Avancé. Paris: CLE International (mit CD-ROM).

Chomsky, Noam/Halle, Morris (1968): The Sound Pattern of English. Cambridge/London: MIT Press.

Chrystal, David (1998): Cambridge Enzyklopädie der Sprache. Frankfurt am Main/ New York: Campus.

Chrystal, David (⁶2008): A Dictionary of Linguistics and Phonetics. Malden etc.: Blackwell.

Coseriu, Eugenio (1952): Sistema, Norma y Habla, Montevideo (deutsche Fassung „System, Norm und Rede" in: Coseriu, Eugenio (1975): Sprachtheorie und allgemeine Sprachwissenschaft. München: Fink, 11–101).

Coveney, Aidan (2001): The Sounds of Contemporary French. Exeter: Elm Bank Publications.

De Jong, Daan (1994): La sociophonologie de la liaison orléanaise. In: Lyche, Chantal (Hrsg.): French Generative Phonology: Retrospective and Perspectives. Salford: AFLS/ESRI, 95–130.

Delattre, Pierre (1951): Principes de phonétique française à l'usage des étudiants anglo-américains. Middlebury: Middlebury College.

Delattre, Pierre (1965): Comparing the Phonetic Features of English, German, Spanish and French. Heidelberg: Julius Gross.

Delattre, Pierre (1966a): Studies in French and Comparative Phonetics. London/ The Hague/Paris: Mouton & Co.

Delattre, Pierre (1966b): Les dix intonations de base du français. In: French Review 40, 1–14.

Dell, François [1973] (1985): Les règles et les sons. Paris: Hermann.

Dell, François (1984): L'accentuation des phrases en français. In: Dell, François/Hirst, Daniel/Vergnaud, Jean-Roger (Hrsg.): Forme sonore du langage. Paris: Hermann, 65–122.

Dell, François/Elmedlaoui, Mohamed (1985): Syllabic consonants and syllabification in Imdlawn Tashlhiyt Berber. In: Journal of African Languages and Linguistics 7: 105–130.

Desrochers, Richard (1994): Les liaisons dangereuses: le statut équivoque des erreurs de liaison. In: Linguisticae Investigationes 18, 243–284.

Detey, Sylvain/Le Gac, David (2008): Didactique de l'oral et normes de prononciation: *quid* du français 'standard' dans une approche perceptive? In: Durand, Jacques/Habert, Benoît/Laks, Bernard (Hrsg.): Congrès Mondial de Linguistique Française – CMLF'08. Paris: ILF, 475–487.

Detey, Sylvain et al. (Hrsg.) (2010): Les variétés du français parlé dans l'espace francophone: ressources pour l'enseignement. Paris: Ophrys.

Di Cristo, Albert (1998): Intonation in French. In: Hirst, Daniel/Di Cristo, Albert (Hrsg.): Intonation Systems. A Survey of Twenty Languages. Cambridge: SUP, 195–218.

Doblhofer, Ernst [1957] (2008): Die Entzifferung alter Schriften und Sprachen. Stuttgart: Reclam.

Dufter, Andreas (2004): Ist das Französische eine silbenzählende Sprache? In: Meisenburg, Trudel/Selig, Maria (Hrsg): Nouveaux départs en phonologie: les conceptions sub- et supraségmentales. Tübingen: Narr, 139–159.

Durand, Jacques (1990): Generative and Non-linear Phonology. London/New York: Longman.

Durand, Jacques/Laks, Bernard/Lyche, Chantal (2002): La Phonologie du français contemporain: usages, variétés et structure. In: Pusch, Claus/Raible, Wolfgang (Hrsg.): Romanistische Korpuslinguistik. Korpora und gesprochene Sprache. Tübingen: Narr, 93–106.

Durand, Jacques/Laks, Bernard/Lyche, Chantal (2005): Un corpus numérisé pour la phonologie du français. In: Williams, Geoffrey (Hrsg.): La linguistique de corpus. Rennes: Presses Universitaires de Rennes, 205–217.

Durand, Jacques/Laks, Bernard/Lyche, Chantal (2009) (Hrsg.): Phonologie, variation et accents du français. London: Hermès.

Durand, Jacques/Lyche, Chantal (1999): Regard sur les glissantes en français: français standard, français du Midi. In: Cahiers de grammaire 24, 39–65.

Durand, Jacques/Lyche, Chantal (2008): French liaison in the light of corpus data. In: Journal of French Language Studies, 18: 33–66.

Durand, Jacques/Slater, Catherine/Wise, Hilary (1987): Observations on schwa in southern French. In: Linguistics 25.5, 983–1004.

Eggs, Ekkehard/Mordellet, Isabelle (1990): Phonétique et phonologie du français: théorie et pratique. Tübingen: Niemeyer.

Eisenberg, Peter (²2004): Grundriß der deutschen Grammatik, Band 1: Das Wort. Stuttgart/Weimar: Metzler.

Encrevé, Pierre (1988): La liaison avec et sans enchaînement. Phonologie tridimensionnelle et usages du français. Paris: Seuil.

Erfurt, Jürgen (2005): Frankophonie: Sprache – Diskurs – Politik. Tübingen etc.: Francke.

Fagyal, Zsuzsanna (2007): Syncope: de l'irrégularité rythmique dans la musique rap au dévoisement des voyelles dans la parole des adolescents dits 'des banlieues'. In: Nottingham French Studies 46.2, 119–134.

Fouché, Pierre (1959): Traité de prononciation française. Paris: Klincksieck.

Fougeron, Cécile/Gendrot, Cédric/Bürki, Audrey (2007): On the phonetic identity of French schwa compared to /ø/ and /œ/. In: Actes des 5èmes Journées d'Etudes Linguistiques, Juni 2007. Nantes, 191–198.

Fougeron, Cécile/Steriade, Donca (1997): Does Deletion of French Schwa Lead to Neutralization of Lexical Distinctions? In: Proceedings of Eurospeech 97, Band 2, 943–946.

Francard, Michel (1989): Ces Belges qui parlent français. Louvain-la-Neuve: Unité de Linguistique française [Videokassette + Begleitbuch].

Gabriel, Christoph/Meisenburg, Trudel (2007): Romanische Sprachwissenschaft. Paderborn: Fink.

Gabriel, Christoph/Meisenburg, Trudel (2009): Silent Onsets? An optimality-theoretic approach to French *h aspiré* words. In: Kügler, Frank (Hrsg.): Variation and Gradience in Phonetics and Phonology. Berlin/New York: de Gruyter, 163–184.

Gadet, Françoise (1987): Le français populaire. Paris: PUF.

Gadet, Françoise (²1997): Le français ordinaire. Paris: Armand Colin.

Girard, Francine/Lyche, Chantal (1997): Phonétique et phonologie du français. Oslo: Universitetsforlaget.

Glück, Helmut (Hrsg.) (²2000): Metzler Lexikon Sprache. Stuttgart/Weimar: Metzler (auch auf CD-Rom).

Goldsmith, John, (1979): Autosegmental Phonology. New York/London: Garland.

Goldsmith, John (1995): Handbook of Phonological Theory. Cambridge/Oxford: Blackwell.

Goldstein, E. Bruce (³2008): Wahrnehmungspsychologie. Heidelberg: Spektrum.

Grabe, Esther/Low, Ee Ling (2002): Durational Variability in Speech and the Rhythm Class Hypothesis. In: Gussenhoven, Carlos/Warner, Natasha (Hrsg.): Laboratory Phonology 7, Berlin/New York: Mouton de Gruyter, 515–546.

Grammont, Maurice (1914): Traité pratique de prononciation française. Paris: Delagrave.

Grassegger, Hans (⁴2010): Phonetik, Phonologie. Idstein: Schulz-Kirchner-Verlag.

Grice, Martine/Baumann, Stefan (2002): Deutsche Intonation und GToBI. In: Linguistische Berichte 191, 267–298.

Günther, Hartmut/Ludwig, Otto (1994/1996) (Hrsg.): Writing and Its Use/Schrift und Schriftlichkeit – An Interdisciplinary Handbook of International Research/Ein interdisziplinäres Handbuch internationaler Forschung, 2 Bände. Berlin/New York: de Gruyter.

Haarmann, Harald (2004): Geschichte der Schrift. Von den Hieroglyphen bis heute. München: Beck.

Hall, T. Alan (2000): Phonologie – Eine Einführung. Berlin/New York: de Gruyter.

Hall, T. Alan/Pompino-Marschall, Bernd (in Vorbereitung): Phonetik und Phonologie (Wörterbücher zur Sprach- und Kommunikationswissenschaft). Berlin/ New York: de Gruyter.

Hammarström, Göran (1972): Französische Phonetik. Tübingen: Narr.

Handke, Jürgen (2000): The Mouton Interactive Introduction to Phonetics and Phonology. Berlin/New York: de Gruyter (CD–ROM).

Hansen, Anita B. (1994): Etude du e caduc – stabilisation en cours et variations lexicales. In: Journal of French Language Studies 4, 25–54.

Hansen, Anita B. (1997): Le nouveau [ə] prépausal dans le français parlé à Paris. In: Perrot, Jean (Hrsg.): Polyphonie pour Iván Fónagy. Paris: L'Harmattan, 173–198.

Hintze, Marie-Anne/Pooley, Tim/Judge, Anne (Hrsg.) (2001): French accents: Phonological and sociolinguistic perspectives, London: AFLS/CILT.

Hulst, Harry van der/Smith, Norval (1985): The Framework of Nonlinear Generative Phonology. In: Hulst, Harry van der/Smith, Norval (Hrsg.): Advances in Nonlinear Phonology, Dordrecht etc.: Foris.

International Phonetic Association (Hrsg.) (1999): Handbook of the International Phonetic Association. A Guide to the Use of the International Phonetic Alphabet. Cambridge: CUP.

Jakobson, Roman [1944] (1969): Kindersprache, Aphasie und allgemeine Lautgesetze. Frankfurt am Main: Suhrkamp.

Jakobson, Roman (1959): Warum 'Mama' und 'Papa'?, in: Hoffmann, Ludger (Hrsg.) (²2000): Sprachwissenschaft – Ein Reader, Berlin/New York: de Gruyter, 361–369.

Jakobson, Roman/Fant, Gunnar/Halle, Morris (1952): Preliminaries to Speech Analysis. Cambridge, Massachusetts: MIT Press.

Jun, Sun-Ah/Fougeron, Cécile (2000): A Phonological Model of French Intonation. In: Botinis, Antonis (Hrsg.): Intonation. Analysis, Modelling, and Technology. Dordrecht: Kluwer, 209–242.

Kager, René (1999): Optimality Theory, Cambridge: CUP.

Kaye, Jonathan D./Lowenstamm, Jean (1984): De la syllabicité. Formes sonores du langage: structure et représentation en phonologie. In: Dell, François/Hirst, Daniel/Vergnaud, Jean-Roger (Hrsg.): Forme sonore du langage. Paris: Hermann, 123–161.

Kielhöfer, Bernd (1997): Französische Kindersprache. Tübingen: Stauffenburg.

Klein, Hans-Wilhelm (1963): Phonetik und Phonologie des heutigen Französisch. München: Max Hueber Verlag.

Koch, Peter/Oesterreicher, Wulf (1990): Gesprochene Sprache in der Romania. Französisch, Italienisch, Spanisch. Tübingen: Niemeyer.

Kohler, Klaus [1977] (²1995): Einführung in die Phonetik des Deutschen. Berlin: Erich Schmidt.

Krefeld, Thomas (2001): Phonologische Prozesse. In: Haspelmath, Martin et al. (Hrsg.): HSK Language Typology and Language Universals, Band 2. Berlin/New York: de Gruyter, 1336–1348.

Kuiper, Lawrence (1999): Variation and the Norm – Parisian Perceptions of Regional French. In: Preston, Dennis (Hrsg.): Handbook of Perceptual Dialectology, Band 1, Amsterdam: John Benjamins, 243–263.

Lacheret-Dujour, Anne/Beaugendre, Frédéric (1999): La prosodie du français. Paris: Éditions du CNRS.

Lacy, Paul de (2007): The Cambridge Handbook of Phonology. Cambridge: CUP.

Ladefoged, Peter/Maddieson, Ian (1996): The Sounds of the World's Languages, Oxford: Blackwell.

Laks, Bernard (2002): Description de l'oral et variation: La phonologie et la norme. In: L'information grammaticale 94, 5–11.

Laks, Bernard (2005): La liaison et l'illusion. In: Langages 158, 101–125.

Lauret, Bertrand (2007): Enseigner la prononciation du français. Paris: Hachette.

Léon, Monique [1968] (2003): Exercices systématiques de prononciation française. Paris: Hachette/Larousse (mit CD-ROM).

Léon, Pierre [1992] (²1998): Phonétisme et prononciations du français. Paris: Nathan.

Lerond, Alain (1980): Dictionnaire de la prononciation. Paris: Larousse.

Lodge, Anthony (2004): A Sociolinguistic History of Parisian French. Cambridge: CUP.

Lyche, Chantal (1996): Schwa Metathesis in Cajun French. In: Folia Linguistica 24.3–4, 369–393.

Lyche, Chantal/Østby, Kathrine Asla (2009): Le français de la haute bourgeoisie parisienne: une variété conservatrice? In: Durand, Jacques/Laks, Bernard/ Lyche, Chantal (Hrsg.): Phonologie, variation et accents du français. London: Hermès, 209–230.

Lyche, Chantal (2010): Le français de référence: éléments de synthèse. In: Detey, Sylvain et al. (Hrsg.): Les variétés du français parlé dans l'espace francophone: ressources pour l'enseignement. Paris: Ophrys, 143–165.

Maas, Utz (²2006): Phonologie. Einführung in die funktionale Phonetik des Deutschen. Göttingen: Vandenhoeck & Ruprecht.

Machelett, Kirsten (1996): Das Lesen von Sonagrammen (Online-Skript des Instituts für Phonetik der LMU: http://www.phonetik.uni-muenchen.de/Lehre/Skripten/SGL/SGLEinl.html).

Malécot, André (1975): French Liaison as a Function of Grammatical, Phonetic and Paralinguistic Variables. In: Phonetica 32, 161–179.

Malécot, André (1977): Introduction à la phonétique française. La Haye: Mouton.

Malécot, André/Chollet, Gérard (1977): The Acoustic Status of the Mute-e in French. In: Phonetica 34: 19–30.

Mallet, Géraldine (2008): La liaison en français: descriptions et analyses dans le corpus PFC, Dissertation Paris Ouest-Nanterre-La Défense (http://www.projet-pfc.net/).

Malmberg, Bertil (1976): Phonétique française. Malmö: LiberLäromedel.

Martin, Philippe (2009): Intonation du français. Paris: Armand Colin.

Martinet, André [1945] (²1971): La prononciation du français contemporain. Genève: Droz.

Martinet, André (1969a): C'est jeuli, le Mareuc!. In: Martinet, André (Hrsg.): Le français sans fard. Paris: PUF, 191–208.

Martinet, André (1969b): Qu'est-ce que le e muet? In: Martinet, André (Hrsg.): Le français sans fard. Paris: PUF, 209–219.

Martinet, André/Walter, Henriette (1973): Dictionnaire de la prononciation française dans son usage réel. Paris: France Expansion.

Meisenburg, Trudel/Selig, Maria (1998): Phonetik und Phonologie des Französischen. Stuttgart: Klett.

Méla, Vivianne (1997): Verlan 2000. In: Langue Française 114, 16–35.

Morin, Yves-Charles (1978): The status of mute 'e'. In: Studies in French Linguistics 1.2, 79–140.

Morin, Yves-Charles/ Kaye, Jonathan D. (1982): The syntactic bases for French Liaison. In: Journal of Linguistics 18, 291–330.

Morin, Yves-Charles (2000): Le français de référence et les normes de prononciation. In: Francard, Michel et al. (Hrsg.): Actes du colloque de Louvain-la-neuve 3-5 novembre 1999, Cahiers de l'Institut de Linguistique de Louvain 26: 91–135.

Nespor, Marina/Vogel, Irene [1986] (²2007): Prosodic Phonology. Berlin/New York: de Gruyter.

Nguyen, Noël et al. (2007): Detection of Liaison Consonants in Speech Processing in French: Experimental Data and Theoretical Implications. In: Prieto, Pilar/ Mascaró, Joan/Solé, Maria-Josep (Hrsg.): Segmental and Prosodic Issues in Romance Phonology. Amsterdam: John Benjamins, 3–23.

Nguyen, Noël/Fagyal, Zsuzsanna (2008): Acoustic aspects of vowel harmony in French. In: Journal of Phonetics 36, 1–27.

Oesterreicher, Wulf (2000): Plurizentrische Sprachkultur – der Varietätenraum des Spanischen. In: Romanistisches Jahrbuch 51, 281–311.

Ostiguy, Luc/Tousignant, Claude (1993): Le français québécois. Normes et usages. Montréal: Guérin.

Petit Larousse = Le Petit Larousse grand format 2010. Paris: Larousse.

Petit Robert = Le nouveau Petit Robert 2010. Paris: Dictionnaires le Robert (mit CD-ROM).

Pétursson, Magnús/Neppert, Joachim (³2002): Elementarbuch der Phonetik. Hamburg: Buske.

Pierrehumbert, Janet (1980): The phonology and phonetics of English intonation, PhD thesis, MIT (http://faculty.wcas.northwestern.edu/~jbp/publications/ Pierrehumbert_PhD.pdf).

Pierrehumbert, Janet (2001): Exemplar dynamics: Word frequency, lenition, and contrast. In: Bybee, Joan/Hopper, Paul (Hrsg.): Frequency effects and the emergence of lexical structure. Amsterdam: John Benjamins, 137–157.

Pierrehumbert, Janet/Beckman, Mary E./Ladd, D. Robert (2000): Conceptual Foundations of Phonology as a Laboratory Science. In: Burton-Roberts, Noel/ Carr, Philip/Docherty, Gerard (Hrsg). Phonological Knowledge. Oxford: OUP, 273–303.

Pike, Kenneth L. (1945): The Intonation of American English, Nachdruck 1967, Ann Arbor: Univ. of Michigan Press.

Plénat, Marc (1984): *Toto*, *fanfa*, *Totor* et même *Guiguitte* sont des anars. In: Dell, François/Hirst, Daniel/Vergnaud, Jean-Roger (Hrsg.): Forme sonore du langage. Paris: Hermann, 161–181.

Pöll, Bernard (1998): Französisch außerhalb Frankreichs. Geschichte, Status und Profil regionaler und nationaler Varietäten. Tübingen: Niemeyer.

Pompino-Marschall, Bernd (³2009): Einführung in die Phonetik. Berlin/New York: de Gruyter.

Price, Glanville [1991] (²2005): An Introduction to French Pronunciation. Malden etc.: Blackwell.

Prince, Alan/Smolensky, Paul (1993): Optimality Theory – Constraint Interaction in Generative Grammar (ROA-Version, August 2002: http://roa.rutgers.edu/). 2004 bei Blackwell publiziert.

Pustka, Elissa (2007): Phonologie et variétés en contact. Aveyronnais et Guadeloupéens à Paris. Tübingen: Narr.

Pustka, Elissa (2008): *accent(s) parisien(s)* – Auto- und Heterorepräsentationen stadtsprachlicher Merkmale. In: Krefeld, Thomas (Hrsg.): Sprachen und Sprechen im städtischen Raum. Frankfurt am Main etc.: Peter Lang, 213–249.

Ramus, Franck/Nespor, Marina/Mehler, Jacques (1999): Correlates of linguistic rhythm in the speech signal. In: Cognition 72, 1–28.

Reetz, Henning (2003): Artikulatorische und akustische Phonetik. Trier: Wissenschaftlicher Verlag.

Restle, David/Vennemann, Theo (2001): Silbenstruktur. In: Haspelmath, Martin et al. (Hrsg.): Language Typology and Language Universals II. Berlin/New York: de Gruyter, 1310–1336.

Rheinfelder, Hans (1976): Altfranzösische Grammatik, 2 Bände. München: Hueber.

Riegel, Martin/Pellat, Jean-Christophe/Rioul, René (2004): Grammaire méthodique du français. Paris: PUF.

Roche, Jörg (2005): Fremdsprachenerwerb, Fremdsprachendidaktik. Tübingen: Narr.

Röder, Peter (1996): Französische Phonetik und Phonologie. Erlangen/Jena: Palm & Enke.

Rossi, Mario (1980): Le français langue sans accent?. In: Fonagy, Ivan/Léon, Pierre (Hrsg.): L'accent en français contemporain, Ottawa: Didier, 13–51.

Rothe, Wolfgang (²1978): Phonologie des Französischen. Berlin: Erich Schmidt.

Sabio, Frédéric (2000): Les difficultés de la notion de mot: l'exemple des liaisons graphiques dans les textes d'enfants. In: LINX 42, 119–130.

Saussure, Ferdinand de [1916] (1995): Cours de linguistique générale. Paris: Payot.

Schane, Sanford (1967): L'élision et la liaison en français. In: Langages 8, 37–59.

Selinker, Larry (1972): Interlanguage. In: International Review of Applied Linguistics in Language Teaching (IRAL) 10, 209–231.

Siebs, Theodor (1898): Deutsche Bühnenaussprache. Berlin etc: Ahn.

Sievers, Eduard (1881): Grundzüge der Phonetik zur Einführung in das Studium der Lautlehre der indogermanischen Sprachen. Leipzig: Breitkopf & Härtel.

Silverman, Kim et al. (1992): TOBI: A Standard for Labeling English Prosody. In: Proceedings of the ICSLP 1992, 867–870.

Stein, Peter (1984): Kreolisch und Französisch. Tübingen: Niemeyer.

Straka, Georges (1990): Französisch: Phonetik und Phonemik. In: Lexikon der Romanistischen Linguistik. Band V.1. Tübingen: Niemeyer, 1–33.

Thurot, Charles (1881-1883): De la prononciation française depuis le commencement du XVIème siècle, d'après les témoignages des grammairiens. Paris: Bibliothèque Nationale.

TLF*i* = Trésor de la Langue Française Informatisé: http://atilf.atilf.fr/tlf.htm.

Tranel, Bernard (1987): The Sounds of French. An Introduction. Cambridge: CUP.

Tranel, Bernard (2000): Aspects de la phonologie du français et la théorie de l'optimalité. In: Langue Française 126, 39–72.

Trask, Robert Lawrence (1996): A Dictionary of Phonetics and Phonology. London/New York: Routledge.

Trubetzkoy, Nikolaus (1939): Grundzüge der Phonologie. Göttingen: Vandenhoeck & Ruprecht.

Vaissière, Jacqueline (2006): La phonétique. Paris: PUF.

Vennemann, Theo (1987): Muta cum liquida – Worttrennung und Syllabierung im Griechischen. Mit einem Anhang zur Worttrennung in der Pariser Handschrift der althochdeutschen Isidor-Übersetzung. In: Zeitschrift für deutsches Altertum 116, 165–204.

Vennemann, Theo (1988): Preference Laws for Syllable Structure and the Explanation of Sound Change. Berlin/New York: de Gruyter.

Walker, Douglas (1984): The Pronunciation of Canadian French. Ottawa: University of Ottawa Press.

Walker, Douglas (2001): French Sound Structure. Calgary: University of Calgary Press.

Walter, Henriette (1982): Enquête phonologique et variétés régionales du français. Paris: PUF.

Walter, Henriette (1990): Une voyelle qui ne veut pas mourir. In: Green, John N./Ayres-Bennett, Wendy (Hrsg.): Variation and Change in French. Essays Presented to Rebecca Posner on the Occasion of her Sixtieth Birthday. London: Routledge, 27–36.

Warnant, Léon (1968): Dictionnaire de la prononciation française. Gembloux: Duculot.

Wauquier-Gravelines, Sophie/Braud, Virginie (2005): Proto-déterminant et acquisition de la liaison obligatoire en français. In: Langages 158: 53–65.

Wilmet, Marc (1997): Phonétique et phonologie. In: Blampain, Daniel et al. (Hrsg.): Le français en Belgique. Brüssel: Duculot, 163–186.

Wolf, Lothar (1987): Französische Sprache in Kanada. München: Vögel.

Wolf, Lothar/Hupka, Werner (1981): Altfranzösisch: Entstehung und Charakteristik. Eine Einführung. Darmstadt: Wissenschaftliche Buchgesellschaft.

Wunderli, Peter (1990): Französisch: Intonationsforschung und Prosodie. In: LRL V. Tübingen: Niemeyer, 34–46.

Sachregister

T

U

V

W

Z